列島の戦国史2

応仁・文明の乱と明応の政変

大薮　海

吉川弘文館

企画編集委員

池　　享

久保健一郎

刊行のことば

関東の享徳の乱（一四五四年〜）、京都を中心とする応仁・文明の乱（一四六七年〜）に始まり、大坂夏の陣（一六一五年）をもって終結するとされる戦国時代は、日本史上最も躍動感にみなぎる時代であり、多くの人々の関心を集めている。ＮＨＫ大河ドラマの舞台の圧倒的多数がこの時代であるのは、その証左といえよう。そこでは、さまざまな英雄が登場し、戦乱を乗り越え時代を切り開いていった姿が描かれている。

甲斐の武田信玄が定めた「甲州法度之次第」で、「天下」は「戦国」なのだから、すべてに優先して武道に励み武具を用意することが肝要だとされているように、戦国時代はまさに戦乱がうち続く世の中だった。それでは、なぜそのような世の中になったのだろうか？　ふつう思い浮かぶのは、足利幕府が弱体化し権威が失墜したため、実力がものを言う分裂抗争が広まったということだろう。その勝者が戦国大名となって群雄割拠の時代を迎え、「天下」をめぐる争いの末、徳川氏が勝利を収め太平の世を生み出したとされるのである。こうした考え方は、新井白石の

『読史余論』や頼山陽の『日本外史』などでも示される、江戸時代以来の通説であり、今日に至るまで強い影響力を有しているといえる。

しかしこれだけなら、単に全国政権が足利幕府から徳川幕府に変わり、社会は平和を回復したということで終わってしまう。実際には、足利幕府と徳川幕府はともに武家政権だが、その支配のやり方は大きく違っていた。たとえば、検地や宗門改を通じて全国の土地や住民を把握することなど、足利幕府も含め中世の国家権力が行ったことはなかった。それだけ、国家による社会や民衆の掌握・管理が強化されたのである。戦国争乱は、そうした新しい政治秩序を生み出すための胎動でもあった。しかもそれは、支配者側の意図によってだけでなく、受け入れる社会の側の変化を基礎としてもたらされたものだった。だから、戦国争乱の意味を理解するためには、英雄たちの動きだけでなく、社会のあり方にまで視野を広げる必要がある。しかもその社会は、民衆が日々の暮らしを営む在地から、海を通じて日本列島と結ばれていた東アジアまでの広がりをもっていたのである。

こうした考えに基づいて、「列島の戦国史」シリーズでは以下に示す編集方針がとられている。まず時間軸として、対象時期を四段階に区分し、それぞれの時期の争乱の特徴を明らかにすることである。第一段階は十五世紀後半で、足利幕府の全国支配は動揺するが、享徳の乱にしても応仁・文明の乱にしても、幕府支配体制の内部抗争という性格をもっている。第二段階は十六世紀前半で、管領細川政元が将軍足利義材（義稙）を廃した明応の政変（一四九三年）を契機に、幕府の全国支配は崩れ、各地で守護の家督騒動や守護代の「下剋上」など、新秩序建設をめぐる覇権争いが展開する。第三段階は十六世紀後半で、東の河越合戦（一五四六年）・西の厳島合戦（一五五五年）における、北条氏・毛利氏という新興勢力の勝利に象徴される地域覇権争いの基本的決着をうけて、その覇者である戦国大名同士の領土紛争（「国郡境目相論」）が展開する。十六世紀末へ向かう時期には、中央で生まれた織田・豊臣権力が各地の戦国大名と敵対・連携し、最終的には小田原合戦の勝利（一五九〇年）により全国制覇（「天下統一」）を達成する。第四段階は十七世紀初頭で、新たな全国政権の主導権をめぐる争いが展開し、徳川氏の勝利で決着する。

また空間軸として、京都や畿内を中心にとらえることなく各地域社会の動向を重視し、一方で周辺の東アジア地域の動向にも目を配ることである。前者については、近年、享徳の乱と応仁・文明の乱の連動性が注目されているように、一方的に中央の政治動向が地方に影響を及ぼすというものではなく、地方には独自の政治状況が存在し、かつそれが中央の状況とも関わって進行していくという、いわば双方向的関係があったことを重視したい。織豊権力による全国制覇の過程も、「惣無事」の強制のような服従の押しつけとして描くのではなく、受け入れる地方の側の対応やその背景にも目を配ることが大切である。したがって、地域社会の政治・経済・文化の状況や、それらを踏まえた戦国大名の領国統治の理解が欠かせず、十分にページを割くこととなった。なお、各巻で同じ事柄について異なる見解・評価が示されていることもあるが、執筆者各自の考えを尊重し、あえて一致させていないことをお断りしておく。

本シリーズを通読されることにより、史上まれに見る社会変動期であった戦国時代を、総合的に理解していただければ幸いである。

二〇二〇年三月十五日

企画編集委員
池　享
久保健一郎

目次

三　地方における応仁・文明の乱

室町幕府の運命を決した争乱——プロローグ

東日本を題材とした第一巻に引き続き、本書で扱うのは、応仁《おうにん》・文明《ぶんめい》の乱が勃発した一五世紀後半の、西日本地域の歴史である。

いまだに謎多き大乱

足利義満《あしかがよしみつ》の時代に栄華を誇った室町幕府は、応仁・文明の乱を契機として崩壊への道を歩む——これは多くの人が知るところであり、乱が室町幕府の運命に大きな影響を及ぼしたことは間違いないところである。しかしこの乱については、なぜ起きたのか、どうしてここまで拡大してしまったのか、あるいはその結末さえも曖昧であり、その知名度に比していまだ解決できていない点は多い。

本書のタイトルに掲げたもう一つの争乱である明応《めいおう》の政変については、一般にはその存在すら知られていない。しかし、その後の室町幕府のたどる道をみる限り政変の影響は大きく、地域的な影響や動員された兵力といった観点からの比較において応仁・文明の乱とは大きな差があるが、こちらも室町幕府の運命を決した争乱と位置付けるべきものである。本書では、この二つの争乱についてみていくことになるが、どちらもその乱・政変のみを取り上げて論じるだけでは不充分であり、乱・政変に至る背景や周辺事情、さらには乱・政変後の影響についてもみなければ、乱・政変を理解したとはいえないであろう。よって応仁・文明の乱については、室町幕府の運命を決めたもう一つの争乱である嘉吉《かきつ》の変からみていくこととし、明応の政変についても応仁・文明の乱からの連続を意識してみていくこととする。

足利義教の登場

本題に入る前に、嘉吉の変に至るまでの幕府の様子を、少し詳しくみておきたい。

嘉吉元年（一四四一）六月二十四日、前代未聞の事件が勃発した。臣下による将軍の暗殺事件、世に言う嘉吉の変である。殺害されたのは室町幕府六代将軍足利義教《よしのり》。実行したのは、幕府で侍所頭人《さむらいどころとうにん》を務めたこともある赤松満祐《あかまつみつすけ》とその一族である。これを聞いた伏見宮貞成親王《ふしみのみやさだふさ》は、「このような将軍の「犬死」はこれまで聞いたことがない」と自身の日記に記した（『看聞日記《かんもんにっき》』）。なぜ義教は殺害され、死後もそのように罵られなければならなかったのであろうか。

義教が足利家の当主となったのは、応永《おうえい》三十五年（正長《しょうちょう》元年、一四二八）正月のことである。四代将軍足利義持《よしもち》は、その子である義量《よしかず》に将軍職を譲った後も「室町殿《むろまちどの》」（足利家家長）として実権を掌握し続けた。応永三十二年に義量が若くして亡くなってからもその立場に変化はなく、将軍不在のまま義持によって政務が主導されていた。

その義持が尻の傷から入った細菌が原因で突如として重態に陥ると、義持のもとで政務を分担していた大名《たいめい》たちは後継者の指名を義持に上申した。しかし義持がこれを拒否したために、大名たちは頭を悩ませることとなった。そこで大名たちは醍醐寺三宝院満済《だいごじさんぼういんまんさい》に相談し、それを受けて満済は義持に直談判したものの、義持は相変わらず後継者指名を渋った。

だが義持の思惑は奈辺にあろうとも、関東の不穏な情勢を考慮すれば、室町殿や将軍の不在は絶対に避けねばならない事態であった。そこで満済から提案されたのが、義持の兄弟の名を書いた籤《くじ》を石清水八幡宮《いわしみずはちまんぐう》の神前で引き、選ばれた人物を後継者にするというものであった。要は籤引きである。現代の感覚からすると不思議な選択に思えてくるが、神の意思の表れが籤なのであるから、誰も不満を差し挟めない結果を導き出せるという点では優れた選択肢ともいえる。その提案を病床で聞いた義持は、自らの死後に籤を引くことを条件に籤引きを了承した。実際には籤は義持の死去以前に引かれ、その死後に開封された。そしてその籤に名前が書かれていたのが、当時青蓮院門跡《しょうれんいんもんぜき》であった義円《ぎえん》の名であった。義円は還俗《げんぞく》して義宣《よしのぶ》、のちに義教と名を改める。

なお、このとき義持が後継者の指名を拒否した理由としては、「私が誰かを指名をしても大名たちがその人物に従わなければ意味がないので大名たちの方で決めてほしい」と義持が述べたことがよく知られている。また、石清水八幡宮の神前において子宝が授かるとの籤を引き当て、その夜に男子出生の夢までみたことがあったために、その籤引きの結果や夢のお告げを無視することになる後継者指名を避けたとも考えられている。

前者は『建内記《けんないき》』（万里小路時房《までのこうじときふさ》の日記）に伝聞の形で書かれたものであり、後者は義持と直接対面した満済の日記『満済准后日記《まんさいじゅごうにっき》』に書かれたものである。伝聞と当事者の記録という点で信憑性《しんぴょうせい》は後者の方が高いと考えられているが、史料をあらためて読むと、両者が同じ状況において述べられたものではないことがわかる。すなわち『満済准后日記』によれば、実子義量早世後に、今後実子が生まれないのであれば太刀（二代将軍足利義詮《よしあきら》以来、足利家に伝来している鬼神《きしん》（紀新）大夫作の太刀）を奉納し、実子が生まれるのであれば太刀を奉納しないとの二つの籤を義持自ら作成し、それらを石清水八幡宮の神前で引いたところ、「奉納しない」との籤を引いた。しかもその夜に男子出生の夢を見たので、これまで猶子（養子）を迎えなかったのだという。しかしこれは、義持の後継者選定を籤引きに委ねると決定したあとの、籤引きをするタイミングに関する話の際に義持から語られたことであり、義持が後継者指名を拒否した理由ではないのである。『満済准后日記』の他の箇所では、義持が「たとえ実子がいたとしても自ら後継者を指名するつもりはなかった」と述べたとも書かれている。やはり義持は、『建内記』にあるような理由で後継者指名を拒否したのであろう。

義教の恐怖政治と波乱の予兆

このようなイレギュラーな過程を経て後継者に選出された義教は、正長二年（永享元、一四二九）将軍に就任し、司法制度改革や幕府直轄軍（奉公衆《ほうこうしゅう》）の整備などを精力的に推し進めた。しかし、原告勝利の判決が多くなるなど、理非に基づく裁断を目指した義教の意志は浸透しなかった。義教が政務を執り始めてまもなく開始されたとみられる御前落居《ごぜんらっきょ》制度も機能不全に陥り、わずか数年で断絶した。さらには義持の時代から幕府を支え続けてきた畠山満家《はたけやまみついえ》が永享《えいきょう》五年（一四三三）に、三宝院満済が同七年に相次いで死去した。自分の理念を実現することができず、満済らに代わる存在を得ることもできなかった義教は、暴走の傾向を強め、いわゆる恐怖政治を行っていくことになる。

その象徴的な事件が、足利義勝《よしかつ》生誕の際に起きた一連の出来事である。永享六年二月に裏松義資《うらまつよしすけ》の妹である重子《しげこ》が、義教の子供を産んだ。義資は義教の義理の兄という立場にあったが、正長《しょうちょう》元年に義教の不興を被って以来、籠居していた。義教の不興の理由については「青蓮院門跡に対しての不忠」とされているが（『建内記』）、具体的には不明である。いずれにしても人々は「これで義資は赦免されるであろう」と思い、将来の将軍の伯父となるであろう義資の屋敷に祝辞を述べに続々と参上した。

ところが、そこに待ち構えていたのは義教の罠であった。なんと義教は、義資のもとに人々がお祝いのために訪問することを予想し、あらかじめ人を派遣して訪問者をリストアップさせていた。そして義教は、そのリストに名前が書かれた人物を、公家・武家・僧侶関係なく処罰すると表明したのである。用意周到といえば聞こえが良いが、かなり陰湿といえよう。まだ存命であった三宝院満済も反対意見を再三主張したものの、義教は聞き入れなかった。

義教の処罰は広範囲におよび、かつ厳しいものであった。たとえば甘露寺《かんろじ》忠長《ただなが》は所領《しょりょう》を没収されるにとどまらず、屋敷まで明け渡しているし、安倍有清《あべのありきよ》も同様の処罰を受けている。自らの身体にまで処罰が及ぶことを恐れて、逃亡する者も多数いた。多くの人々がお祝いを述べに向かったりお祝いの使者を派遣したりして処罰されるなか、お祝いの使者を派遣しなかったことで処罰を免れた貞成は自身の日記に「幸運の至りだ」と記した(『看聞日記』)。九死に一生を得た思いであったであろう。

この事件が起きた永享六年の六月までに少なくとも八〇名が、有罪・無罪関係なく義教からさまざまな処罰(出仕停止・蟄居《ちっきょ》・所職《しょしき》没収・所領〈一部・全部〉没収・屋敷没収など。自ら逃亡もあり)を受けたとされている(『薩戒記《さつかいき》』)。義教の治世はこのあとまだ七年も続くうえに、後半になればなるほど処罰を受けた人物は多くなったとみられており、義教の将軍在職期間を通じた被害者の数はもっと膨れあがるであろう。

さらに今回の一件には続きがある。同じ年の六月、渦中の裏松義資が何者かに暗殺されたのである。犯人は逃亡したが、義資暗殺を命じたのは実は義教であるので、もし犯人について述べたり詮索したりした人物は処罰すると義教が命じたとの噂が流れた。自ら黒幕であることを白状《はくじょう》したうえで、箝口《かんこう》令《れい》を敷いたのである。しかし我慢ができなかった公家衆高倉永藤《たかくらながふじ》は、暗殺を命令したのが義教であると口に出してしまった。それを聞きつけた義教は、永藤を羅城門《らじょうもん》跡の処刑場において死刑に処すると決定した。義教の情報収集能力が優れていたのかもしれないが、相互に監視し合うような社会になっていたのかと思うと戦慄する。しかしこの処罰の実行を命じられた義教近臣の赤松満政《みつまさ》が義教を宥め、硫黄島《いおうとう》(鹿児島県)への配流に減免された。所領も、一カ所を除いてすべて没収され、正親町三条実《おおぎまちさんじょうさね》雅《まさ》に与えられた。この処罰の顚末を聞いたとみられる義資遺児の重政《しげまさ》は、出家して禅僧となった。義教の執念の凄まじさを感じたためであろう。

義教は、将軍選出過程もイレギュラーながら、その政治スタイルも独特であり、多くの人々が振り回された。これがどのような結末を迎えたのか、そのあたりから叙述を始めることにしよう。

一　斜陽のはじまり

1　嘉吉の変

将軍「犬死」

嘉吉《かきつ》元年（一四四一）六月二十四日、京都の赤松教康《あかまつのりやす》邸では、将軍義教《よしのり》を招いての宴会が開かれていた。関東で起きていた永享《えいきょう》の乱とその後の結城合戦《ゆうきかっせん》の終結を祝してのものであった。赤松氏の当主である満祐《みつすけ》（教康父）は、以前より体調不良を申し出ており、その場にはいなかった。

三献《さんこん》が終わり、猿楽《さるがく》が始まろうとしたそのとき、物音が響いた。それに気が付いた義教は「何事だ？」と正親町三条実雅《おおぎまちさんじょうさねまさ》に尋ね、尋ねられた実雅は「雷鳴でしょうか」などと答えた。その瞬間、義教の後ろの障子が開いて座敷《ざしき》に武士達がなだれ込み、あっという間に義教を暗殺してしまった。実雅は引出物《ひきでもの》の太刀を手に取りすぐに応戦したものの切り伏せられて転倒し、その他の列席者たちもある者は討死《うちじに》し、ある者は傷を負った。周防《すおう》国などの守護大内持世《おおうちもちよ》も傷を負った一人で、何とか自らの宿所に逃げ帰ったものの、数日後に「満祐を必ず討伐するように」と遺言して落命した。しかし管領細《かんれいほそ》川持之《かわもちゆき》や丹後《たんご》国などの守護一色教親《いっしきのりちか》など一戦も交えることなく逃げ延びた者もおり、義教の後を追って切腹する者はいなかった。満祐は幕府からの討伐軍がすぐに派遣されるものと思って屋敷で応戦の準備をしていたものの、いくら待っても来ないため、屋敷に義教の首無しの遺体とともに火をかけ、義教の首を携えて自らが守護を務める播磨《はりま》国に下国した（ただし首はその途次で放棄）。この間、幕府軍は討伐の動きをいっさい見せなかったため、「諸大名同意の下での暗殺実行か」などと疑われたほどであった（『看聞日記《かんもんにっき》』）。この一件の顚末《てんまつ》を聞いた貞成《さだふさ》は、「今回のことは自業自得のことであり、どうしようもないことである。将軍がこのように犬死したのは、前代未聞のことである」と自らの日記に記した（同）。

貞成は義教の政治に批判的であり、（かなり過激ではあるが）右のような感想を漏らしたとしても不思議ではない。しかし、義教の政治を支え、南都《なんと》伝奏《てんそう》（朝廷・幕府と興福寺《こうふくじ》との連絡・調整役）を務めたこともある万里小路《までのこうじ》時房《ときふさ》までもが次のようなことを述べていることは注目される。すなわち、「義教の政治は、義教が好き放題にやっていて人々が愁歎《しゅうたん》することが多く、「余殃《よおう》」（先祖の行った悪事の報い）が子孫に及ぶ可能性があるので、義教継嗣の義勝《よしかつ》（千也茶丸《ちゃちゃまる》）は、善政を行うことでそれを帳消しにすべきであり、周囲の臣下はそれを補佐すべきである」と述べている（『建内記《けんないき》』）。貞成ほどではないにしても、時房も義教に対してなかなか手厳しい。さらに世間の人々は、今回の義教の暗殺は、国家・源氏《げんじ》の守護神《しゅごじん》である八幡大菩薩《はちまんだいぼさつ》が人類の滅亡を防ぐために満祐に行わせたのであって満祐は真の犯人ではないとし、しかも八幡大菩薩は満祐を守護するために播磨国に御座していると噂した（『建内記』）。義教は、人からだけではなく神にも見放されたと考えられていたのである。

細川持之の孤軍奮闘

辛くも赤松邸から逃れた管領細川持之は、夜には朝廷に使者を派遣し、「今日のことは言語道断ですが、若君がおりますのでご安心ください」と後花園《ごはなぞの》天皇《てんのう》に奏上した。天皇はその持之の奏上を「神妙である」と誉めている（『建内記』）。持之が述べた「若君」とは、義教の遺児で嫡男の千也茶丸のことであろう。千也茶丸は永享《えいきょう》六年（一四三四）に日野《ひの》重子《しげこ》を母として生まれ、その後は伊勢《いせ》貞国《さだくに》邸で養育されていた。持之は義教暗殺のその日に千也茶丸のもとに駆け付けて、これを警護した。翌二十五日に開催された諸大名の評定により義教継嗣と定められたため、千也茶丸は方違《かたたが》えの後に室町殿へ渡御した。千也茶丸の弟たち六人も、それぞれの居所から室町殿《むろまちどの》に居を移した。さらに赤松氏による利用を恐れた持之の指示によって、義教の弟たち（友山清師《ゆうざんせいし》・梶井《かじい》義承《ぎしよう》・虎山永隆《こざんえいりゆう》）と甥にあたる謹侍者《きんじしや》（義教の兄である義嗣《よしつぐ》の子）が鹿苑院《ろくおんいん》に集められた（『建内記』）。混乱の渦中にありながら、持之の的確な状況判断により、義教の次の体制構築が急速に進んでいったのである。

千也茶丸はまだ八歳の幼少であったため、成人するまでの間は管領が政務を代行することになった。また、判始《はんはじめ》以前ということで花押《かおう》を必要とする御判御教書《ごはんのみぎようしよ》の発給もできなかったため、管領である持之が署判《しよはん》する管領下《げ》知状《ちじよう》が、通常は御判御教書に用いられる「御判紙」を用いて発給され（『斎藤基恒《さいとうもとつね》日記《につき》』）、御判御教書の役割を担うことになった。

政務代行者となった持之は、義教から突鼻《とつぴ》（追放）された人々の赦免にさっそく取りかかった（『看聞日記』）。特定個人に対してではなく大勢を対象とした赦免（恩赦）は、朝廷においては古代以来たびたびその例があるが、幕府においては珍しいことであり、持之が先例に則って行ったものではない。前述のように、義教の時代には公家・武家・寺社関係なく多くの者が処罰されていた。人々からの強い要望もあったであろうが、持之はその異常性をより身近で感じていたために、このような速やかな対処をしたのではなかろうか。公家衆については中山定親《なかやまさだちか》が持之の依頼に応じて突鼻者のリストを作成して返信しており、七月には右大臣《うだいじん》鷹司《たかつかさ》房平《ふさひら》以下十名が一度に、さらに裏松義資《うらまつよしすけ》の遺児である重政《しげまさ》も赦免された（『建内記』）。

1—足利義勝（千也茶丸）像（等持院所蔵）

自信を喪失する持之

嘉吉の変の直後の警護といい、突鼻者の速やかな赦免といい、持之の判断力と行動力は賞賛されて然るべきものであるといえる。しかし、当時万里小路時房ら公家衆の間では、持之は自らが政務を執ることに消極的になっているという噂が流れていた。すなわち、義教暗殺直後に鹿苑院に匿《かくま》われた四人のうちの一人である梶井義承を千也茶丸の代官とし、管領で

2―細川持之画像（弘願寺所蔵）

はなく義承が発給する文書によって政務を決裁してはどうかと持之が提案した。これを聞いた伊勢貞国は、「千也茶丸が年少の間は、管領が花押を据えて文書を発給すればよいのであり、わざわざ義承を代官として立てるのは今後のために宜しくない」として反対したというのである（『建内記』）。

この噂については、千也茶丸の養育者であり、実力者であった伊勢貞国から管領執政体制への協力を取り付けるために、持之があえて本心を偽って貞国に相談を持ちかけたものとも考えられている。しかし、その噂が流れたのと同じ月に持之は、「千也茶丸が年少であることを理由として管領が政務を代行することについて、人々がどのように思うか不安であるので、赤松氏討伐に際しては綸旨《りんじ》を下賜してほしい」と後花園天皇に申請している（『建内記』）。この申請の背景に持之の執政への自信のなさがあったことは明白であり、梶井義承を代官として立てるという話も同様の背景によるものであろう。

また、この綸旨申請は、持之が自身の指導力不足を自覚していたためになされたとも捉えられている。将軍ではなく管領が命令主体となる下知状が発給されるのは千也茶丸継嗣後数か月を経てからであり、継嗣後しばらくの間は従来通り管領が将軍の命令を奉じる室町幕府御教書《みぎょうしょ》が発給されていたことからも、持之の管領執政体制への不安がみてとれる。ただし、管領下知状の発給が南北朝期の管領細川頼之《よりゆき》以来中絶していたことを踏まえれば、持之の不安は当然のことともいえる。持之は、自身の指導力欠如も自覚していたのであろうが、管領が将軍に代わって執政すること自体にも不安を感じていたのではなかろうか。

この持之の不安の背景には、侍所頭人《さむらいどころとうにん》（所司《しょし》）山名《やまな》持豊《もちとよ》の暴走がある。持豊はまず、斯波《しば》氏被官《ひかん》である朝倉《あさくら》氏を、赤松氏と繋がりがあることを理由として闕所《けっしょ》（所領の没収）にしようとした。これは仲裁する人がいたため沙汰止みとなったが、持豊の被官達は赤松氏討伐のためと称して、洛中の土倉《どそう》に乱入して保管されていた質物を強奪して廻った。細川持之は、持豊に対して被官達の非法を制止するようたびたび求めたが、持豊は「そのような非法行為は承知していない」であるとか「被官達も疲労からそのようなことを起こしてしまったのでしょう」などと述べて被官達をかばった。持之の苦労を知ってか知らずかわからないが、あまりにも白々しい言い訳である。そうしたところ、持之の人夫が刈り取った草を持豊の下部が押買《おしかい》したことから闘諍《とうじょう》事件が勃発した。配下の者が被害を受けたことに持之は怒り、持豊の屋敷に攻め込む様子をみせた。これには持豊もすぐに詫びを入れたため、持之も矛を収めた。これらの事の顚末は、「近日の無道濫吹《らんすい》、ただ山名にあるなり」との記主万里小路時房の言葉とともに『建内記』に記されている。いずれも持豊の無道ぶりと持之の指導力不足を表わす事件として知られている。

さらなる不安要素としては、畠山徳本《はたけやまとくほん》(俗名持国《もちくに》。以下持国と呼称)の復帰をめぐる動きがある。嘉吉の変当時の当主畠山持永《もちなが》は、兄の持国と家督の地位を争い、義教の裁定により家督となった経歴を有していた。そのため、義教が暗殺されると持永は後ろ盾を喪失し、前当主の持国の復権が囁かれるようになった。詳細については項を改めて述べるが、持之はこの畠山氏の御家騒動への対処も行わねばならなかった。大名評定により持之が政務を代行すると決めたにもかかわらず、それを支えるべき畠山氏は内紛を起こし、山名持豊は混乱を助長する行為に走っていたのであるから、持之の心中は察して余りある。

進まない赤松氏討伐

こうした幕府内の不協和音により、幕府による赤松氏討伐軍の出陣は遅れ、五月雨式の出陣となった。しかもその足並みの乱れは細川氏内にも及んでおり、持之は和泉半国守護《いずみはんごくしゅご》細川教春《のりはる》に対して、「一族のあなたでさえ私の命令に従ってくれないのであるから、他家の人々が従ってくれるわけがありません。察してください。政務決裁すべてにおいて今はどうすれば良いのか困惑しています」と、心中を吐露しつつ早々の出陣を求める書状を出している(「細川家文書」)。赤松満祐が有していた播磨・備前《びぜん》・美作《みまさか》の守護職は討伐において軍功を上げた者に与えると大名評定により決定されていたため、赤松氏討伐戦は事実上領土争奪戦となったとの指摘もある。それは一面事実であるとしても、その決定がなされたのは七月、持之が教春に書状を出したのは八月であり、赤松氏分国欲しさに我先に出陣するといった状況ではなかったようである。ただし、討伐戦終結前の七月二十五日に山名常勝《じょうしょう》（俗名教清《のりきよ》。以下教清と呼称）が美作国の「守護」と称されている（『建内記』）。美作国においては早々に幕府軍（山名教清軍）が勝利を収めたため、他国に先んじて守護職補任《ぶにん》がなされたのであろうか。しかし九月十七日には美作国をはじめ播磨・備前の守護がいまだ補任されていないとも記されている（『建内記』）。七月のものは、教清を「守護」と認識した『建内記』記主万里小路時房による表現であったと考えられる。

一方、赤松氏の方では、播磨国内にいた禅僧を還俗《げんぞく》させて足利義尊《あしかがよしたか》と名乗らせて擁立した。彼は足利尊氏《たかうじ》の庶子である足利直冬《ただふゆ》の孫であり、将軍を自称した。これを当初からの満祐の計画のうちとし、南朝皇孫《こうそん》小倉宮《おぐらのみや》の子息の擁立とあわせて、満祐は天皇と将軍にあたるものをあらかじめ準備してから義教暗殺に及んだとの見解もある。しかし、義教暗殺自体は計画的なものであったと考えられるが、小倉宮子息擁立は単なる噂に過ぎず、しかもそれはまったく根拠のないものであった（『建内記』）。満祐が自らが守護を務める播磨国内に義尊のような血筋を有する人物がいたことを把握していたことは充分考えられるものの、擁立行為自体は場当たり的なものであったことは否定できないであろう。

赤松氏討伐が組織的に開始されたのは、八月の中旬から下旬にかけてであった。特に、赤松氏領国と境界を接する山名持豊の活躍は目覚ましく、赤松満祐を自害に追い込んだのも持豊であった。閏《うるう》九月には赤松氏分国が軍功に応じて分与され、山名氏一族は播磨・備前・美作三か国の守護職を得ることに成功した。持豊は播磨国守護職に、山名教之《のりゆき》は備前国守護職に、山名教清は美作国守護職にそれぞれ補任された。ただし播磨国のうち三郡（明石《あかし》郡・加東《かとう》郡・美嚢《みのう》郡）は御料所として赤松満政《みつまさ》に預けられたため、持豊が一国を掌握するには至らなかったが、それも嘉吉四年（文安《ぶんあん》元年、一四四四）一月に持豊に与えられた。同年中に満政と持豊との間で対立が顕在化し、満政は一族の有馬教実《のりざね》とともに挙兵するに至った。しかし満政は敗北し、教実にも裏切られて自害した。これにより播磨国は、持豊の支配するところとなったのである。

赤松氏討伐が遅々として進まないなか、持之は京都の騒動に対しても対応を迫られていた。その騒動とは、徳政一揆《とくせいいっき》である。

嘉吉の徳政一揆

「徳政」とは、本来文字通りの「徳のある政治」を為政者が行うことを意味していたが、鎌倉時代後期に土地の貸借・売買関係を為政者が制御する際に用いられるようになり（永仁《えいにん》の徳政令《とくせいれい》）、室町期に入ると為政者ではなく民衆が債務放棄を求めて実現させるものの称に変化していた。足利義教が室町殿となった正長《しょうちょう》元年（一四二八）にも民衆によって徳政を求める一揆が起こされたが、債務破棄を認める徳政令は局所的なものにとどまり、朝廷や幕府も発令主体とはならなかった。しかし、今回の千也茶丸継嗣というタイミングを捉えた民衆は、将軍の代替わりには徳政令を出すのが正長以来の先例であると称して徳政一揆を起こした。

嘉吉元年（一四四一）八月、近江《おうみ》国を起点として起こされた徳政一揆は、瞬く間に京都へ浸透し、同月末には一揆勢と幕府侍所頭人京極持清《きょうごくもちきよ》（山名持豊は赤松氏討伐のため播磨国に下向するにあたり同職を辞去）の軍勢が交戦するに至った。一揆勢は数に任せて洛中洛外《らくちゅうらくがい》の土倉を襲い、債務破棄を強行した。土倉側は幕府に対して千貫文（現代の貨幣価値で約一億円）もの賄賂を贈り、一揆鎮圧の軍勢派遣を要求した。これに管領細川持之は応えようとしたが、畠山持国（畠山持永の没落後に復権、後述）が反対し、結局軍勢派遣は見送られた。持国は一揆勢のなかに自らの被官が含まれていたために反対したと考えられているが、ここでもやはり持之の指導力不足を指摘する見方がある。当時においては同輩らに軽んじられ、後世においては研究者から指導者失格の烙印を押されている。ここまでくると持之が不憫に思えてならない。

結局幕府は、室町幕府史上はじめての徳政令発布に踏み切る。それははじめ一揆勢に対象を限定したものであったが、一揆勢は「公家や武家の人々が困窮している様子をみて痛ましく思って一揆を起こしているのであるから」などと述べ（『建内記』）、対象を限定しない徳政令の発布を幕府に要求した。寺社への放火もちらつかせながらのこの要求に幕府は屈し、山城《やましろ》国内全域を対象とした徳政令を発布した。翌月には、またも一揆勢の要求により、永代売買契約も対象として再度徳政令が発布された。その結果、土倉から幕府への納銭は「あっという間に停止してしまった」（『斎藤基恒日記』）という状況に陥った。幕府の主要財源の一つであった土倉・酒屋役の停止は幕府財政の危機に直結する。義勝ののち義政《よしまさ》も幼少で室町殿となったこともあり、大名らが諸費用支出・上納を拒否することも頻発するようになった。幕府は、新たな財政基盤を生み出す必要に迫られていくのである。

足利義勝の早過ぎる死

いまだ赤松氏討伐も徳政一揆も収まっていない嘉吉元年（一四四一）八月、千也茶丸は叙爵（従五《じゅご》位下《いのげ》叙位）された。元服はせずに童体のままであったが、名は改めることになった。関白二条良基《にじょうよしもと》が足利義満《よしみつ》の名前を選定した先例に基づき、今回も関白である二条持基《もちもと》が原案を作成し、公家衆の間での検討を経て、最終的に「義勝」に決定した（『建内記』）。

義教のちょうど一周忌にあたる嘉吉二年六月二十四日に、細川持之は管領を辞して出家した。よほど心労が蓄積していたのであろうか、わずかその二か月後にこの世を去ってしまった。享年四十三。現代ほど寿命は長くはなく、歴代細川家当主も長命というわけではないが、嘉吉の変後に急に降りかかってきた膨大な政務と、持之へ積極的な協力をしない同輩たちの制御に疲れた挙げ句の死去ではなかったかと思う。なお、後任の管領には畠山持国が就任した。

義勝の元服は同年十一月である。応永《おうえい》元年（一三九四）の足利義持《よしもち》の例（『公家儀』）を先例として行われた（『師郷記《もろさとき》』）。翌年には明《みん》からの使者を引見し、室町殿としてこれから経験を積んでいくところであったが、嘉吉三年七月十三日に義勝は痢病《りびょう》に罹った。病の進行は早く、その八日後の二十一日には死去してしまった。享年十。あまりにもあっけない、早過ぎる死であった。その跡は同母弟の少年（のちの義成《よししげ》・義政）が継ぐことが、義勝のときと同様に大名評定により決定された。二代続けて足利家当主（将軍）に立つべき人物が大名らによって決定されたことは、将軍と大名との主従関係や、将軍の存在意義に少なからぬ影響を与えたとみてよいであろう。室町幕府を衰退の道に向かわせた嘉吉の変は、単に下剋上の先駆けというべきだけでなく、室町幕府の構造そのものに大きな変化を迫るものであったのである。

なお、この少年は戦前より学界では「三春《みはる》《さんはる》」と呼ばれている。しかしながら同時代史料にその呼称の記載はなく、天文《てんぶん》二十二年（一五五三）の成立が推測されている『今川記《いまがわき》』という駿河《するが》今川氏《いまがわし》に関する軍記物に、その少年のことを「三春御前」と呼んでいる記事があるだけである。ほかに「三寅《みとら》」という名前も伝わっているが、こちらは『鎌倉大草紙《かまくらおおぞうし》』（文明《ぶんめい》十一年〈一四七九〉以降の成立か）に記載がある。ただこの「三寅」は義勝の幼名ではないかとされたこともあり（義勝の幼名は、実際には「千也茶丸」）、現在では義政の幼名は「三春」とすることが一般的である。

この「三春」という名前は、この少年が生まれたタイミングに由来していると考えられている。すなわち、この少年が生まれたのは永享八年（一四三六）正月二日であった。この年は暦上で立春《りっしゅん》が正月十一日と十二月二十二日の二回設定されていた。当時は生まれたときを一歳とし、春を迎えると年を取るので、この少年は生まれたその年に三歳に達してしまう。これは当時避けるべきこととされたらしく、少年は前年の永享七年の生まれとして扱われた。実際にはこの「春」（＝年を取るタイミング）を一年間に三回経験することになるので、「三春」と呼ばれたと考えられる。しかし、わざわざ生まれた年を前年にして「三春」となることを回避したわけであるし、そのような避けるべきことを由来とした命名方法にも疑問が残る。長きにわたって義政の幼名は「三春」とされてきたが、俗称ではなかろうか。ゆえに本書では、少年の名前は不明としておきたい（ただし、呼称がないと不便であるので、以下では従来通り「三春」と呼ぶことにする）。

2　足利義政の登場

困難な船出

足利義政に対する評価は、大きく二分されている。一つは、「東山文化《ひがしやまぶんか》」の言葉に代表される室町後期の文化の中心にいたという、文化人としての高い評価である。そしてもう一つは、近臣や日野富子《とみこ》に政務を任せ、自らは政治の世界から逃げ出したという、為政者としての低い評価である。この二つの評価は、「政治の世界から逃避した義政によって主導されたのが東山文化である」というように、連動するものとして理解されている。

しかしそれらの評価は、主に応仁・文明の乱が始まって以降の義政の行動から導き出されている。義政を評価するのであれば、乱以前、すなわち将軍家継嗣以降の義政がどのような姿勢で政治に臨んでいたのか、それが応仁・文明の乱の勃発と東山文化の構築とどのような因果関係にあるのか、あらためて考えてみる必要があるであろう。本節以降は、義政と彼をめぐる近臣や大名たちの動きを中心にみていく。

義政政権はその発足直後に困難に見舞われた。三春の継嗣決定の二か月後、禁裏《きんり》が襲撃を受けたのである。三種の神器のうち、神鏡は避難させることに成功したが、宝剣と神璽《しんじ》は反乱軍により強奪され、禁裏も焼け落ちてしまった。幕府はこの襲撃情報を事前に得ていたが、室町殿と管領畠山持国の

3—足利義政像（等持院所蔵）

屋敷が襲撃されるという誤った情報をつかまされていた。そのため禁裏が襲撃されることは予想できずに、反乱軍の襲撃を許してしまったのである（『康富記《やすとみき》』）。襲撃を行った反乱軍は、あえて誤った情報を流していたのであろうか。宝剣はまもなく清水寺《きよみずでら》で発見されたものの、神璽は反乱軍に持ち去られたままであり、彼らは神璽を奉じて比叡山延暦寺《ひえいざんえんりやくじ》（山門《さんもん》）に立て籠もり、延暦寺の僧兵らに賛同と決起を呼びかけた（『看聞日記』）。

反乱軍が厄介であったのは、彼らが南朝皇統の子孫（南朝後亀山天皇《ごかめやまてんのう》の弟である護聖院宮《ごしょういんのみや》の系統）である通蔵主《つうぞうす》・金蔵主《こんぞうす》を天皇に、後鳥羽院《ごとばいん》の子孫を自称する源（鳥羽）尊秀《たかひで》を将軍に擬して奉じていたことに加え、公家衆のな

かにも与同者がいたことである。公家衆のなかの与同者は日野有光《ありみつ》・資親《すけちか》で、彼らは現在の皇統の崇《す》光《こう》皇統ではなく、後《ご》光厳《こうごん》院皇統の支持者であったために、この挙に及んだと考えられている。幕府の方でも、細川氏や山名氏も与同していたとの噂が流れていた（『看聞日記』）。

この襲撃と決起呼びかけに対する幕府の反応は迅速で、即日後花園天皇に山門宛の朝敵追討綸旨の発給を要請した。それに基づき急遽《きゅうきょ》綸旨が作成・発給され、その綸旨に応じた山門の僧兵たちにより、反乱軍は鎮圧された。反乱自体はあっけなく鎮圧されてしまったものの、神璽は持ち去られてしまった。後年その神璽が、嘉吉の変により滅亡した赤松氏の旧臣により奪還され、その功により赤松氏が再興されて山名氏と敵対する勢力の一翼を担うことになる。この点において、応仁・文明の乱と切っても切り離せない関係にあるこの一件は、禁闕《きんけつ》の変《へん》と呼ばれている。

管領執政の継続

義勝の跡を継いだ三春も幼少であったため、管領執政体制は継続し、御判御教書に代わって管領下知状が将軍権限を代行する形で発給され続けた。また、この時期に注目されるのは、従来将軍の判断を仰いでいた事案についても、管領に処断が求められるようになることである。

文安四年（一四四七）四月、奈良興福寺別当松《しょう》林院《りんいん》貞兼《じょうけん》が別当を辞職することになった。別当は興福寺のトップであり、その辞職後には権別当《ごんのべっとう》がそのまま昇進するのが通例であった（ただし、興福寺の院家《いんげ》のなかでも摂関家《せっかんけ》出身者が院主《いんず》を務めた一乗院《いちじょういん》・大乗院《だいじょういん》の院主と次期院主は例外的に権別当を経ずに別当に昇進することが可能）。その通例に従い、次の別当職には権別当西南院重覚《せいなんいんじゆうがく》が、さらに戒臈《かいろう》（受戒後の年数）に従って重覚のあとの権別当職には勝願院良雅《しようがんいんりようが》が、それぞれ昇進を朝廷に申し出た（『建内記』）。

南北朝末期以降、興福寺や東大寺《とうだいじ》関係の事案が朝廷に奏上される際には南都《なんと》伝奏《てんそう》を経由する慣習が成立していた。このときの南都伝奏は万里小路時房であり、彼らからの昇進の申し出を受けたのも時房であった。時房はその申し出をそのまま天皇に奏上するのではなく、まず管領細川勝元《かつもと》に相談を行い、勝元の指示に従って奏上した。その理由を時房は「室町殿御少年」であるので勝元に相談する、松林院貞兼が別当に就任する際にも、勝元の前任者である畠山持国に相談してから奏上したと述べている（『建内記』）。実際、義教の在世中にも時房は南都伝奏を務めたことがあり、その際に別当人事が持ち上がった際には、時房は義教に相談をしてから奏上している（同）。

4—細川勝元像（竜安寺所蔵）

同様の傾向は、朝廷の関白補任についてもみられる。右でみた興福寺別当人事と同年に起きた関白人事では、太政大臣一条兼良《いちじようかねよし》の関白補任を管領細川勝元が申し入れた。これはいわゆる「武家《ぶけ》執奏《しつそう》」と呼ばれるもので、通常であれば将軍が天皇に対して申し入れるものであり、これを受けた天皇側に拒否権が存在しないものであった。それを管領が代行しているのである。ただ、このときには「大方殿《おおかたどの》」（日野重子、義政生母）の「御執奏」があったため関白補任が強行されたようであり（『康富記』）、管領による「武家執奏」だけで関白補任が決定されたわけではない。管領による「武家執奏」では力不足のため、「大方殿」によるさらなる後押しが必要とされたともいえる。しかし、管領が将軍の職務を代行していた様子はみてとれるであろう。

また、幕府内においても管領の役割が大きかったのは当然であるが、管領の被官たちも幕府の機構に組み込まれていた。そのことは、文安四年に細川勝元が管領辞職を撤回したにもかかわらず、「管領内意見人」たちが所用により下国しているため政務が再開されず、段銭《たんせん》催促の御教書も発給できずにいる様子からわかる（『建内記』）。幕府の内外において、管領は多くの職務を担い、遂行していたのである。

管領執政か将軍親政か

三春は文安三年（一四四六）十二月に義成《よししげ》と改名した。この名には、義満の生まれた年の干支《えと》（戊戌）と同じく「戈」が含まれているので、義成も義満と同様に「武徳」を興すであろうと噂された（『臥雲日件録抜尤《がうんにつけんろくばつゆう》』）。南北朝の対立のような平定が必要な大規模争乱が起きていない時期にわざわざ「武徳」を持ち出してくるのはやや奇異にも感じられるが、義満時代の「強い幕府」を願う人々の気持ちが、そのような憶測を生んだのかもしれない。その後、後土御門天皇《ごつちみかどてんのう》となる成仁親王と同じ字を用いることを憚り、享徳《きようとく》二年（一四五三）に義政と改名した。義成をまだ名乗っていた文安六年（宝徳《ほうとく》元年、一四四九）四月に元服して征夷大将軍《せいいたいしようぐん》に補任され、同時に判始も行った。同年閏十月には、関白一条兼良の後任に右大臣二条持通《もちみち》を任じてほしいとの武家執奏が義成によってなされている（『康富記』）。

なお、この関白人事は、前年に左大臣鷹司房平《たかつかさふさひら》を兼良の後任に据えると後花園天皇が房平に対して約束していたが、それを覆すものであった。この約束を天皇に取り次いで成立させた中納言中山親通《ちゆうなごんなかやまちかみち》は、今回の武家執奏を天皇に取り次ぐことを命じられたが、親通は「病気である」と称して大納言《だいなごん》中《なか》御《み》門明豊《かどあきとよ》にその役を譲った（『康富記』）。何か思うところや後ろめたいことがあったのであろうか。この一件は翌月に鷹司房平が左大臣の職を賭して二条持通より先の関白就任を伊勢貞親《さだちか》を通じて義成に訴えるという形で再燃する（同）。このように、判始以前は管領の関与がみられた関白人事もそれ以後は義成が武家執奏を行い、管領の関与がみられなくなるのである。

このようにして、義成が御判御教書を発給する、すなわち親政を開始する条件は整ったが、依然として管領下知状は発給され続けた。その状況は享徳四年まで続く。嘉吉の変以来、管領政治が十数年にわたって継続されてきたのであるから、権限移譲（返上）がスムーズになされなかった面もあるであろう。しかし、管領を中心とする大名勢力と親政を開始したい義成とが対立していたため、親政を即座に開始できなかったとの見方が強い。

たとえば、宝徳二年八月に管領畠山持国は、前月より辞意を表明して訴訟の処理を行わなくなっていたが、懸案事項が無事に解決されたため職務に復帰するという騒動があった。その懸案事項というのは二つあり、一つは山名教之が持つ禁裏御料所備前国鳥取《ととり》荘代官職の改替であり、もう一つが尾張《おわり》国守護代人事への義成の介入禁止で、いずれも持国が義成に対して強硬に求めていたものであった。

この尾張国守護代人事の一件は、将軍義成と諸大名の対立を示すものとして、さらに義成乳母今《いま》参《まいりのつぼね》局の政治介入が顕著な事例としてもよく知られている。少し詳しくみておこう。

義成と大名、今参局と日野重子の対立

三管領家の一つである斯波氏は、室町期には越前《えちぜん》国・尾張国・遠江《とおとうみ》国の三か国の守護職を有していた。このうち、越前国と遠江国では甲斐《かいし》氏が、尾張国では織田《おだし》氏が守護代を務めていた。足利義教が室町殿であった時期に尾張国守護代であった織田郷広《さとひろ》は、被官の荘園侵略を黙認し、あまつさえその責任から逃れるために逃亡してしまった。その跡は弟である久広《ひさひろ》（敏広《としひろ》とも）が継承していたが、復帰を画策した郷広は義成乳母の今参局に働きかけ、宝徳二年（一四五〇）に義成から敏広の更迭と自身の守護代復帰命令を引き出すことに成功した。しかしこれに織田氏の主家である斯波氏当主千代徳《ちよとく》（のちに義健《よしたけ》と称す）と越前国守護代でもある被官甲斐常治《じょうち》（俗名将久《ゆきひさ》。以下常治と呼称）は反対し、管領畠山持国も先にみたように職務を放棄して反対の意を示した。さらに義成生母である日野重子も「斯波千代徳の意志に任せるべきである。義成の介入により郷広が復帰すれば千代徳の面目は丸つぶれとなる。斯波氏は大名の一人で

あり、特に配慮すべき足利氏一族である。千代徳の怒りを無視してはならない」との考えだった(『康富記』)。これを契機として今参局と日野重子の仲は険悪なものになったとも噂された。

前述のように、宝徳二年八月の時点で畠山持国が政務に復帰していることから何らかの解決策(妥協案)が提示されたものとみられる。しかし実際には翌宝徳三年になっても解決しておらず、特に甲斐常治が義成の口入《くにゅう》に反抗していた。これに今参局が何らかの処罰が必要であると義成に働きかけていた。また、越前国から朝倉氏が召喚され、甲斐氏のもとでの切腹を申し付けられたが、それも今参局が仕組んだことであり、管領畠山持国はそれに従ったとの噂もあった。これを聞いた重子は「天下のためにも公方のためにもよくない」と諌止し(『康富記』)、それが受け入れられないとなると嵯峨《さが》に出奔《しゅっぽん》した。その嵯峨にははじめ義成によって烏丸資任《からすまるすけとう》や日野勝光《かつみつ》(富子の兄)が派遣され、翌々日には管領畠山持国が派遣された。重子は彼らに対して、政治が今参局と「大御乳人」によって独占されている現状に危機感を覚えての出奔であると話し、資任たちには義成や持国が自分の忠告を聞き入れないことへの不満も述べている(『康富記』)。持国は細川氏や山名氏などの諸大名を集めて話し合い、醍醐《だいご》寺《じ》三宝院《さんぼういん》義賢《ぎけん》(満済《まんさい》後継)を通じて重子の訴え(今参局の洛中からの追放、織田郷広の斯波千代徳への引き渡し)を義成に申し入れた。これを受けて今参局は一時出京した後に謝罪文を書き、義成は尾張守護代問題には関与しないと宣言をしたため、重子は嵯峨から洛中に帰還して一件落着となった。この件についての持国の態度には義成や今参局寄りのところもあったことが指摘されているが、義成と大名たちの対立、それに義成を操るような今参局の行動への強い非難があったことは間違いないであろう。

この対立構造は、管領が畠山持国から細川勝元に替わっても継続していた。享徳二年（一四五三）五月、管領であった勝元は辞意を表明した。その理由は、勝元が義成の意向を伺わず、勝手に幕府御教書などの文書発給を行っていることを義成から咎められたからであった（『康富記』）。結局は勝元が辞意を撤回して職務に復帰するが、こうしたたび重なる管領の職務放棄宣言は、管領と義成との間には常に対立の可能性が存在していたこと、さらには義成の立場の弱さを表わしているといえる。

こうした状況が変化するのが康正《こうしょう》元年（一四五五）であり、長きにわたって発給されてきた管領下知状もようやく発給されなくなる。以後は義政（義成から享徳二年に改名、前述）の御判御教書が発給され、また、管領の意志とは関係なく幕府奉行人による奉書《ほうしょ》が発給されるようにもなる。さらに長禄《ちょうろく》年間（一四五七～五九）になると、義政は義教の時代をモデルとして親政を行うことを宣言する（『大乗院《だいじょういん》寺社雑事記《じしゃぞうじき》』）。この変化の背景には、「三魔《さんま》」と呼ばれた人々の活動の終焉と、伊勢貞親の登場があった。

有馬元家の出家

享徳四年（康正元年、一四五五）、落書《らくしょ》（誰の手によるともわからない出所不明の掲示）が路頭に立てられた。それには、これまでにも名前が出てきた今参局（義政乳母、大《おお》館満冬《だちみつふゆ》女、「おいま」）・有馬元家《ありまもといえ》（赤松氏庶流、「ありま」）・烏丸資任（義政乳父《めのと》、日野氏庶流、「からすまる」）の三人の肖像が描かれており、「政治は彼ら「三魔」が行っている」と書かれていた。これを聞いた瑞《ずい》渓周鳳《けいしゅうほう》は、「烏丸」は「からすまる」と読むべきなのに「末尾を落とすとは妙である」などという感想を漏らしている（『臥雲日件録抜尤』）。感想の是非はさておき、人々のあいだで「三魔」に対する風当たりが強くなっていることが確認できる。

「三魔」のうち、出家をして最初に姿を消したのは有馬元家である。「室町殿（足利義政）無双之寵人」（『師郷記』）とまで評されていたにもかかわらず突然出家した理由については、「道心《どうしん》」を起こしたため（『康富記』）とされている。

政治的な理由としては、有馬元家が赤松則尚《のりひさ》を支援していたことが指摘されている。話は少し遡るが、嘉吉の変後、赤松満祐の甥にあたる則尚は、満祐を裏切って幕府軍に降伏した。その後に播磨国で三郡の知行主となった赤松満政がその地位を追われて挙兵するとそれに従うも、満政が敗れたため逃走した。その則尚を助けたのが、同じ赤松氏一族の有馬元家であったという。文安五年（一四四八）に則尚は叔父である赤松則繁《のりしげ》の反乱に加担して挙兵するが、細川氏一門細川持常《もちつね》（阿波《あわ》守護、讃州《さんしゅう》家）と伊勢貞国から播磨国守護職補任を提示されて則繁を裏切って殺害、幕府に帰参する。しかしその後も則尚への播磨国守護職補任は、赤松満祐に代わって播磨国守護となっていた山名宗全（俗名持豊。嘉吉の変後に出家。以下宗全と呼称）の反対により実現しなかった。

享徳三年十一月、義政は宗全の討伐を言い出した。この宗全討伐軍の総大将は、赤松則尚の件で宗全と遺恨がある讃州家の当主細川成之《しげゆき》（持常子）であった。しかし宗全の娘婿となっていた管領細川勝元は、出仕を拒否する一方で宗全の「愁訴」を取り次ぎ、これを義政に認めさせて、討伐命令を撤回させた。

この混乱に乗じて赤松則尚は播磨国に下国し、現地で順調に勢力を拡大しつつあった。その背景には足利義政や細川成之、伊勢貞国や有馬元家の支援があったと思しいが、享徳四年四月にその義政が一転して赤松則尚追討を山名教豊《のりとよ》(宗全子)に許可した。これは、同時期に関東で発生した享徳の乱などへの対処で細川勝元との連携が必要になった義政が勝元(とその舅である山名宗全)に譲歩したためであった。これを受けて教豊は播磨国に出陣して則尚軍と戦い、同年五月に則尚は敗れて自害した(『師郷記』)。そして同じ年の末に、先ほどみたように突如として元家が失踪するのである。はたして関係はあるのであろうか。前述のように得意の絶頂にあった最中での遁世《とんせい》であるようなので、無理に政治的な理由を求めなくてもよいかもしれない。

今参局・烏丸資任の失脚

その次に失脚したのが今参局で、先ほどみた尾張国守護代更迭問題では謝罪に追い込まれたが、その際に管領畠山持国と連携して斯波氏被官の朝倉氏を処罰しようとした噂があったことは述べた。その真偽のほどは定かではないが、持国の後継者である畠山義就《よしひろ》とは繋がりがあったらしく、義就は今参局を通じた将軍義政への内々の訴訟ルートを有していたと指摘されている。

康正元年八月に義政に嫁いでいた日野富子(重子大姪)が、長禄三年(一四五九)一月に女児を出産した。しかしその女児がまもなく死去すると、その原因は今参局による呪詛《じゅそ》であったとされた。それを知った義政は怒って今参局の捕縛を命じ、流罪に処した（『経覚私要鈔《きょうがくしようしょう》』）。富子の出産後わずか数日で事が展開しており、それまでの今参局の栄華は瞬く間に幕を閉じた。義政の男児を失った悲しみがあまりにも深かったことの裏返しか、あるいはこれを機会に今参局を追い落とそうとする勢力が手を回したのか。実際、日野重子が裏で手を回していたとの噂もあり（『大乗院寺社雑事記《だいじょういんじしゃぞうじき》』）、後者が前者を利用したとの見方が妥当なところであろう。今参局は近江国沖島《おきしま》に流罪となったが、その配所に赴く途中で死去した。殺害されるのを拒んでの自害であったとも伝えられている（『大館持房行状《おおだちもちふさぎょうじょう》』）。

羨望と妬みを受けての失脚と死去であったことは明白だが、その一方で彼女を擁護する声もあったことにはふれておきたい。すなわち、今回の一件を聞いた『大乗院寺社雑事記』記主の大乗院尋尊《じんそん》は、その日記に「足利義政を守り立ててきたのは今参局である」と記した。これは後世の解釈が加わっていない今参局と同時代人の証言として貴重である。今参局は義政のためと思い政治的な活動を行ったが、最後は義政に裏切られた、悲劇の女性であったのかもしれない。

最後は烏丸資任である。資任は先にも述べたように義政の乳父であり、自らの屋敷を居所として義政に提供していた。その擬制的な親子関係や物理的な距離の近さを根拠として資任は権勢を振るえていたのであるが、長禄二年十一月末に突如として義政が室町殿の再建を表明し、翌年十一月に移住すると、資任の政治的活動はみえなくなる。そして、すでに「室町殿御父《おてて》」とされていた伊勢貞親が、資任をはじめとする「三魔」に代わって台頭してくるのである。

伊勢貞親と日野氏を中心とする体制

伊勢氏は鎌倉時代末期頃より足利氏の家人として活動が見え始め、幕府においては政所《まんどころ》長官である執事《しつじ》（頭人）に補任されることを慣例としていた。貞親の父である貞国は義勝の乳父となり、貞親自身も継嗣まもない義政の「室町殿御父」とされた（『康富記』）。この「室町殿御父」がのちの貞親の権勢拡大に有効に働いたとする見解もあるが、義政乳父としての烏丸資任の立場に変化はなく、その後資任が「三魔」の一人として権力を振るったことは前述の通りである。「室町殿御父」はあくまで称号にしか過ぎず、その効果は限定的に捉えるべきであろう。この「室町殿御父」称号授与は当時の管領畠山持国が決定しているが、のちに持国の妻は「公方御母」として室町殿に参上している（『康富記』）。二つの呼称・立場が同質のものかどうか不明であるが、伊勢氏と畠山氏との間に何らかの提携関係が存在したことは想像してよいであろう（尾張国守護代更迭問題で持国が大名でありながら義政・今参局に同調するような動きをみせたのも、貞国などの将軍側近とも近かったためとみられる）。

貞親は文安六年（一四四九）の義政への将軍宣下《せんげ》の際に政所執事の職を二階堂忠行《にかいどうただゆき》に譲ったものの、これは足利義満の将軍宣下の先例に倣ったものであり、形式上のことにしか過ぎなかった。政所の実権は貞親によって握られたままであり、軍事面でも貞親の関与がみられるようになっていく。将軍側近集団である奉公衆や官僚である奉行人の間にも影響力を浸透させ、奉公衆のなかには貞親から名前の一部を授与されて名乗る者もいた。これは偏諱《へんき》授与と呼ばれるもので、将軍と大名（たとえば、足利義持—山名持豊、足利義勝—細川勝元）など、主従関係においてみられる行為である。

有馬元家や今参局の失脚後、伊勢貞親の近臣としての地位はさらに上昇した。貞親の被官人が何らかの罪を犯して所領《しょりょう》が没収されるような事態に陥った場合でも、その所領（闕所）はすべて貞親の所領になると定められたのは（「蜷川《になかわ》家文書」）、貞親に対する特別待遇といえよう。同様の特権は管領在職時の細川勝元にも付与されていたが、管領でも守護でもない貞親がそれを手にしていたことの意味は大きい。

同時期に、義政の後宮改革が進んでいたことも見逃せない。その動きは日野富子が義政に嫁いだ康正元年から始まるが、長禄三年の今参局の失脚と死去により一挙に進んだ。その動きの背後には富子の大叔母で義政の生母である重子の指示があったとみてよかろう。同時に富子の兄である日野勝光も、義政近臣として活動するようになる。

義政の親政への意気込み

長禄二年（一四五八）に義政は、今後は政治を義教の代と同じように行うと宣言した。また、義教死後は閉鎖されていた相国寺蔭凉軒《しょうこくじいんりょうけん》（禅院の人事を管掌）を復活させ、そのトップである蔭凉職に季瓊《きけい》真蘂《しんずい》（赤松氏一族であったため、嘉吉の変を契機に辞任していた）を再任した。さらには同じ年に前述のように室町殿の再建に取りかかるのである。いずれも、凶例であるはずの父義教の先例をあえて踏襲し、専制政治の復活を目指そうとする義政の強い意思の表れといえよう。さらに季瓊真蘂については、禅院に関する訴訟の将軍への奏上と、担当奉行人への下達も行わせた。これは本来管領が管掌すべき事柄であったが、季瓊真蘂不在時代には伊勢貞親がその職務を代行していた。季瓊真蘂は伊勢貞親が担当していた職務を引き継いだとみられている。「三魔」から身も心も脱した義政による、新たな政治のスタートが切られたのである。

政策的にも目に見える変化を義政は打ち出している。それは寺社本所領興行《じしゃほんじょりょう》と裁判の公正化である。この二つは将軍の代始めにスローガンのように掲げられて実行されるものになっており、実際これを義政による「代始めの徳政」と位置付ける研究者もいる。この後、寺社本所領に限らず、将軍の直臣たちの不知行地も申請に従って還付を認めた。いずれも現地の守護やその被官たちの侵略を受けて不知行地化したのであるから、この義政の政策は守護を務める大名たちの利害と真っ向から衝突するものであった。義政は貞親の補佐を受けながらこれらの政策を推進し、将軍権威の向上（復活）を図ったと考えられる。

裁判の公正化についても、奉行人から二か条について起請文を徴している（「蜷川家文書」）。第一条では、義政の決定に理非に違うものがあれば言上してそれを正すべきことを、第二条では、担当外の案件に対する義政の決定についておかしいと感じた点があれば、義政にその旨を言上すべき旨を担当の奉行人に進言することが求められており、それらが十五人の奉行人たちによって誓約されている。同様のことは義教の代始めの際にも実施されており、形式的なものではあるが、綱紀粛正の意味は有していたであろう。

さらに政治の面以外でも、長禄二年は義政にとって気持ちを新たにした年であったようである。同年三月、賀茂在盛《かもあきもり》は「柳営源君之尊命」を受けて『吉日考秘伝《きちじつこうひでん》』を著した。「柳営」は将軍の中国式呼称であり、「柳営源君」とはすなわち当時将軍であった義政を指す。『吉日考秘伝』は、陰陽道《おんみょうどう》の思想に基づき、ある行動を取るのに縁起が良い日時や悪い日時を列挙したり、ある出来事がその日時に起きた場合の吉凶などを簡明に記したりした書物である。養生論や呪術に関する記述もある。

たとえば、土地を造成して建物を建てる際、戊辰・戊戌・庚辰・庚戌の年にそれを行えば家長は多くの凶事に見舞われ、散財もしてしまうであろうとされている。また、屋根を壊すのに良い日として乙丑・庚寅・辛卯などが挙げられ、逆に悪い日は戊巳や癸酉などであるという。鼻血が丑《うし》の日に出れば吉であり、未《ひつじ》の日に出れば凶である、ともある。

義政はこの書をどのような目的で執筆させたのであろうか。誰かに頼らず、自分で行動の吉凶を判断するための材料としたとも考えられる。しかしこの『吉日考秘伝』を通読すると、建築関係に関する吉凶の記事が詳細で多くの項目が挙げられていることに気が付く。先述のように、室町殿の再建が始まったのは『吉日考秘伝』が書かれたのと同じ年の、長禄二年十一月である。室町殿の再建は突如表明されて世間に混乱をもたらしたとされているが、案外と義政はこの書を読んで早くから計画を立てていたのかもしれない。

財政的に先細る幕府

義政親政期の幕府は経済的に困窮していた。より端的にいってしまえば、室町幕府が裕福であったのはせいぜい足利義満が室町殿や北山殿《きたやまどの》として君臨した時代ぐらいであり、残りの時期は困窮の度合いが異なるだけであった。義満の豊富な財力の源は日《にち》明貿易《みんぼうえき》による利益が大半を占めていたが、次代の足利義持は日明貿易を停止したため、幕府はたちまち財源不足に陥ることになった。

そこで代わりに財源として脚光を浴び始めたのが、土倉・酒屋役である。土倉は金融業者、酒屋は酒造業者のことで、彼らに対して課された営業税のことを指す。この役は南北朝末期の明徳《めいとく》四年（一三九三）にすでに成立していたが、日明貿易による利潤は現在の貨幣価値で二百億円、一方の土倉酒屋役は六億円であったとされているから、額だけみれば比較にならなかった。とはいえ六億円である。二百億円が消えた今、財源において占める割合は急上昇した。しかもその額自体も、幕府に仕える女性たちの生活費である十億円を単独で賄えるほどに増加していた。義持・義教期の幕府財政は、この土倉・酒屋役に支えられていたのである。

ところがその貴重な財源も、嘉吉の徳政一揆の際に幕府自らが発令した徳政令により失われてしまった。これに追い打ちをかけたのが大名による守護出銭《しゆつせん》（大名から将軍への贈与《ぞうよ》形式を取る上納行為）の拒否で、室町殿、すなわち義勝が幼少であるために生じた出来事であったことは、以前にも述べた通りである。管領執政期にはこうした状況を何とか改善しようとしていくつかの政策が実施された。たとえば、酒屋役の倍額臨時賦課（一か所につき十四万円→二十八万円）や、経営規模を縮小した（せざるを得なかった）土倉が「日銭屋《ひぜにや》」業へ手を伸ばし始めたことを受けての、日銭屋への税賦課などである。「日銭屋」とは、通常の貸借が土地などを担保として月利で計算されるのに対して、衣料など日用品を担保として高利な日歩《ひぶ》で金を貸す金融業のことを指す。幕府は、新たな課税対象を見逃さなかった。土倉が生き残るために始めた稼業であるが、幕府も生き残るために必死だったのである。これらのほか、洛中闕所屋検断《けんだん》権をそれまでの侍所から政所へ移管し、検断により得られるものを侍所ではなく政所の収入ともしている。しかしいずれも恒常的な収入とはならず、財政窮乏は続いた。その結果、禁闕の変以来焼亡したままであった内裏の再建工事は中断され、幕府が財政的に支援して行われていた諸社の祭礼までもが中止や延期に追い込まれた。

内裏再建の政治的効果

何をするにしてもお金は必要である。しかしそのお金が幕府にはなかった。むろん朝廷にもない。禁闕の変で内裏を失い、それを自力で再建することができない朝廷は、むしろ幕府に支出をねだってくる存在となっていた。征夷大将軍となった義政は、公武統一政権を構成する幕府の長として、財政再建に取り組まねばならなかった。

康正二年（一四五五）七月、朝廷にとって長年の悲願であった内裏が再建された。そしてその数日後に、義政は右近衛大将《うこんえのだいしょう》の拝賀《はいが》を遂げた（『管見記《かんけんき》』）。拝賀とは任官に対する御礼の儀式のことで、義政は後花園天皇の前で感謝の拝舞《はいぶ》を行った。その拝舞の前後には義政を中心とする壮麗な行列が仕立てられたため、それを見た人々には管領政治の終焉と将軍権力の復活が強く印象づけられた。義政が内裏再建を宣言してからわずか半年弱のことであった。管領執政期には遅々として進まなかった再建が、なぜこの短期間のうちに成功したのであろうか。

このときの財源としては、諸国段銭（土地一段あたりに対する賦課）、洛中洛外棟別銭《むなべちせん》（建物一棟ごとに対する賦課）、地口銭《じぐちせん》（間口銭とも。道路に面した土地の長さに対する賦課）、壺銭《つぼせん》（酒造寺院の酒造壺ごとに対する賦課）が挙げられる。それまで免除されていた東寺《とうじ》領からも地口銭を徴収しているなど多少の変化はみられるものの、いずれも管領執政期から存在した課税名目である。義政が成功した要因は他に求められるべきであろう。

それは徴収方式の変化である。具体的には、段銭の負担額を国毎に決定し、幕府への納入義務を各国の守護に負わせたのである。

従来であれば段銭は、「大田文《おおたぶみ》」と呼ばれる土地の面積や領有関係を記した文書に基づき課税・徴収されていた。つまりそれぞれの土地の状況を把握したうえで徴税されていたのである。この作業を守護に委任するというのは、幕府による土地（公田）への直接支配の放棄を意味していた。幕府は、名目的な支配関係の維持よりも経済的な収入の安定を選択したのである。幕府の土地支配政策の大転換といえよう。この大転換には、伊勢貞親とその被官が関わっていたとされている。

分一徳政令

内裏が再建される前年の享徳三年（一四五四）九月、東福寺《とうふくじ》が関所《せきしょ》を設置しようとしたことに対する土一揆蜂起を契機として、再び徳政一揆が発生した。土倉が質物を返却したことにより一揆は沈静化したが、その直後に幕府は、徳政令を禁止する法令を発布した。これには、幕府以外から出される可能性がある（現に、正長の土一揆の際には地域単位で発布されている）徳政令を禁止し、土倉の債権を保護する目的があった。幕府は、嘉吉の徳政一揆時に自らが発布した徳政令によって土倉が窮乏し、結果的に幕府財政に深刻な影響を及ぼしたことを教訓としたのであろう。しかしその一方で、幕府による徳政令の発布を望む声は多く、「公方近習輩」が団結して訴訟に及ぶなども噂された（『康富記』）。これに応える形で、十月二十九日に幕府は徳政令を発布した。

その内容は、住民たちが一揆して「諸土倉・日銭屋以下質物」を押し取ったため「公料」があっという間に減少した。その損失分を補塡するために、債務者が借銭の十分の一を幕府に納入したならば、年紀売《ねんきうり》（期間を定めた土地売買。この逆が永代売買）や本物返《ほんもつがえし》（土地は売却するが、売却相当分を弁済すれば取り戻しが可能）などから祠堂銭《しどうせん》（土倉ではなく寺院が債権者となる低利の金融）や寄進《きしん》（寺社への土地や金銭・物品の奉納）を装った借銭に至るまで、契約の破棄を認める。なお、そのことを認めた幕府からの奉書を持たない債務者に対しては借銭返済の催促をせよというものであった（「仁和寺文書《にんなじもんじょ》」）。債務者に対して金銭の納入を要求し、債権者に対しては消極的ながら保護を与えている。

同年十二月十八日には、それらの契約のうち、伊勢神宮《いせじんぐう》・熊野大社《くまのたいしゃ》の神物関係と二文子（月利二%）

の祠堂銭、永代売寄進《うりきしん》地を除くことが新たに定められた（「蜷川家文書」）。寺社勢力からの反発を受けてのことであろう。これは債務額の部分納入を条件に債務放棄を認めるという特殊な徳政令のため、分一《ぶいち》徳政令と呼ばれている。この部分納入された金銭（分一銭）は、実は幕府の奉行人が手続き上文書発給をした際に、その文書によって利益を得る者が奉行人に礼銭（謝礼）を支払うという慣行が存在していたが、それを明文化したものであり、納入先が幕府奉行人個人から幕府組織へと移っただけのものと考えられている。とはいえ、この分一徳政令により、幕府は債権者である土倉の債権保護と債務者からの債務破棄の要望を両立させ、あまつさえ債務者からお金を巻き上げることにも成功した。ここに目を付けた政策立案者は、かなりの錬金術師だったといえよう。

ただ、債務破棄を担当する奉行人が飯尾《いのお》為数《ためかず》という奉行人ただ一人であったことで混乱が生じ、分一銭を取り損ねる事態も起きていた。そのため翌康正元年（一四五五）制度改正（拡充）があり、分一徳政令の適用を認める奉行人奉書（奉行人が将軍の命令を奉じて発給する形式の文書）の発給体制を、飯尾為数単独によるものから政所寄人《よりうど》（政所で実務を担当する奉行人）全員（十五〜二十人程度）で行うものに変更した。そして発給する奉書には政所執事である二階堂忠行も花押を据え、さらに伊勢貞親が（分一銭納入の確認後に）奉書の裏に花押を据えることになった。前年と比較して手続きの厳格化が進んだことがわかるが、実際に政所を動かしていたのは貞親とはいえ、彼が奉書の裏に花押を据えることについては「執事や奉行人たちが未熟者だからだろうか」などと書かれている（『斎藤基恒日記』）。少なくとも貞親はそのように感じていたからこそ、手続きに自ら加わったのであろう。さらに、前年は債務者による申請しか受け付けなかったが、今回は債権者も申請可能とした。前年よりも債権の保護に積極的になったといえる。ただし分一銭の割合は、十分の一から五分の一へ値上げをして、増収を図ることも忘れていなかった。

これら享徳三年の分一徳政令と康正元年の分一徳政令には、大きく分けて二つの見方がある。一つは、享徳三年の分一徳政令発布時にはすでに私徳政《しとくせい》が実施されていたために幕府が当初見込んだほどの収入が得られず（債権者に私徳政を強要することができるのは、比較的立場の強い債務者であり、それができないほど弱い立場の人たちが分一徳政令を利用して債務放棄を宣言できたか疑問）、さらに先ほど指摘したような手続き上の混乱もあり、政策としては失敗に終わった。それゆえに康正元年にあらためて出されたというものである。もう一つは、享徳三年の分一徳政令は事務手続きの点では失敗したもののそれは需要が予想外に多かったためであり、それゆえに翌年に受付体制を強化し、（多くの需要があることを見越して）分一銭の割合も値上げして増収を図ったとする見方である。

どちらの見方でも、享徳三年の分一徳政令は失敗であったとされている。その頃の政所は管領細川勝元の支配下にあり、分一徳政令も勝元の主導により行われたが、その失敗に義政がつけ込み、伊勢貞親を送り込んで政所の奉行人を自らの影響下に置くことを目指したとの指摘もある。それ以前の貞親と政所との関係にははっきりしないところもあり、管領の関与や執事である二階堂忠行の立場も不明だが、義政親政を促進するためであったというのは状況的に充分あり得ることである。

さまざまな増収の試み

右でみたことのほかにも、義政親政期には増収のためにさまざまな手段が講じられている。それらのうち日明貿易の再開は大きなトピックだが、それは別の章であらためて述べることとし、ここではそれ以外の試みについてみておきたい。

当時の贈答儀礼において「折紙銭《おりがみせん》」というものが存在した。銭を贈る場合、まずは目録を送り、現金は後送するのが一般的であったが、この目録が折紙銭である。この折紙銭（「用脚之折紙」〈『建内記』〉）は、現金が贈られれば贈り主に返却されるものであるが、現金がなかなか届けられない場合も多かった。義政は日々の贈答儀礼で手元に届けられた折紙銭を、幕府絵師《えし》への未払い分の給与に宛てたことがあった（『蔭涼軒日録《いんりようけんにちろく》』）。また、未払い者に対して、早期の納入を督促したこともある（『大乗院寺社雑事記』）。

また、義政に限らず歴代将軍たちは寺院、特に禅宗《ぜんしゆう》寺院への御成《おなり》を繰り返した。それには純粋な信仰心からなされたものもあったのかもしれないが、義政の場合、それは明確に増収のためであった。将軍が禅宗寺院に御成をすると、禅宗寺院側から将軍に対して「献物《けんもつ》」という御礼が贈られる。将軍は献上された物品をそのまま別の寺院（多くは修理を必要としている寺院）に寄進し、修理が必要な寺院に将軍が御成した場合には、献上された物がそのまま寄進された。これにより、実際には将軍は一銭も出していないが、形式上は将軍が修理費を援助・支出したことになるのである。しかもこの献物は定額化していたので、御成をした回数によって収入を予想することができた。つまり、もしある寺院の修理のために一千万円寄進しようと思ったならば、献物がその一千万円に達するまで御成を繰返せばよいのである。御成を受ける禅宗寺院側にとっては疫病神以外の何者でもないような気がするが、相手側の事情を考えずに取れるところから取るというのは、段銭の国役化とも通じるところがある。要は、収入が得られれば、相手や現地のことはさして気にしないのである。

かといって義政がまったく自分の腹を痛めなかったかというと、そうではない。たとえば、寛正《かんしょう》六年（一四六五）に催行された義政実母日野重子の三回忌仏事料の百貫文は、太刀十一振という現物で支払われた。この太刀は歴代の将軍が収集してきたコレクション（「御物《ごもつ》」）から放出されたものであった。この「御物」の鑑定・目利き役として同朋衆《どうぼうしゅう》が登場し、のちの東山文化の発展を義政とともに担うことになる。

3　管領家内部の争い

畠山持国と持永の争い

これまで足利義政とその周辺を中心に述べてきたが、彼らの対抗勢力となっていた大名たち、特にその中心にあった三管領家はいかなる状況に置かれていたのであろうか。時期を少し遡って順にみていこう。

まだ足利義教が存命であったころ、畠山持国は関東で起きていた結城合戦への出陣を渋ったことにより義教から勘気《かんき》を蒙った。あの義教の勘気を、である。このままでは畠山氏全体が義教の討伐対象となりかねない。そのような危機感を抱いた畠山氏被官の遊佐国政《ゆさくにまさ》と斎藤因幡《いなば》入道は、持国の異母弟である持永を新たに畠山氏の家督に据えることを義教に上申し、将軍と畠山氏の関係悪化を防ごうとした。

義教がこれを許可したために、持国は何も反論せず畠山氏の守護分国である河内国《かわち》に下国した。このあまりに従順な持国の態度に、持国と持永との間に密約が存在した可能性を推測する研究者もいる。しかしそのわずか五か月後に嘉吉の変が発生して義教が亡くなったため、義教のおかげで畠山氏当主となった持永は自らの後ろ盾を失ってしまった。

嘉吉の変からわずか一週間後の京都は、畠山持国のことで持ちきりだった。将軍権力の代行者としての管領細川持之の初仕事が、義教から処罰された人々の赦免であったことは先にもみた通りである。当時の人々、特に当主をすげ替えた遊佐国政と斎藤因幡入道、それに持永の母（持国継母）は、持国の赦免と当主への復帰を恐れ、何と持国の宿所に刺客を放った。しかし彼らは生け捕りにされ、尋問を受けて遊佐らの指示があったことを白状した。このため、怒った持国が軍勢を率いて上洛してくるとの噂が流れた。戦火を恐れ、家財道具を避難させる公家衆も現れた。

エスカレートする事態に幕府首脳陣も無関心ではいられず、管領細川持之は使者を持国の従兄弟にあたる能登《のと》守護畠山義忠《よしただ》とともに持国のもとに派遣し、持国の考えを尋ねた。すると持国は、持永に恨みはないが、遊佐と斎藤に対しては切腹を望んでいると発言した。このため、身の危険を強く感じた遊佐・斎藤らは、持永と持国のもう一人の弟である持富《もちとみ》を拉致同然に連れ出し、自分たちとともに行動することを強要した。しかし持富は女性用の輿《こし》に乗って逃げ出し、持国と合流した。

ここで動いたのが管領細川持之で、持永に対してまずは隠居することを勧め、上洛してくるであろう持国との仲を取り持つことを約束した。これを受けてか、持永は遊佐らとともに京都を没落した。その際持之は、屋敷への放火は朝敵に準じる行為であると言い含めるのを忘れてはいなかった。畠山氏の屋敷は、禁裏に近かったためである。このような持之の工作や配慮のおかげで、持国の復権がようやく実現することになった（以上の経緯は『建内記』による）。幕府一丸となって赤松氏討伐にあたるためにも、これは必要な対処であった。

なお持国は、同年十二月に従三位《じゆさんみ》に叙せられた。叙位は俗人に対してなされるものであるが、持国は持永に家督を譲った際に出家していたため、出家前の同年二月二十七日に日付を遡らせて宣下された（『薩戒記《さつかいき》』）。公家社会において従三位以上は公卿《くぎよう》と称され、四位《しい》以下とは位置付けが異なる。持国以前に将軍家以外で公卿に列した武士は斯波義教《よしのり》のみであり、しかもそれは義満の猶子としての叙位であった。このことを記す『建内記』は、「しからば吉良（義尚）・管領（細川持之）・山名（宗全）已下定めて申すべきか」とも述べている。吉良《きら》義尚《よしなお》は同年七月に従三位昇叙を望んで却下されており、持国の従三位叙位へ反発することは容易に想像できる。さらに持之や山名宗全の反発も予想されているということは、将軍権力の代行者として管領から朝廷に対して持国の叙位が申し入れられたわけでもないようである。持国はなぜ従三位叙位を望み、そしてそれがどうして認められたのかは不明とするほかない。

持国の後継者争い

畠山氏の家督に復帰した持国には、男子が一人いた。しかし生母が卑賤の身であったため後継者に指名することが憚られたらしく（『東寺過去帳《とうじかこちょう》』には「皮屋子」とあり、『東寺執行日記《とうじしぎょうにっき》』には「持国の子ではないと被官の神保氏《じんぼし》らが申した」とあるので、持国の子ですらなかったのかもしれない）、嘉吉の変後の家督争いに際して持国に味方をした持富が、持国によって後継者に定められていた。

ところが持国は、文安五年（一四四八）十一月に、後継者を持富から石清水八幡宮寺《いわしみずはちまんぐうじ》に入寺させる予定であったその男子（十二歳）に変更した（『経覚私要鈔《きょうがくしようしょう》』）。翌年にその男子は、義政から偏諱授与を受けて義夏《よしなつ》（のち義就《よしひろ》）と名乗った。宝徳二年（一四五〇）六月には持国から家督を譲られ、将軍義成（義政）からもそれを承認する御判御教書が出された（『康富記』。なお、持国が尾張国守護代更迭問題をめぐって義成と対立・和解するのはこの二か月後である）。

この持国からの酷い仕打ちともいうべき処置に持富は反対せず、そのまま宝徳四年に死去した。享徳三年（一四五四）四月に、持富の遺児である弥三郎《やさぶろう》を被官神保越中守《えっちゅうのかみ》（『師郷記』による。正しくは備《びっ》中守国宗《ちゅうのかみくにむね》か）らが血筋に疑念のある義夏に代えて家督に立てようとした企てが発覚すると、持国は神保の息子を切腹させ、屋敷にいる神保には自らを支持する遊佐国助らを派遣して合戦ののち神保らを殺害した。この騒動にともない、弥三郎と彼を支持する他の被官たちは姿をくらました。騒動の首謀者は神保越中守とされる。持国が家督復帰後に、不遇の時代に仕えてくれた被官たちを厚遇し、持永に仕えていた被官たちを冷遇したことも被官分裂の一因となった。畠山氏内部に弥三郎支持派は決して少なくなかったのである。

まもなく弥三郎と被官たちが管領細川勝元のもとに匿われていることが発覚した。その他の弥三郎派の被官たちも、山名宗全に匿われていた。持国は義政から弥三郎討伐の御教書を獲得していたが、八月に弥三郎派が義夏の屋敷を攻撃すると、持国は一族の畠山義忠の屋敷に逃れ、義夏は山名教之の屋敷に逃げ込もうとするも断られ、被官遊佐国助の屋敷に逃げ込んだ後、伊賀《いが》国に没落した。その数日後に弥三郎は義政と対面を果たし、弥三郎に対する討伐命令も撤回された。その後持国は建仁寺西《けんにんじせい》来院《らいいん》に隠居したが、家督相続を果たした弥三郎から迎えられて屋敷に戻った。これは弥三郎が持国の意向（「入道気色」）に従って行動しようとしたためであったが、一族のなかにはその方針に反対して自害する者もいた（『康富記』）。

ここで、細川勝元と山名宗全が連携して弥三郎とその支持者を庇護していることが注目される。弥三郎に対しては将軍義政から討伐命令が出ているにもかかわらず、である。勝元は「去夏」（享徳三年四月から六月の間）ごろから管領の職務を放棄しており（『師郷記』）、八月に弥三郎派が義夏の屋敷に攻め寄せた際にも、管領の職務たる禁裏の左衛門陣《さえもんのじん》の警護は侍所の開闔《かいこう》が行っている（『康富記』）。九月になって勝元が義政の命令に従って弥三郎を実際に匿っていた被官磯谷四郎兵衛尉《いそがいしろうひょうえのじょう》兄弟を討伐すると、山名宗全は怒って勝元の屋敷に攻め寄せようともしている。十月に勝元は管領の職務に復帰するが（『師郷記』）、十一月に突如として出された山名宗全討伐命令に反対して再び職務放棄をしているので（前述）、少なくとも勝元は常に宗全の味方であったといえる。

一方、宗全は常に弥三郎派の味方であった。だからこそ弥三郎を匿っていた磯谷四郎兵衛尉兄弟の討伐に怒ったのである。弥三郎にとっても頼りになる大名であったに違いない。しかし以前にみたように、宗全はこの討伐未遂事件に関連して但馬国での隠居を余儀なくされる。この宗全の隠居は義夏派を勢いづけ、宗全の下国後に義夏が河内国から上洛、義政と対面を果たした。弥三郎は再び姿をくらました。義政は伊賀国に没落した義夏を密かに援助していたようなので（『師郷記』）、突然の山名宗全討伐命令は、この義夏の復帰を目論んでのことであったのかもしれない。義政は意外と執念深かったのだろうか。

畠山政長と義就の争い

翌享徳四年（康正元年、一四五五）二月、義夏は右衛門佐《うえもんのすけ》に補任された。持国は実子（かもしれない）義夏が畠山氏家督として義政と良好な関係を築いていることに安心したであろう。享徳二年以来病気がちであった持国は、義夏の右衛門佐補任の翌月に死去する（『斎藤基恒日記』）。

義夏（同年閏四月に義就に改名。以下義就と呼称）は弥三郎派の掃討を開始した。義政も義就を応援し、幕府の奉公衆まで派遣している（『斎藤基恒日記』）。しかし出陣を命じられた者のなかには病気であると偽ったり困窮していると称したりして出陣を渋った者もいたというから、全員が弥三郎派討伐に熱心であったわけではないようである。義就についても、弥三郎討伐戦の過程で義政の了解を得ないまま「上意」を振りかざすことが多くなり（『経覚私要鈔』）、義政との信頼関係が崩れ始めた。

長禄二年（一四五八）になると、弥三郎派が再び優勢となる。享徳三年時に山名宗全討伐を阻止した細川勝元は相変わらず宗全の味方であり、宗全が何年にもわたって但馬国に逼塞《ひっそく》していることを理由として義政に赦免を求め、ついに実現させた。勝元はそのことを宗全に伝えた際に「弥三郎に与える国が決まっていないことは面目ないことですが、河内国か紀伊《きい》国のうちいずれかが与えられるでしょう。弥三郎と一緒に上洛してください」と述べた（『経覚私要鈔』）。勝元は、宗全に隠居させてしまったことや、弥三郎を守れなかったことがよほど気がかりであったのであろう。宗全は弥三郎の行方を把握していなかったらしく、弥三郎より一足早く上洛して幕府へ再出仕した（『在盛卿記《あきもりきょうき》』）。

なお、ほぼ時を同じくして赤松氏の再興がなされている。これはかつて禁闕の変で行方不明となっていた神璽を南朝の残存勢力から赤松氏旧臣が奪還したこと（長禄の変）を賞してのものであったが、事前に義政とその側近から赤松氏旧臣へ働きかけがあったとされている。再興した赤松氏の当主には赤松満祐の弟である義雅《よしまさ》の孫にあたる次郎法師《じろうほっし》（のちの政則《まさのり》）が立てられ、加賀《かが》国の半国守護職が与えられた（『蔭凉軒日録』）。この赤松氏の復活劇には細川勝元が関与していたが、その立場についての評価は分かれている。

翌長禄三年には、弥三郎派として大和《やまと》で討伐されていた成身院光宣《じようしんいんこうせん》や筒井順永《つついじゆんえい》が赦免された（『大乗院寺社雑事記』）。これも細川勝元の口添えによるものであった。大和国で筒井氏の復帰に反対していた越智氏《おちし》を助けるため畠山義就勢が大和国に入国すると、筒井氏は勝元を頼っている（同）。

弥三郎の赦免が正式に発表されたのは、同年七月のことである（同）。しかし弥三郎はこの前後に亡くなっており、その跡は光宣の計略により弥三郎の弟である弥二郎政長《やじろうまさなが》が継承した。歴史に「もしも」は禁句であるが、このとき光宣が政長という人物を立てなければ義就の対抗馬は自然消滅し、事態は沈静化したかもしれない。光宣の計略であったことを記す『大乗院日記目録《だいじよういんにつきもくろく》』も「そのようにしてしまったのでこの家督をめぐる争いは延々と続いてしまう。天下も乱れるであろうとの噂だ」と書きとめている。

この『大乗院日記目録』の記事は同時代人である尋尊によって後日まとめられたものであるので断言はできないが、畠山義就と政長の対立が応仁・文明の乱へと繋がっていくことを予見していたのかもしれない。

一方の義就は、義政による弥三郎赦免ののちも畠山氏の家督であり続けた。しかし、長禄四年（寛正元年、一四六〇）九月にとうとう義政から屋敷の引き渡しと「隠居在国」、すなわち河内国での隠居を命じられた（『大乗院寺社雑事記』）。ただし家督を渡す相手として指定されたのは政長ではなく、能登守護畠山義有の息子で、義就の養子となっていた政国《まさくに》であった。それならば義就も妥協してくれるであろうと義政は踏んだのかもしれない。ところが義就は素直に従わず、屋敷から追い出されて滞在していた被官遊佐《ゆさ》氏《し》の屋敷に火をかけて下国した。山名宗全も但馬国での隠居を命じられたことは前にも述べたが、その際宗全は屋敷に火をかけるようなことはせず、素直に従っている。義就のこの行為は義政の神経を逆撫でしたようで、義政は政国への家督継承を取り消して政長に家督を継承させるとともに、河内国に義就討伐軍を送った。その軍勢は管領細川勝元の軍勢以下、和泉・播磨・淡路《あわじ》・伊勢・伊賀・大和・紀伊の守護・国人《こくじん》などで構成され、近江国の京極《きょうごく》氏《し》・六角《ろっかく》氏《し》や美濃《みの》国の土岐《とき》氏《し》にも軍勢の準備が命じられた。朝廷からも義就治罰の綸旨が出された（『大乗院寺社雑事記』）。まさに義就は四面楚歌の状態に陥るが、寛正四年まで河内国嶽山《だけやま》城で耐えた。耐えたどころか、義就自身が出陣して攻勢に出ることもあった。しかもその際に、政長方の大和国筒井順永に味方して出陣していた者を捕らえたが、「河内国の者であれば敵方であるので殺害すべきであるが、大和国の者であり、一人を助けたところで何の脅威になろうか」として解放し、食事まで与えて送還した。これを聞いた人々は感動したという（『経覚私要鈔』）。結局は城を没落して大和国吉野に籠居するが、二年以上堪え忍びこのような余裕までみせているというのは、義就は人の心をもつかむ戦上手であったのかもしれない。同年十一月に赦免されるも（『大乗院日記目録』。『大乗院寺社雑事記』は十二月とする）、守護職は返還されず、畠山氏の家督も政長のままであった。翌寛正五年に政長は管領になった（『東寺廿一口供僧方評定引付《とうじにじゅういっくぐそうがたひょうじょうひきつけ》』）。畠山氏の家督争いは、ひとまず政長の勝利で落ち着いた。

細川氏一族の協力と対立

三管領家のうち細川氏は嫡流たる京兆家《けいちょうけ》を中心に結束が固く、そのために応仁・文明の乱や戦国時代を生き抜くことができたと考えられてきた。しかし最近では、畠山氏や次にみる斯波氏ほどではないにしても不協和音が存在したことが明らかになっている。

細川氏は南北朝期の当主頼春《よりはる》の子息である頼之の子孫が嫡流であり、代々の嫡流家当主は右京大夫《うきょうのだいぶ》に補任されることを家の通例としていた。右京大夫の唐名《とうみょう》「右京兆《うけいちょう》」から、京兆家と称されている。血縁的に京兆家に最も近いのは細川持之の弟である持賢《もちかた》に始まる典厩家《てんきゅうけ》で、こちらは右馬頭《うまのかみ》（唐名は「右典厩《うてんきゅう》」）を代々の当主の官途としていたことによる呼称である。この持賢は、持之が過労死が疑われる死去を遂げたのち、まだ十三歳にしか過ぎなかった遺児聡明丸《そうめいまる》の後見役となった。この聡明丸は義勝から偏諱授与を受けた。この彼こそがこれまで何度も登場してきた細川勝元である。勝元は持賢の指南《しなん》により成長を果たし、それを見届けた持賢は潔く身を引いた。家督をめぐる争いが多発した室町時代において非常に珍しい事例といえよう。

そのほかの分家としては、京兆家満元の弟から始まる野州《やしゅう》家、頼之の弟たちから始まる和泉上・下守護家、備中守護家などがある。不協和音の元とされているのは、同じく頼之の弟を始祖とする阿波守護家（讃州家）である。前述したところであるが、いくつかその事例をみておこう。

文安五年（一四四八）八月、赤松則尚は将軍義政からの指示を受けて行動していた阿波守護細川持常の説得に応じ、叔父である則繁を討った。義政はその功を賞して則尚に赤松満祐の旧領を与えようとしたが、現在の支配者である山名宗全は引き渡しを拒否した。これにより則尚はしばらく雌伏を強要されるのであるが、仲介・誘引した持常も面目を潰される形となった。

宗全に対する持常の憎悪はその後も尾を引き、享徳三年（一四五四）十一月に山名宗全討伐の命が下った際には、成之（持常甥、養子となって讃州家を継承）が総大将を拝命した（『師郷記』）。これは勝元の働きかけで沙汰止みとなるが、その後播磨国で義政の許可を得て守護として振る舞っていた赤松則尚が、その翌年にこれまた義政から許可を得た山名教豊に討伐されることになると、成之は山名軍の出京を妨害しようとした。これは義政生母の日野重子が備中守護細川氏久《うじひさ》の屋敷に赴いて宥《なだ》めたため、未遂に終わった（『師郷記』）。成之と氏久の関係ははっきりしないが、連合して山名氏に対抗しようとしていたのであろう。このとき勝元は軍勢を派遣して山名教豊の出京を支援している（同）。すなわち、細川氏のなかでも嫡流家と讃州家・備中守護家が対立していたとみられるのである。ただしこれ以降は細川氏内部で大きな対立はみられず、やはり他の二氏に比べれば一族同士の結束が固かった、あるいは嫡流家の統制力が大きかったと考えられる。

最弱の管領家、斯波氏

斯波氏は三管領家のなかで最も家格《かかく》が高い家柄であった。それは代々の当主が将軍家と同じく「義」を通字《つうじ》とすることを許されていたことからうかがえる。しかし当主の早世が相次ぎ（義淳《よしあつ》は三十七歳、義郷《よしさと》は二十七歳、義健《よしたけ》は十八歳でそれぞれ死去）、義淳が永享四年（一四三二）に管領を務めたのを最後として、三十年以上管領の地位から遠ざかることになる。また、守護として分国内や被官に対して当主自らが統治・統制することも難しく、若年の当主を被官の甲斐常治と斯波氏一族の斯波《しば》持種《もちたね》とが共同して補佐する体制が敷かれていた。

ところが、持種が嘉吉年間（一四四一～四三）から文安年間（一四四四～四八）にかけて起きた隣国加賀国の守護職をめぐる争い（後述）に加担すると、甲斐常治との間に亀裂が生じた。加賀国守護職はかつて持種の祖父義種《よしたね》や父満種《みつたね》が補任されていたものであり、持種は加賀国守護職をめぐって管領家同士が対立していることに乗じて、守護職に復活することを目論んでいたようである。さらに、以前より常治の振舞に批判的であった被官（二宮氏《にのみやし》・島田氏《しまだし》など）が持種に、織田氏や朝倉氏など守護代格の被官が常治に、それぞれ加担したため、斯波氏家中は二分されることになった。この争いは吉良義尚の仲介によりひとまず収まるが（『建内記』）、享徳元年（一四五二）九月に斯波義健が早世して家督を持種の子である義敏《よしとし》が継承することになると、両者の対立が再燃した。

この対立において、将軍足利義政は甲斐常治に味方した。甲斐氏は斯波氏被官ながら将軍家直臣と同じく将軍の御成を受けた。また、醍醐寺三宝院義賢の仲介を受けて、甲斐常治が幕府奉公衆大館氏《おおだちし》に越前国内の公文職《くもんしき》を荘園領主に一切の断りもなく与えてしまうことも起きていた（『大乗院寺社雑事記』）。主君の一族である持種と長年にわたって抗争を続けられたのも甲斐氏が将軍権力と近かったためであり、今回義政の味方を得られたのもその特別な繋がりによるものだったとみられる。義政の姿勢を不満とした義敏は康正三年（長禄元年、一四五七）正月に京都東山《ひがしやま》にある東光寺《とうこうじ》（斯波氏菩提寺《ぼだいじ》）に出奔し、義敏派の被官たちもそれに従った。同年に起きた長禄の徳政一揆により洛中は混乱に陥るが、その混乱に乗じた甲斐・織田・朝倉の常治派被官たちによって義敏派被官は討ち取られた。義敏はその後も東山に滞在し続けていたが、管領細川勝元が調停を行い、翌長禄二年二月に常治との和睦に応じた。対立のなかで常治派被官に奪われた義敏派被官の所領も返還されることになったが、先にみた大館氏獲得の諸職など返還されないものもあった（『大乗院寺社雑事記』）。完全な解決には至らなかったとみてよいであろう。

5—斯波義敏画像（霊泉寺所蔵、福井県文書館提供）

この頃関東では鎌倉《かまくら》公方《くぼう》足利成氏《しげうじ》が幕府に叛旗を翻しており（享徳の乱）、それへの対処のために斯波氏が一丸となって出兵することが幕府にとって必須であった。そして実際に成氏追討のため、和解後の斯波義敏と甲斐常治に対して義政から関東への出陣命令が下された。しかしお互いに牽制《けんせい》し合って動かず、かえって両者で合戦に及ぶ事態に陥った（『経覚私要鈔』）。義敏方は初期の劣勢を跳ね返して常治方に対して勝利を収め、越前一国を掌握するまでになった。混乱の長期化と拡大を防ぎたかった義政は和睦を勧告する使者を派遣するも、義敏方が拒絶した。これに怒った織田氏や朝倉氏など常治方は「子々孫々に至るまで義敏を守護とは認めない」と取り決め、義敏方への攻撃を再開した（『朝倉家録』上・中・下巻のうち、下巻の「朝倉家記　巻之一　前篇」収載。なお、この下巻を以下『朝倉家記』と呼称）。義政も能登守護畠山義忠・近江守護六角政堯《ろっかくまさたか》などに甲斐氏への合力《ごうりき》を命じた（『大乗院寺社雑事記』）。義敏の行為は義政の親政開始に水を差すものであり、義政も決して許すことができなかったのであろう。

この合戦の最中に常治は没するが、幕府は義敏方の堀江氏《ほりえし》と対陣中の甲斐敏光《としみつ》（常治子）に代わって甲斐千喜久丸《せんきくまる》（敏光子）を守護代に補任して甲斐氏方を支援した。幕府や周辺諸国までをも敵に回した義敏方は劣勢となり、その主力であった堀江氏は越前国内から没落し、義敏自身も周防国の大内氏《おおうちし》のもとに逃れた。義敏の逃亡以前に斯波氏の家督は義政によって松王丸《まつおうまる》（義敏子、のちの義良《よしすけ》・義寛《よしとお》、三歳）に与えられていたが実権はなく、甲斐常治、そしてその没後には朝倉孝景《あさくらたかかげ》が斯波氏の家政を主導するようになる。この状況は、関東の情勢との関係により寛正二年（一四六一）に斯波氏家督が松王丸から斯波義廉《よしかど》（渋川義鏡子《しぶかわよしかね》）に移っても変わらなかった。

これまで管領家内部の争いをそれぞれみてきたが、各国の守護を務める家の家督争いに加担する形で、管領家同士でも争いが起きていたことにもふれておこう。

管領家同士の争い――加賀国

まず加賀国について取り上げる。嘉吉元年（一四四一）六月十八日、加賀守護富樫《とがし》教家《のりいえ》が義教の勘気を蒙り逐電した。そのため、醍醐寺三宝院の喝食《かつしき》であった教家の弟が還俗して家督を継承した。この弟は当時の管領細川持之を烏帽子親《えぼしおや》として元服し、泰高《やすたか》と称した。

しかしそのわずか六日後に、教家を逐電させた義教が死去する（嘉吉の変）。その後は先述のように管領細川持之の執政が始まり、烏帽子子《えぼしご》である泰高の立場も安定していた。ところが翌嘉吉二年に持之が管領を辞職してまもなく死去すると、かわって管領になった畠山持国は、教家を扶助しつつ、教家の子息である亀童丸《かめどうまる》（のちの成春《しげはる》）を加賀守護とした。斯波持種が武力介入しようとしたのはこのときである。持種は斯波氏被官たちによって止められたため出兵を諦め、持国からの亀童丸派援助要請も拒否した。加賀国内において泰高派であった守護代山川八郎《やまごう》はこの決定に従わず、亀童丸派として京から下向した富樫泰成（泰高弟）の軍勢と戦うも京都へ敗走した。そして京都において亀童丸を支持する畠山持国の襲撃を計画したが、泰高を支持する細川持賢が止めに入り、さらに日野重子も畠山氏と細川氏の間に入って八郎を説得したため、八郎は泰高の助命を条件として自害した（以上、『建内記』『看聞日記』『師郷記』による）。

文安二年（一四四五）三月に管領が畠山持国から細川勝元に交代すると、勝元は加賀守護を成春から泰高に交代させた。しかし教家・成春は承引せず、翌年には加賀国で合戦が始まった。勝元は泰高を支援し、斯波持種も泰高を支援するため今回は参戦した。これにより泰高側が一時的に勝利を収めたが、教家・成春側が反撃して国を支配するに至った。これについて勝元は、将軍義成（義政）が教家・成春を支援しているとして管領職の辞退を言い出した（『師郷記』）。ただ当時義成はまだ十一歳であり、実際にはその背後にいた畠山持国や日野重子に対する牽制であったとする見方が妥当であろう。翌月（文安三年十一月）に勝元は職務に復帰しているので、義成（とその背後にいる畠山持国・日野重子）は介入を諦めたとみられる。

文安四年二月に細川勝元と山名宗全女との間で婚姻が成立した。細川氏と山名氏との協力関係が構築されるなか、管領細川勝元は泰高と成春に対して守護職の分割案を提示した。教家・成春と彼らを支持する畠山持国は拒否したが、細川氏（・山名氏）と畠山氏との間で軍事的緊張が高まり過ぎたことに対する警戒感からか、最終的には受諾した。これら折衷案の提示や噂を流すなどの行為は、勝元本人の才覚ではなく、細川持賢の入れ知恵と考えられている。

管領家同士の争い—近江国

次に近江国を取り上げる。近江国はごく一部の時期を除き、六角氏が守護を務めた国である。嘉吉の変時の当主は満綱《みつつな》であったが、嘉吉の徳政一揆の際に延暦寺から攻撃を受け、京都から逃げ出している。その後は持綱《もちつな》（満綱子）が継承するが、文安元年（一四四四）七月に「四郎行儀《（六角持綱）》・心操無道」として被官から幕府へ訴えが出されたことを受けて逃亡し（『康富記』）、翌年正月には被官らが担ぎ上げた時綱《ときつな》（満綱子、持綱弟）と戦って敗れ、父である満綱とともに自刃した。

しかし幕府は、骨肉の争いに勝利した時綱を六角氏の家督として認めず、相国寺に入寺していた久《ひさ》頼《より》（持綱・時綱弟）を還俗させて家督と認定し、近江守護にも補任した。久頼は京極持清《もちきよ》とともに時綱を討伐するため京都から近江国に向かい、そのことを知った時綱は一戦もせず自害して果てた。これにより、久頼の六角氏家督としての立場が確定する。

時綱の勝利が文安二年正月で、久頼が還俗して幕府に出仕したのが同年四月である。前者は畠山持国の管領在任期、後者は細川勝元の管領在任期（文安二年三月に交替）にあたっている。ただ単に被官たちが推戴した人物を追認することを嫌っての処置かもしれないが、久頼の出仕と同日に、先ほど細川派として加賀守護に復帰した富樫泰高も再出仕を果たしている。やはりこの六角氏の家督争いも、管領家同士の争いのなかで捉えることができるであろう。

なお、このの
ち久頼は被官伊庭《いば》満澄《みつずみ》を中心として領国支配の再建に乗り出すが、家督継承時に力を借りた京極持清と対立することが多かったようで、憤死したと伝えられている。その跡は久頼遺児の亀寿丸《かめじゅまる》（のちの行高《ゆきたか》・高頼《たかより》）が継承したが、長禄二年（一四五八）六月に義政によって時綱の遺児（のちの政堯）に家督を変更させられている。その背景は不明であるが、想像をたくましくすれば、かつて細川勝元が家督に決定した久頼の遺児を退け、畠山持国が支持した時綱の遺児を据えることにより、六角氏への細川勝元の影響力を排除しようとした義政の「目論見」があったのではなかろうか。しかしその「目論見」は、二年後に政堯が伊庭満澄の息子を殺害して六角氏家中を混乱させたことにより失敗に終わり、亀寿丸が家督に復帰する。

伊予《いよ》国でも同様の構造がみられ、嫡流家の河野《こうの》教通《のりみち》（畠山持国が支持）と庶子家の河野通春《みちはる》（細川勝元が支持）が家督をめぐって対立していた。ほかにも、信濃《しなの》国（嫡流家の小笠原《おがさわら》宗康《むねやす》・光康《みつやす》を細川氏が支持、庶子家の小笠原持長《もちなが》を畠山氏が支持）でも同様の家督争いが発生していた。これらはいずれも、管領の交代に伴い家督も交代させられるという、一貫した上意の不在が原因であった。義政は、そうした状況を変えるべく上意の「再建」を目指すわけだが、管領側は「上表」という職務放棄（ボイコット）で公然と対抗した。嘉吉の変は、将軍と管領の力関係を大きく変えてしまっていたのである。

二　中央における応仁・文明の乱

1　義政と足利義視

命令に従わない管領《かんれい》に頭を悩ませることが多々あった義政《よしまさ》には、ほかにも大きな悩みがあった。それは自身の後継者問題である。

跡継ぎがいない！

六代将軍足利義教《あしかがよしのり》には男子が全部で十一人いた。そのうち嘉吉《かきつ》の変時点で生存していたのは八人。正室三条尹子《さんじょうただこ》所生の子はなく、七代将軍足利義勝《よしかつ》は日野《ひの》重子《しげこ》の所生であった。同じく重子の所生は、五男義政と九男聖護院義観《しょうごいんぎかん》と十一男梶井《かじい》義堯《ぎきょう》で、次男小松谷《こまつだに》義永《ぎえい》と四男香厳院清久《きょうげんいんせいきゅう》と七男と十男浄《じょう》土寺義尋《どじぎじん》は、他の側室の所生であった。しかも、長男義勝《よしかつ》は将軍襲職後死去、次男義永は泉涌寺塔頭《せんにゅうじたっちゅう》を我が物にしようとしてかえって泉涌寺から妻子がいることを暴露されて流罪（『経覚私要鈔《きょうがくしようしょう》』）、四男清久は長禄《ちょうろく》元年（一四五七）に還俗《げんぞく》させられて政知《まさとも》と名乗り、幕府に反旗を翻した鎌倉《かまくら》公方《ぼう》足利成氏《しげうじ》に代わる鎌倉公方として関東に派遣された。七男・十一男はともに僧籍に入ったのちに寛正《かんしょう》四年（一四六三）八月以前に死去し、九男も寛正五年四月に死去していた。つまり、義政に子供はなく、義政の兄弟たちも次々に死去するという有様であった。

九男が死去した寛正五年四月時点で生存していたのは、政知・義政・義尋のみ。このうち政知は先ほど述べたように関東で成氏と対戦中であったので、義政の後継者となり得たのは義尋のみであった。

そこで義政は、寛正五年十二月に義尋を還俗させて義視《よしみ》と名乗らせ（『大乗院日記目録《だいじょういんにっきもくろく》』）、自身の猶子とした。将軍とその弟が揃って朝廷に出仕するのは四代将軍足利義持《よしもち》と義嗣《よしつぐ》以来のことであったが、先例としては不吉であるためか（義嗣は謀反《むほん》の罪を着せられて殺害〈あるいは自害〉）、三代将軍足利義満《よしみつ》と満詮《みつあきら》の関係が先例として多く参照された（『綱光公記《つなみつこうき》』）。翌寛正六年三月の上巳《じょうし》の節句では、義政・日野富子《とみこ》と並んで義視に対してはじめて祝物が進上されている（『親元日記《ちかもとにっき》』）。儀礼上、義視が義政・富子と同格の存在と位置付けられたことがわかるが、義視の依頼を「上意」に準じて取り扱ったとの記録もあり（『蔭凉軒日録《いんりょうけんにちろく》』）、政治的にも将軍に準じた発言権を有していたとみられる。

同じ年の七月に義視は日野富子の妹である良子《よしこ》を娶《めと》った（『大乗院寺社雑事記《だいじょういんじしゃぞうじき》』）。義視が将軍に就任した際も、将軍と日野氏との関係を継続させる目的があったのであろう。しかしその四か月後、富子は義尚《よしひさ》を出生した（『親元日記』）。待望の（実子の）後継者誕生である。

長い間流布してきた通説では、この義尚誕生が富子に義視を敵視させる契機となり、のちにみる文《ぶん》正《しょう》の政変後、富子が義視殺害を山名宗全《やまなそうぜん》に依頼し、それを受けた宗全が義視を支持する細川勝元《ほそかわかつもと》を討つため行動して義尚・富子・宗全と義視・勝元の対立構造が出来上がり、応仁《おうにん》の乱が始まったと考えられてきた。しかし、義尚誕生時点、あるいは誕生後においてもしばらくの間は、義視と義政・富子との間に対立はみられない。もしあえて対立の契機を見出そうとするのであれば、義視に嫁していた良子が文正元年（一四六六）七月に義材《よしき》（のちに義尹《よしただ》・義稙《よしたね》。以下義材と呼称）を生んだことが挙げられるであろう。年齢的に義視は義尚に対抗する者となり得ない（義視の方がはるかに年上）が、義尚と義材は年が近く、将軍職をめぐって争いが起きても不思議ではないからである。

しかし義視はその後も義政の後継者のままであった。その一方で、義視の料所《りようしょ》（所領《しょりょう》）が、義政の料所を分割するのではなく、寺社に寄進された、かつての足利満詮の所領を取り戻す形式を取って設定されていることが確認できる（『蔭凉軒日録』・『後法興院政家記《のちのほうこういんまさいえき》』）。このことは、幕府（足利家）内での義視の立ち位置をよく表わしているといえよう。つまり、義視は将軍とはなるが中継ぎ（傍流）であり、あくまで正統は義政から義尚に継承されると意識されていたと考えられる。

義政は、寛正六年三月に大規模な花見を開催し（『親元日記』）、同年九月に義教の先例を意識した南都《なんと》下向も実施した（『春日社参記《かすがしゃさんき》』）。翌文正元年五月には、父である義教が御成《おなり》をした場所のうち、義政がいまだ訪問していない場所に御成をすることも計画している。また、寛正六年十月には東山《ひがしやま》の地に山荘を建設することもすでに決定していた（『蔭凉軒日録』）。これらは義政の政務放棄の証拠ともされるが、義教が在世中に行ったことをなぞったうえで義視に将軍職を譲り、自身は東山で政務を執るつもりであったのであろう。義政は、将軍在職中は義教を手本としたものの、将軍辞職後は義満を手本とし、義満（北山殿《きたやまどの》）―義持（室町殿《むろまちどの》）のような、大御所政治の再現を企図していた可能性が高い。

斯波義敏の帰還

さて、ここまでみてきたのは応仁・文明の乱勃発の背景ともいうべき事柄であったが、ここからは乱勃発を引き起こしたキーパーソンともいうべき人物の動向に焦点を合わせて述べていく。それは、斯波義敏《しばよしとし》と畠山義就《はたけやまよしひろ》の二人である。まずは義敏からみていこう。

前に述べたように、「主従合戦」（『経覚私要鈔《きょうがくしようしょう》』）を繰り広げた斯波義敏は、被官甲斐常治《かいじょうち》や朝倉孝景《あさくらたかかげ》に敗れ、周防《すおう》国の大内《おおうち》氏のもとに逃れていた。長禄合戦終結の翌年である長禄四年（寛正元年、一四六〇）に、管領細川勝元が醍醐寺三宝院義賢《だいごじさんぼういんぎけん》を通じて義敏の赦免を申請したが、義政はこれを却下している（『長禄四年記』）。ところが、寛正四年の義政実母日野重子の百箇日法要の際に勝元から再度申請がなされると、これを許可した（『蔭凉軒日録』）。これは、義政から諮問を受けた伊勢貞親《いせさだちか》が義敏を周防国内にとどめたままでの赦免を答申し、それを義政が認めたためである。のちにみるように、勝元と義敏は同じ東軍陣営に属することになるが、このときの勝元からの申請によって赦免された人物は他にもおり、義敏のために勝元が義政に特別に働きかけたわけではない。むしろここで注目すべきは、貞親の対応であろう。

さらに、同六年には義敏の上洛《じょうらく》まで認められてしまう。義敏が上洛すれば京都にいる斯波氏の現在の家督である義廉《よしかど》とその与党の反発は必至であり、この時点での上洛許可には疑問を抱かざるを得ない。このような不可解な承認の裏には、これまた伊勢貞親の後押しがあったとされている。

もう少し詳しくみてみよう。このとき義敏は、大内氏領国内の混乱を理由として、大内氏と「離絶」することを義政に嘆願していた（『蔭凉軒日録』）。その嘆願の直接の窓口となったのは季瓊真蘂《きけいしんずい》で、彼は伊勢貞親と相談のうえ、義政の判断を仰ぐことにした。季瓊真蘂が住持をしている相国寺《しょうこくじ》には義敏の子息である松王丸《まつおうまる》が入寺《にゆうじ》しているので、その縁であろうか。義政は義敏の嘆願を認め、赦免の御《ご》内書《ないしよ》（将軍発給の書状）の発給手続きは貞親の助言に従って行われた。義敏は十二月二十七日に九州から兵庫に到着したが、敗北から再起した彼の勇姿を一目見ようと、義敏上洛の沿道は多くの人であふれかえったという。なお、義敏の父である斯波持種《もちたね》も貞親と接触し、義敏が義政との対面を果たした後に、自分は京都近郊において赦免の機会を待ちたいと述べていた。これも季瓊真蘂を通じて義政に披露され、了承された。さらに義敏と同時に義政との対面を果たしている（『蔭凉軒日録』）。

斯波義敏・義廉をめぐる対立軸

義敏の帰還に京都の人々が沸く一方で、朝倉孝景をはじめとする斯波氏被官たちは義敏ではなく義廉の支持を表明した。義廉も、義敏を支持する者を「牢人」と呼び、敵対姿勢を鮮明にしている（『大乗院寺社雑事記』）。義廉と縁戚関係にある山名宗全・一色義直《いつしきよしなお》・土岐成頼《ときしげより》らも、義敏ではなく義廉を支持した。しかし、文正元年（一四六六）七月に義政はこれらの動きを無視して義敏を斯波氏家督と認定し（『後法興院政家記』）、翌月には義廉から守護職をも奪って義敏に与えてしまう（『大乗院寺社雑事記』）。これにより、義敏は父の持種と子の松王丸とともに幕府に出仕して斯波氏家督の地位と守護職を手中に収めることに成功したが、宗全は守護分国から軍勢を上洛させ、宗全の娘婿である細川勝元も隠居の意志を表明して抗議した。すなわちこのときの対立関係は、足利義政―斯波義敏―伊勢貞親と、斯波義廉―細川勝元―山名宗全というものであり、義政・貞親が、細川・山名ら大名連合と対立していた構図が浮かび上がる。貞親は、細川方でも山名方でもない義敏を味方に抱き込み、義政とその後の義視の執政に協力的な管領の誕生を企図していたと考えられている。この対立は、義政と義視の「リーダーシップ」強化を推し進める伊勢貞親と、その「リーダーシップ」を「暴走」と捉えてブレーキをかけたい大名たちとのせめぎ合いの結果とみるべきであろう。

ただ、この対立関係において、細川勝元と山名宗全は決して一枚岩ではなかった。勝元は宗全の娘婿であり、これまでもたびたび宗全を援助してきたが、義政の政策に同調することも多く、今回もそのような傾向がみられるからである。たとえば、勝元は宗全とともに斯波義敏の守護職復帰に反対していたが、その二週間ほど前、斯波持種の子で、生き別れになっていた竹王丸《たけおうまる》（すなわち義敏弟、のちの義孝《よしたか》）を探し出し、義政に届けている。義政が彼を持種の屋敷に送り届けたところ、持種と竹王丸は互いに手を取り合って再会を泣いて喜んでいたという。これは「先職忠孝」であると評されている（『蔭凉軒日録』）。「先職」とは前管領である勝元のことであり、その行動が義政に対する忠孝であるとして称えられているのである。義政の朝令暮改傾向はすでに指摘されて久しいが、勝元も意外とそのような面があった、少なくとも宗全にはそのようにみえたであろう。

そのようないつ爆発するかもしれない爆弾を大名間に抱えつつ文正の政変を迎え、応仁・文明の乱へと展開していくことになる。

この足利義政・伊勢貞親と大名たちとの対立は、思わぬ人物の登場によりとりあえずの決着を迎える。その人物とは、足利義視である。

文正の政変

右でみてきたように、義視は両者の対立には直接関係していなかったが、伊勢貞親が義政に対して義視の謀反を讒言《ざんげん》したのである。義視は、弁明の機会を与えられずに殺害されることを恐れ、細川勝元の屋敷に逃げ込んだ。勝元は義視を匿い、義視も勝元を通じて義政に対して自らの無実を訴えた。義政は義視の言葉を信じ、貞親に対して切腹を命じた。勝元以外の山名宗全をはじめとする大名たちも義視を支持した。それまでの対立構造に基づけば当然のことといえよう。義政という後ろ盾を失った貞親と、貞親と協力関係にあった季瓊真蘂、それに貞親のおかげで斯波氏家督と守護に復帰できた斯波義敏らは、京都から姿を消した（『大乗院寺社雑事記』）。義敏に至っては、守護職を獲得してからわずか十日あまりの出来事であった。これは文正の政変と呼ばれている。

ここで義視が突如として出てくることについては諸説ある。たとえば、貞親が自らが養育に当たっている義尚の、義政後継者としての立場を盤石にするため義視の排除を狙ったとの見方がある。これは、妹を嫁がせた日野富子のように義視との繫がりを有さない貞親にとって、義視の継嗣はたとえ中継ぎであっても好ましくなく、それゆえ義視の排除を目論んだというものである。大名のあいだでも亀裂が生じていたことはすでに指摘したが、義政側にも火種はあったのである。これこそが応仁・文明の乱を複雑化・長期化させた原因であった。

ほかにも、山名宗全は斯波義廉を庇護していたが、その義廉を義視が支持していたため、貞親は義視の排除を狙ったとする見方もある。ただ当時の記録には「義廉は蚊帳《かや》の外であった」とも書かれている（『経覚私要鈔』）。義視と義廉の連携の可能性はすでに指摘されているところであるが、少なくとも今回の政変においては、義視と義廉は必ずしも結びつけられないであろう。

いずれにせよ、政変の結果最も大きな利益を得たのは義視であった。貞親の失脚は、彼が支えてきた義政親政の挫折を意味していた。政変に際して義視を支持した山名宗全と、以前から斯波義廉を支持していた朝倉孝景の被官が、洛中の土倉《どそう》や酒屋を襲撃した。その際に特に標的となったのは貞親の被官となっていた者たちであり（貞親は、旧来の大名勢力が被官化し得ていない層をターゲットとして自らの被官の数的・面的増加を図っていた）、彼らを守れなかった義政は面目を失うことになった。伊勢氏についても、今回没落したのは貞親のみであり、貞宗《さだむね》（貞親子）や貞藤《さだふじ》（貞親弟）は義尚のもとに出仕を続けていたが、その出仕も大名たちの決定により停止された。

政務は義視と大名たちが取り計らうことになり、義政はただただ傍観するだけであった。義視は細川勝元の屋敷で政務を執り、奉行人も室町殿ではなく勝元の屋敷に参集した。そして勝元と宗全は「大名頭」として義視を補佐した。しかしそのことを伝える『大乗院寺社雑事記』の記事は、同時に畠山氏の家督争いと大名たちとの関係も記している。そこには、政務においては足利義視と細川勝元・山名宗全は連携していたが、義視と宗全は畠山義就を支持し、勝元は畠山政長《まさなが》を支持しているので、勝元のもとに身を寄せている義視の立場はどのようになってしまうのであろうかと書かれている。文正の政変を経て、さらに畠山氏の家督問題が絡んで、ようやく応仁・文明の乱の対立構造の原型がみえてきたといえる。

なお、この義視を戴いた大名連合政権は、伊勢貞親の処罰を条件として義政が政務に復帰したことでまもなく解体された。この復活劇には、細川勝元の工作があったといわれている。ここでも、山名宗全とともに大名側に立ちつつ、将軍義政を完全に見放すこともできない、勝元の苦悩がみて取れる。細川勝元と山名宗全の決裂の時は近かった。

2　畠山義就の帰還

二度にわたる復活戦

畠山義就は、すでにふれたように寛正四年（一四六三）に赦免されていたが、畠山氏の家督は政長のままであった。その間の義就は、大和国《やまと》の吉野《よしの》で国民（春日《かすが》社神人《しゃじにん》）越智家栄《おちいえひで》の全面的な支援を受けながら、復活の機会をうかがっていた。

文正元年（一四六六）八月、義就は満を持して吉野から壺坂寺《つぼさかでら》に出陣した。この義就の行動は「京都の政情が大変な状況であるので、（壺坂寺で）義政からの命令を待つつもりであろうか」などと推測されているが（『大乗院寺社雑事記』）、現在では山名宗全と斯波義廉の動きに呼応したものとする見方が大勢を占めている。一方、貞親を代表とする義政の近臣集団からの誘いに乗ったうえでの行動であったとの見解も提示されている。いずれとも決し難いが、十六世紀はじめの成立とみられる『金言和歌集《きんげんわかしゅう》』には「山名宗全と一色義直が義就を呼び出した」とも書かれている。このあと義就は河内国《かわち》に攻め込んで勢力再興を図っている点、すなわち上洛してどちらかの勢力に味方して参戦するという行動を真っ先に取っていないことを重視すれば、ただ単に京都の不安定な情勢に乗じて行動しただけともいえる。

義就は河内国のみならず大和国にも勢力を拡大させていた。義政は義就の討伐を決定し、畠山政長・京極生観《きょうごくしょうかん》（俗名持清《もちきよ》。以下生観と呼称）・山名教豊《のりとよ》（宗全子）ら大名や近習《きんじゅう》たちに大和国への出陣を命じた。政長は当時管領であったが、勝元は出陣する政長に代わって管領を引き受けるとまで申し出ている（『大乗院寺社雑事記』）。この出陣が勝元の肝煎りであったことは間違いないであろう。しかし大和国内で和議が成立し、義就が河内国に引き上げたので、この出陣も管領辞職・就任も立ち消えとなった。

なぜ河内国や大和国に攻め込んでの完全な討伐が実施されなかったのかは不明であるが、後土御門《ごつちみかど》天皇《てんのう》の代になってからはじめて行われる新嘗祭《にいなめさい》、すなわち大嘗会《だいじょうえ》が近日中に予定されていたことが関係しているのかもしれない。しかし、義政に仕える女官が入江殿《いりえ》（三時知恩寺《さんじちおんじ》）の清浄（トイレ）で赤子を産み落としたことが清浄を掃除した際に発覚して一か月の天下触穢《しょくえ》となり、大嘗会の前に行われる御禊行幸《ごけいぎょうこう》が延期された（『後法興院政家記』）。以降の儀式も当然延期となったが、さらに服喪《ふくも》や犬死《いぬじに》穢《え》が発生したために全体の進行がさらに遅れ、大嘗会が挙行されたのは同年十二月十八日であった。この翌日にははやくも義就上洛の噂が立っており、実際に義就は二十六日には千本釈迦堂《せんぼんしやかどう》まで軍を進めた。

京都では政長が屋敷の四隅に櫓《やぐら》を築いて防戦体制を整え、義政や勝元も政長に協力する姿勢をみせた。京中の土倉・酒屋などに対して兵粮料《ひょうろう》と称して税の徴収を行い、逆らう者の店《たな》には放火をしたため、大規模な火事も起きている（『大乗院寺社雑事記』）。かなり強引な行為であるが、そのような行為に走らせるほど政長方が追い詰められていたということなのであろう。

一方の義就には、山名宗全と斯波義廉が味方した。彼らも土倉・酒屋から兵粮料を徴収すると噂されたため、京中は大混乱に陥った。

ここで宗全が政長ではなく義就を支持することを選択した理由にも諸説ある。最も有力なのは、宗全が義就と連携することにより勝元に対抗することを目論んだためというものであるが、反細川派の頭領として周囲から担ぎ出されたとの見方もある。また、宗全自身、義廉を介してすでに義就と繋がりがあったからであるとか、以前（長禄二年〈一四五八〉）に義就とともに出陣した際に宗全が義就の勇猛さに惹《ひ》かれたからではないかともいわれている。しかし大名間の繋がりは時間や情勢とともに変化し得るものであり、あるときに連携が確認されたとしても一時的なものである可能性が捨て切れない。

そのように考えると、今回のように勝元と宗全が完全対立するに至った直接的な原因は、文正の政変後に義政の政務復帰を勝元が独断で進めてしまったことに求められるのではなかろうか。そしてその背景には、宗全のなかでそれまでに蓄積されてきた勝元への不快感・不信感があったと考えられる。

義政からの家督認定

翌文正二年（一四六七、応仁元年）の元旦に室町殿で実施された恒例の垸飯《おうばん》は、管領として畠山政長が担当した（『斎藤親基日記《さいとうちかもとにっき》』）。その政長が自身の屋敷から室町殿に向かう路次は、細川氏や赤松《あかまつ》氏らが警固した。これは、上洛していた畠山義就の襲撃を恐れてのことであった（『後法興院政家記』）。

翌日は、今度は将軍足利義政が管領である政長の屋敷に御成をする予定になっていたので、政長はそれに備えて準備を進めていた。しかしその政長のもとに、突如として御成の中止の連絡がもたらされた（『斎藤親基日記』）。政長の慌てぶりは想像に余りあるが、事態はより深刻であった。なぜならば、御成を中止した義政は、なんと上洛していた義就と対面したからである。政長が所持していた越中《えっちゅう》・河内・紀伊《きい》三か国の守護職も、義就に安堵《あんど》された。

これは義政が政長ではなく義就を支持するようになったことを意味する。わずか一日で支持する相手を変えるというのはいかにも義政らしいが、前年の大晦日に京都から奈良に到着した人物が、義政と義就の対面が二日にあることを奈良興福寺大乗院門跡尋尊《こうふくじだいじょういんもんぜきじんそん》に伝えている（『大乗院寺社雑事記』）。つまり遅くとも前年の大晦日までには決定がなされ、そのような噂が一部の人々の間では飛び交っていたわけであり、義政もわずか一日で心変わりをしたわけではないらしい。とはいえ、義政は義就を赦免こそしたものの、上洛は許可していなかったはずである。義政と義就が対面したことを聞いた人々は、「まったく意味が分からない」（『後法興院政家記』）や「天下の平和にとって良くないことだ」（『大乗院寺社雑事記』）などと述べている。現代の私たちでも混乱するようなことであるから、当時の人々にとってはなおさらであったであろう。

この対面は山名宗全の関与により実現したようだ。というのも、その三日後（五日）に行われた将軍義政による義就の屋敷への御成は、義就には屋敷がなかったため、山名宗全の屋敷を借りて行われるという、宗全の全面的なバックアップにより行われているからである。この御成には足利義視も参加した。さらにその三日後（八日）には、斯波義廉が管領に補任《ぶにん》された（政長は六日以前に罷免されていた〈『斎藤親基日記』〉）。山名宗全は、義政のコントロールに完全に成功したといえよう。

この義就方（山名方）の動きに政長方（細川方）はどのように対応したのか。

まず五日の御成においては、多くの大名たちが参加するなか、畠山政長と細川勝元、京極生観だけは参加しなかった。翌日（六日）に政長に対して出された屋敷の明け渡し命令に政長は「明け渡しはしない」と言い切って断固拒否した（『大乗院寺社雑事記』）。その後政長の兵士は、年末と同じく洛中で放火や略奪行為に及んだ。勝元も、宗全の屋敷に近い実相院《じっそういん》門跡などを無理やり接収し、兵士を上洛させてもいる（『後法興院政家記』）。

しかし、義政や義視などの旗印がない政長方は、義就方に対して明らかに劣勢であった。そこで勝元は、義政から義就討伐の命令を引き出すことを画策した。ところがこれは「女中」（勝元室、すなわち宗全女）から情報が漏れ（『経覚私要鈔』）、そのことを聞きつけた宗全が先手を打ち、政豊（宗全孫）や斯波義廉に室町殿を警護させたことにより失敗する（十五日）。義視を旗印とする計画もあったようだが、義視とその子（のちの義材）も室町殿に匿われ義就方（山名方）の手に落ちた。しかも義政から勝元に対して、政長への支援禁止命令が出された（十六日）。政長方（細川方）の目論見は完全に失敗に終わり、裏目に出てしまったのである。

御霊合戦

追い詰められた政長方は挙兵に及んだ（十八日）。政長は自らの屋敷に火をかけて上御《かみご》霊社《りょうしゃ》に、京極生観は今出川《いまでがわ》のあたりに、そして細川勝元は屋敷を出て南下し、室町殿の西に陣取った。居所を囲まれる形になった足利義政は動揺し、細川勝元に対して行ったことと同様に、山名宗全に対しても畠山義就への支援を止めるよう強く要請した。これを横で聞いていた義就は怒って座を立ち、軍勢を率いて政長方に攻めかかった。宗全も義政の要請を無視し、義就方に加わった。

一方勝元は、義政の命令を遵守し、合戦自体には加わらなかった。戦乱を避けて後土御門天皇とともに室町殿に避難した（死地に飛び込むようなものであるが、内裏と室町殿は近接しているためいざ合戦となれば巻き込まれる可能性が高い。そこで警備が厳重な室町殿に避難したのであろう）後花園上皇《ごはなぞのじょうこう》から、政長追討の院《いん》

6—御霊神社（フォトライブラリー提供）

宣《ぜん》も出された（『公卿補任』）。その結果、政長は敗走した。生観も戦闘には加わらなかったようなので、政長単独の戦いとなったのであろう。勝元や生観の協力を得られなかったことは、政長にとって大きな誤算であった。

出陣をしながら戦わないという、いわば政長を見殺しにすることになった勝元や生観は「弓矢之道」にもとる行為をしたと罵られ、あまつさえ合戦後に他の大名たちとともに義政に対して事態沈静化のお祝いを述べたと噂された（『大乗院寺社雑事記』。ただしこれは誤報）。もし事実であれば一見、厚顔無恥な行為に映るが、勝元らは将軍の命令に従って政長を援助しなかったのであり、誹謗中傷を受ける謂われはなかった。このことは、勝元の心に深い傷を残した。

政長敗退後も、斯波持種の屋敷が斯波義廉被官朝倉孝景の軍勢により襲撃を受けるなど混乱が続いていたが、勝元と生観、それに赤松政則《まさのり》は、二十七日に幕府に再び出仕をして義政との対面も行った。一応の和睦といえようか。翌二月には、新田岩《いわ》松氏《まつし》が義政から足利成氏討伐の命をうけて、関東に下った。ひとまず京都での争乱は収まったという判断がなされたのであろう。三月には奈良で延期されていた春日祭《かすがのまつり》も執り行われた。

しかし、足利義視が「細川」と「山名」の間を仲裁したという風説がある一方で（『後法興院政家記』）、「右京大夫《うきょうのだいぶ》（細川）」と「山名」の合戦が再開されるという噂も流れていた（『経覚私要鈔』）。もはや政長と義就との対立ではなく、勝元と宗全との対立になったと当時の人々は捉えていた。しかも、のちに西軍方として上洛する大内政弘《おおうちまさひろ》の上洛もすでに噂され、それを受けて勝元は安芸《あき》国の毛利氏《もうりし》や武田氏《たけだし》に警戒するよう命じた（『毛利文書』）。さらに、三月には細川方と山名方の武士が喧嘩を起こし（『後法興院政家記』）、四月には山名方が京上した年貢を細川方が奪取している（『大乗院寺社雑事記』）。三月五日には去年と今年の戦乱（文正の政変と御霊合戦であろう）を理由として文正から応仁への改元《かいげん》がなされ、平和への気運を高めようとしているところであり、権大納言近衛《ごんのだいなごんこのえ》政家《まさいえ》も「天下はすでに平和となったというのに、このような事態が起きるとは天魔がなせる所行か」と記すが（『後法興院政家記』）、事態は確実に悪化の一途をたどっていた。

3　応仁・文明の乱

開　戦

応仁元年（一四六七）四月、足利義政は足利義視とともに和歌所《わかどころ》を見学した（『後法興院政家記』）。この和歌所は義政の発議により始められた勅撰和歌集《ちょくせんわかしゅう》を編纂するために設置されたものである。また、前年より開始された後に中断していた義政による公家衆の屋敷への御成も再開された（『後知足院房嗣記《のちのちそくいんふさつぐき》』）。義政は石清水臨時祭《いわしみずりんじさい》の上卿《しょうけい》（行事責任者）も務めている（『後法興院政家記』）。（義政にとっての）〝日常〟への回復が順調に進んでいるかのようにみえた。

ところが、五月十三日には畠山義就方の兵士が東寺《とうじ》に陣を置き、合戦の準備を始めた。洛中の人々は開戦が近いことを知り、ある者は避難し、ある者はひとまず財産だけを避難させた。勝元が宗全の屋敷に攻め込むとの噂も流れ、山名宗全や畠山義就、それに斯波義廉や一色義直などは、義廉の屋敷や室町殿の向かいにある義直の屋敷で連日会合を持った。この動きに対して義政は、日野富子を宗全のもとに派遣して軽挙妄動を起こさぬようにと宥めている（『後知足院房嗣記』）。

内裏や仙洞御所《せんとうごしょ》、室町殿でも警備強化がなされた。内裏は仁木教将《にっきのりゆき》、仙洞御所は吉良《きら》（東条）義藤《よしふじ》が警固《けいご》に当たった（『綱光公記《つなみつこうき》』）。特に室町殿については、義政の近習たちが「細川方や山名方の大名は中に入れない」と申し合わせていた（『大乗院寺社雑事記』）。これは、御霊合戦の際に義就方（山名

7—応仁元年（1467）５月両軍戦闘図（石田晴男 2008 より転載、一部修正）

方）大名に室町殿の占拠を許し、戦場となる危険を生じさせてしまったことを反省しての行動であった。

戦を仕掛けたのは細川方であった。宗全が守護を務める播磨《はりま》国へは赤松政則方の兵が、義廉が守護を務める越前《えちぜん》国には斯波義敏方の兵が攻め込み、伊勢《いせ》国では守護一色義直と世保政康《よやすまさやす》が対峙した（『大乗院寺社雑事記』）。政康はかつての伊勢守護世保持頼《もちより》の子とされており、政則や義敏も元守護やその一族の子孫である。応仁・文明の乱は、そのような敗者復活戦から開始された。

遅れること数日、二十六日明け方には京都でも戦闘が開始された（『大乗院寺社雑事記』）。細川勝元や京極生観、赤松政則が室町殿を取り囲んで自陣営に取り込み、阿波《あわ》守護細川成之《しげゆき》と若狭《わかさ》守護武田信賢《たけだのぶかた》が室町殿に対面する一色義直の屋敷に攻め込んでこれを焼き払った。小川では成身院光宣《じょうしんいんこうせん》が山名方と交戦し、宗全も勝元の屋敷に攻めかかった（『綱光公記』など）。以後の毎日、洛中のどこかで合戦が起こり、諸寺社や公家衆の屋敷も焼亡、あるいは陣所として接収された。あの義政が訪れた和歌所も、この初期の合戦の最中（六月十一日）に焼失する。合戦による放火以外にも、「物取」（物盗り）が軍勢を率いて屋敷などに乱入し、放火に及んでいたとの記録もある（『大乗院寺社雑事記』）。これは乱を契機に誕生したといわれる足軽《あしがる》（史料上では「軽輩」〈『綱光公記』〉や「疾足之徒」〈『碧山日録《へきざんにちろく》』〉とも呼ばれる）のことを指すのであろう。

この合戦が始まってまもなく、洛中の経済は麻痺《まひ》した。関白一条兼良《いちじょうかねよし》の息子で随心院《ずいしんいん》門跡厳宝《げんぽう》は弟の興福寺大乗院門跡尋尊に対して「京中の売買が停止してしまったので食べ物が一切手に入らない」と手紙のなかで述べている。また、一条家では兼良の孫たちが洛外の九条《くじょう》随心院へ移され、当主兼良たちは兵士たちの乱入を恐れて屋敷の周囲に堀を掘って立て籠もったが、「万一屋敷が火事になった際には逃げ道がない」などとの嘆きも書かれている（『大乗院寺社雑事記』）。人々は大パニックであった。

事態の収拾を図る義政

京中における両軍の衝突を受けて足利義政は、すぐさま事態の沈静化を図った。すなわち、畠山義就に対して、ひとまず離京することを要請したのである。「今出川之心中同前」と足利義視も同意していると書き添えていることから（『畠山家文書』）、義就の有力な後ろ盾として義視がおり、その義視も同意していることを示して離京を求めたとみられる。

義政は、今回決起した細川方の要求を義就の排除にあるとみていた。しかし細川方の要求は、義廉に代えて義敏を復権させることと、現在は山名氏の支配するところとなっている赤松氏旧領（播磨・備前《びぜん》・美作《みまさか》）の守護職奪還であり、現状の大幅な変更を迫るものであった。また、これらは勝元が宗全との連携を維持するためになかなか実行に移せていなかった案件でもあった。勝元は、宗全との手切れを契機として自らの要求実現を義政に対して求めたのである。

文正の政変の直後には協力して幕政運営に当たろうとしたこともある両者の方向性が異なってしまったことの背景には、やはり御霊合戦で勝元が受けた恥辱があるのであろう。政長を援助しなかったことを世間から誹《そし》られたことに遺恨を抱き、勝元は宗全や義就との対立姿勢を鮮明にし出したのである。そのように遺恨が原因であったために根本的な解決が難しく乱が長期化した（このことを解決できるのは時間の経過のみ）との見方もある。同月二十八日にも義政は勝元と宗全それぞれに使者を派遣して「まずは武器を置いて物事が平和的に解決されるよう努力せよ」と命じている（『経覚私要鈔』、『後知足院房嗣記』）。開戦当初から義政は細川方に同心していたとの記事もあるが、この時点ではまだ義政は対立を無事に収めようとしており、立場としては（表面的には）中立であったことがわかる。ただ、三十日には広橋綱光《ひろはしつなみつ》を通じて後花園上皇に対して自身の進退伺（征夷大将軍辞職や出家か）を奏上している。これを聞いた後花園は驚き、義政を慰留している（『綱光公記』）。義政の一貫性のなさは、この局面でも発揮されていた。

「室町殿幡」と義政

開戦後まもない五月末、諸国から続々と兵士たちが上洛するなかで、ある人物の上洛が噂された。それは伊勢貞親である。

文正の政変で行方をくらましていた伊勢貞親は、伊勢国国人《こくじん》である長野氏《ながのし》のもとに逃れていたらしい。足利義政が畠山政長を見捨てることを年末には決意していたとの噂があったと先に述べたが、それを奈良興福寺大乗院門跡尋尊に伝えた人物は、貞親が前年の十二月二十一日に義政の命によって長野氏の館で切腹させられた噂があることも伝えている。結局これは誤報であったわけだが、貞親が長野氏に匿われていることは、京都の人々にとって周知の事実であったようである。

貞親は長野氏の軍勢に加えて同じく伊勢国国人である関氏《せきし》の軍勢も引き連れ、上洛しようとしていた。義政の許可を得たうえでの行動であったとされるが、「貞親の出処進退は決まっていない」(『大乗院寺社雑事記』)とも書かれており、没落した貞親の復帰に否定的な勢力が義政の周囲にいたことをうかがわせる。このことについて尋尊は「義視との関係が問題となってうまくいかないのではないか」と推測している(同)。義政は、文正の政変では貞親を(表立って)援助することはなかったが、貞親とは密かに連絡を取り続けていた、もしくは密かに長野氏を使って援助させており、いつでも自分の側近に復帰できるように準備していたのかもしれない。今回の未曽有の事態を収束させるには、貞親の手腕が必要と判断したのであろう。しかしこのときの上洛は実現せず、長野氏は伊勢に帰国し、貞親は東山の花頂での待機を余儀なくされた。

五月三十日、将軍家の幡の下賜が細川勝元により申請された。この申請に日野勝光《ひのかつみつ》は、「室町殿旗」は「公方御敵」出現に際して出されるべきものであり、現状のような「私諍《しじょう》」に対して出されるべきではないと反対した(『経覚私要鈔』)。しかし勝元が義政に強請し、結局翌日に下賜が決定された。

このとき勝光が反対に回ったのは、日野富子とともに山名方に通じていたためとの噂も流れた。これに勝元が怒って勝光の屋敷を焼き払おうとしているとの噂もあり、勝光は屋敷の周囲に堀を掘ってそれに備えた。勝光と富子は、文正の政変で(一時的に)義視が政務を執ったことに危機感(義尚への将軍職継承が不確実になる)を覚え、山名方に近づいていったのだろうというのが通説であるが、富子が細川勝元の勢力拡大を警戒したからとの見方もある。事実かどうかは別として、そのような噂が駆け巡り、細川方に不和が生じていることは間違いなかろう。

なお、幡の下賜とあわせて宗全治罰の綸旨《りんじ》の下賜申請もなされたことを記す史料もある。しかしそのことを記している当時の史料は『後知足院房嗣記』だけで、その他の日記は将軍家の幡の下賜申請のことしか記していない。綸旨申請は房嗣が得た情報の誤りであろうか。ただ、その後に山名方を「朝敵」と呼ぶ日記は複数存在している。

将軍家の幡の方は、御幡奉行である一色義直が山名方に持ち出しており室町殿にはなかった。そのため御幡奉行を改めて補任し、急遽《きゅうきょ》作製されることになった。結局勝元には三日（『後知足院房嗣記』。『大乗院寺社雑事記』には四日、『綱光公記』には五日とある）に下賜された。

義政が勝元に将軍家の幡を下賜したことは、義政が細川方に付く決意をしたことを象徴する出来事として捉えられている。それは間違いないが、一色義直によって将軍家の幡が山名方に持ち込まれていたことにも注意を払うべきであろう。すなわち西軍方としては、あらかじめ幡を持ち出すことで自らの賊軍化を避ける狙いがあったかもしれないのである。さらに想像をたくましくすれば、将軍義政（あるいは義視か？）を迎えることを計画しており、そのために幡が必要とされていた可能性もある。そしてその可能性は、応仁二年に義視が山名方に走ることによって現実となる。

東軍と西軍

六月になると諸国から軍勢が続々と上洛し、細川方と山名方の陣容も判明する。細川方を「東軍」、山名方を「西軍」と呼ぶようになるのもこの頃からである。本書も以下ではそのように呼ぶことにしよう。

両軍の陣容を記す『大乗院寺社雑事記』によれば、「西は、山名宗全・山名教之・山名政清《まさきよ》・因幡《いなば》守護山名豊氏《とようじ》など山名氏一族、斯波義廉、畠山義就、畠山義統《よしむね》、土岐成頼、六角亀寿丸《かめじゅまる》など十一名の大名・二十か国の軍勢で構成されている。東は、細川勝元、細川成之、和泉《いずみ》守護細川常有《つねあり》・持久《もちひさ》、備《びっ》中《ちゅう》守護細川勝久《かつひさ》など細川氏一族、京極生観、赤松政則、武田信賢で構成されている」とある。これらのうち、西軍方の山名宗全は但馬《たじま》・播磨守護（備後《びんご》と安芸も加わるか）、山名教之は伯耆《ほうき》・備前守護、山名政清は美作・石見《いわみ》守護、山名豊氏は因幡守護、斯波義廉は越前・尾張《おわり》・遠江《とおとうみ》守護、畠山義就は越中・河内・紀伊守護、畠山義統は能登《のと》守護、土岐成頼は美濃《みの》守護、六角亀寿丸は近江《おうみ》守護である。東軍方の細川勝元は摂津《せっつ》・丹波《たんば》・讃岐《さぬき》・土佐《とさ》守護（伊予《いよ》も加わるか）、細川成之は三河《みかわ》・阿波守護、細川常有・持久は和泉守護、細川勝久は備中守護、京極生観は飛驒《ひだ》・出雲《いずも》・隠岐《おき》守護、赤松政則は加賀《かが》北半国守護《はんごく》、武田信賢は若狭守護、さらにここに名前が挙げられていない西軍方の一色義直は伊勢・志《し》摩《ま》・丹後《たんご》守護、河野通春《こうのみちはる》は元伊予守護、大内政弘《まさひろ》は周防・長門《ながと》・豊前《ぶぜん》守護、東軍方の細川成春《しげはる》は淡路《あわじ》守護、山名是豊《これとよ》は山城《やましろ》・備後・安芸守護（異説あり）、富樫鶴童丸《つるどうまる》は加賀南半国守護、仁木政長《まさなが》は伊賀《いが》守護である。守護分国の数は西軍が上であった。勝元が将軍家の幡を必要としたのは、こうした数的劣勢を跳ね返すためであろうか。兵士たちも洛中の土倉・酒屋に対して狼藉《ろうぜき》行為を働くのは東軍ばかりであったというから、東軍方には余裕があまりなかったのかもしれない。

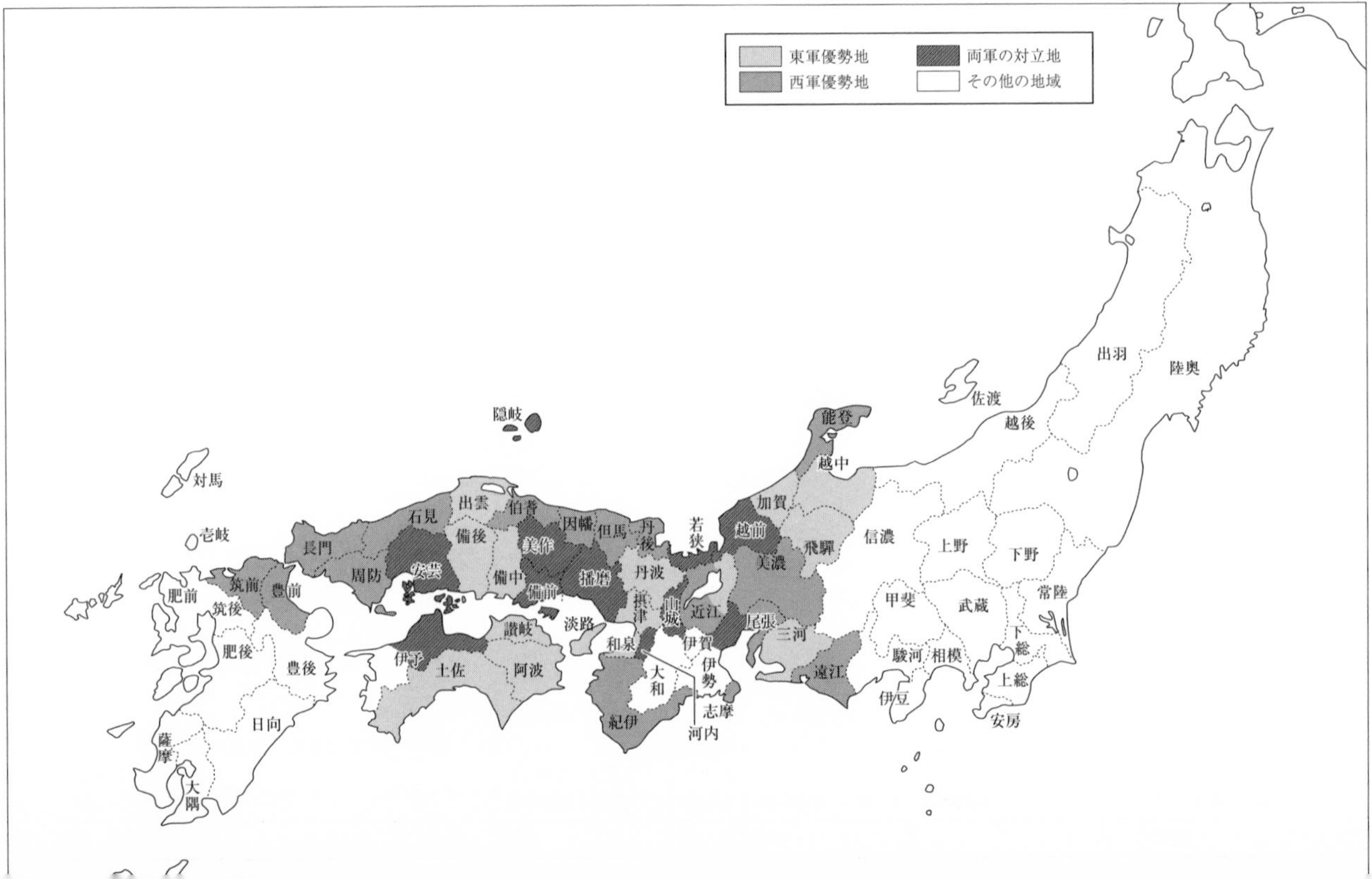
東軍優勢地
西軍優勢地
両軍の対立地
その他の地域
対馬
壱岐
隠岐
佐渡
出羽
陸奥
越後
能登
越中
加賀
越前
若狭
飛騨
信濃
上野
下野
常陸
美濃
尾張
三河
遠江
甲斐
武蔵
駿河
相模
伊豆
下総
上総
安房
近江
山城
伊賀
伊勢
志摩
大和
河内
和泉
紀伊
摂津
丹波
丹後
但馬
因幡
伯耆
出雲
石見
美作
播磨
備前
備中
備後
安芸
周防
長門
淡路
讃岐
阿波
土佐
伊予
筑前
豊前
筑後
肥前
肥後
豊後
日向
薩摩
大隅

国　名	東軍	西軍	国　名	東軍	西軍
越中国	畠山政長	畠山義就(守護)	安芸国	山名是豊(守護？)　武田信賢	山名宗全(守護？)
能登国		畠山義統(守護)	周防国		大内政弘(守護)
加賀国	赤松政則(守護)　富樫政親		長門国		大内政弘(守護)
越前国	斯波義敏	斯波義廉(守護)	丹後国	武田信賢	一色義直(守護)
若狭国	武田信賢(守護)		但馬国		山名宗全(守護)
三河国	細川成之(守護)　吉良義真	一色義直　吉良義藤	因幡国		山名豊氏(守護)
尾張国	斯波義敏	斯波義廉(守護)	伯耆国		山名教之(守護)
飛騨国	京極生観(守護)　姉小路氏		出雲国	京極生観(守護)	
美濃国		土岐成頼(守護)	隠岐国	京極生観(守護)	
伊勢国	世保政康(守護)　北畠教具	一色義直	石見国		山名政清(守護)　益田兼堯
志摩国		一色義直(守護)	讃岐国	細川勝元(守護)	
伊賀国	仁木政長(守護)		阿波国	細川成之(守護)	
近江国	京極生観　朽木貞綱	六角高頼(守護)	伊予国	河野教通(守護)(西軍→東軍)	河野通春
大和国	興福寺		土佐国	細川勝元(守護)	
紀伊国	畠山政長	畠山義就(守護)	筑前国	少弐教頼(守護)	大内政弘
摂津国	細川勝元(守護)		対馬国	宗成職(守護)	
河内国	畠山政長	畠山義就(守護)	壱岐国	志佐氏	
和泉国	細川常有(半国守護)　細川持久(半国守護)		筑後国	大友親繁(守護, 応仁 2 年には東軍になっている)	菊池重朝
丹波国	細川勝元(守護)		豊前国		大内政弘(守護)
播磨国	赤松政則	山名宗全(守護)	豊後国	大友親繁(守護, 応仁 2 年には東軍になっている)	
淡路国	細川成春(守護)		肥前国	千葉教胤	渋川教直
美作国	赤松政則	山名政清(守護)	肥後国	相良為続	菊池重朝？
備前国	赤松政則	山名教之(守護)	日向国	島津立久(守護)　伊東祐堯	
備中国	細川勝久(守護)		薩摩国	島津立久	
備後国	山名是豊(守護？)	山名宗全(守護？)	大隅国	島津立久	

8—応仁の乱東西両軍勢力地図（応仁元年頃を想定）

さらに『大乗院寺社雑事記』には、「西大将は山名宗全と畠山義就、東大将は武田信賢と成身院光宣」とある。西軍で盟主となっていた宗全と今回の両軍対立の契機となった義就が総大将に位置付けられるのは理解できるが、東軍の大将を信賢と光宣としているのは意外である。光宣は勝元派として乱勃発以前から活動していたが、総大将とはいい難い。五月二十六日の洛中での開戦時点で最初に挙兵したのが武田信賢と成身院光宣であったために、そのように記載されたと考えられている。

こうした状況下で、義政は足利義視や足利義尚とともに室町殿におり、「迷惑」する（迷い戸惑う）ばかりであると記されている（『大乗院寺社雑事記』）。また、勝元に授けられた幡が室町殿四足門《よつあしもん》に掲げられ、義政が東軍方に付いたことが広く周囲に明示されたが、このときの幡は「手を開かず」という状態であったという（同）。竿に巻かれたままで開かれていなかったということであろうか。そしてそれが開かれた段階になり、それに敵対行動を取ることが将軍への叛逆を意味するのであれば、「手を開かず」というのはまだ威嚇の段階であったということであろう。それを主導したのが幡を下賜した義政か掲げた勝元かはわからないが、東軍方は西軍方との完全な決裂を避けたかったようである。

両軍の思惑

そうした動きの一方で、六月八日には義視が大将として鎧始《よろいはじめ》を執り行った。これは西軍を攻めるためとされている。しかし、東軍方細川成之を通じて西軍方から義政に対して何らかの申し入れがなされたため、この攻撃は中止となった。降参の申し入れであろうか。ただしこの申し入れは西軍による時間稼ぎではないかともいわれている。申し入れを受けた義政は、「まずは近くにいる山名・畠山の両軍と戦って誠意を示せ。それによって降参を認めるかどうか判断しよう」などと返答し、斯波義廉に対しても「（義廉被官の）朝倉孝景の頭を取ってこい」と条件を提示している（『大乗院寺社雑事記』）。義政としても、西軍方からの申し入れが真実のものであるかどうか計りかねていたのであろう。

行動がわかりやすいのは義視である。東軍の総大将として鎧始を執り行い、西軍兵士の首実検《くびじっけん》も行った。宗全の息子ながら東軍についていた山名是豊が京都に繋がる橋を落として兵士や情報の流通経路を遮断しているが、これも義視の命を受けての行動であろう。さらに、室町殿では西軍に内通していると疑われた将軍近臣や奉公の女性たちが追放されたが、それを推し進めたのも義視であった。

また、勝元も粛正を積極的に行い、西軍に通じているとみられた奉行人飯尾《いのお》為数《ためかず》父子を殺害した。さらに三万疋《びき》（現在の貨幣価値で三千万円）で再建することを条件に、宗全の屋敷の近所にある寺に対して自作自演の放火を依頼し、宗全の屋敷への延焼も画策している。これは宗全に事前に察知されて失敗に終わったが（寺の僧侶たちは宗全に皆殺しにされた）、実際に兵を率いて「山名城」を攻めてもいる（『後知足院房嗣記』）。「山名城」とは、要塞化した宗全の屋敷のことを指すのであろう。「管領城」（斯波義廉の屋敷か。『綱光公記』）や、実相院門跡を「実相院城」と呼び、「城戸」を開くなどの表現もみられる（『萩藩閥閲録《はぎはんばつえつろく》』）。要塞化した屋敷や寺院を「城」と呼んでいるのは興味深い。これは「構」とも当時呼ばれており、屋敷の周囲に堀を巡らした程度のものから、小路や大路などを掘っていくつもの屋敷を包含するような大規模なものまで存在した。少し先の話になるが、翌応仁二年には宗全の「城」に「西楼」(井楼《せいろう》)が登場している。東軍方においても「飛砲火槍戦攻之具」を備えた櫓が構築されている(『碧山日録』)。こうした防御重視の戦略が取られたことにより、戦乱が長期化したとの指摘もある。

一方の西軍も、朝倉孝景の活躍により局所的には勝利を得て、管領斯波義廉の屋敷も守り切っていた。一向に終わりがみえない状況に、七月六日には後花園上皇から義政に対して勅使が派遣されて平和的解決が試みられたが(『後法興院政家記』)、大勢に何ら影響を及ぼさなかった。

そのようななか、西軍に味方する周防・長門守護の大内政弘や元伊予守護河野通春の上洛の噂が流れ始めた。実際に政弘は開戦前の五月十日に周防国山口を出陣していたが、六月二日に同国内の野上《のうえ》に着くなど、その動きは緩慢であった。守護分国がある九州北部から味方を集めていたのであろうか。勝元は、六月末に上洛しようとした安芸国の小早川煕平《こばやかわひろひら》に本国で待機させ、政弘の上洛に備えるよう命じている(『小早川什書』)。また、西国から京都への道筋にあたる武士や民衆にも迎撃を命じた。しかしその甲斐なく七月二十日に政弘が大軍(二千隻、数万人の兵)を率いて兵庫に到着し、八月二十三日には入京を果たした(『宗賢卿記《むねかたきょうき》』)。同じ日、後花園上皇と後土御門天皇は三種の神器とともに室町殿に避難した(『大乗院日記目録《だいじょういんにっきもくろく》』)。東軍は上皇・天皇・将軍といった大義名分を抱えることになった一方、西軍は兵力的に大きく優位に立つことになった。両軍による合戦は、長期化の様相を呈し始めていた。

義視の逃亡

後花園上皇や後土御門天皇が室町殿に避難してきた日の夜、突如足利義視が姿をくらました。その二日後、伊勢国の北畠教具《きたばたけのりとも》のもとを目指して落ち延びたことが判明する(『後法興院政家記』)。

義視の逃亡翌日、西軍への内通を疑われた奉公衆が細川勝元の申請により室町殿を追放され、さらに勝元の手の者によって殺害された(『宗賢卿記』)。このことと義視の逃亡を関連付ける見方もあるが、これまで義視自身が推進してきた西軍への攻勢に対する報復を恐れての逃亡との見方もある。また、これより前に義視は日野富子と対立をして室町殿を退去、しかし大内軍の上洛を聞いて参上したが、義政の命を受けた細川勝元により阻止されたので、自らを守るために逃亡したともいわれている。

謎が多い乱のなかでもこの義視の逃亡は大きな謎の一つである。信憑性《しんぴょうせい》は不確かながら、義視自身が記したとされている『都落記《みやこおちき》』から、義視の行動の目的とその顚末を探ってみよう。

足利義視は、七月十三日までは室町殿に参仕していた。日々合戦が繰り返される一方、室町殿内は静かになっていった。しかし「女中などの儀もむつかしく」(『都落記』)、また義政が気兼ねをしているような窮屈な様子のようにみえ、いろいろと思うところもあったので、ひとまず自らの屋敷に帰ることにしたという。

ここまでで注目したいのは、東軍方の総大将であったはずの義視が室町殿を退去する羽目になった理由が書かれている部分である。これによれば義視は、「女中」が不快な様子でおり、（それに対して?）義政も気苦労しているであろうと推し量り、自ら身を引いたようである。この「女中」とは日野富子のことであろう。つまり義視は、義政と富子の関係がギクシャクしている様子をみて、身を引いたのである。義視が身を引いたのは、両者の争い（夫婦喧嘩）に巻き込まれたくなかったからということもあるかもしれないが、富子の不快の原因が自分にあると感じていたからであろう。そう考えると、富子は西軍に通じており義視を邪魔に思っていたため、義視と対立したという推測も成り立ちそうではある。だが、見方や表現を変えれば、西軍方大名との訣別を避けたかった穏健派の富子が、東軍に肩入れしてしまった義政に怒りをぶつけ、主戦派の義視とも対立するに至ったとも考えられる。

再び『都落記』に戻ろう。八月中旬頃から世情が物騒になったので、同月二十日夜に鎧を着け、武装をさせた供を連れて室町殿に参上しようとした。しかしその途次に細川勝元の妨害を受けた。義視は勝元と交渉したが状況は変わらず、ひとまず自らの屋敷に帰ることにした。ところがそこで勝元が自らを害そうとしているとの情報が方々から入り、「もはやこれまで」と思い自害しようとした。しかし近臣たちから「自害することは義政への忠節とはなりません。まずは今は落ち延びて再起を図りましょう」と説得され、自害を思いとどまった。そこで二十三日の暮れに、義政へ文を認《したた》めたうえで、京都を脱出することにした。

こうして義視は伊勢国の北畠教具のもとを目指すことになるのであるが、『都落記』にその理由は記されていない。義視は西軍に寝返ることを前提に西軍方であった北畠氏を逃亡先に選んだとする説もあるが、当時の北畠氏当主である教具は東軍方であり、北畠氏を西軍方とみなすのは事実と異なる。ただ、教具の子である政郷《まささと》は西軍畠山義就と親しく、親子間で意見の相違があった。そのような親子間の対立を理由として、応仁・文明の乱開戦当初の北畠氏による上洛・参戦が義政により制止されたともいわれている。しかし、これはのちに義視が西軍へ身を投じることからの遡及による推測という面が強く、『都落記』に記された逃亡の経緯とも符合しない。

逃亡先として北畠氏が選択された理由

別の方面から考えてみよう。当時は、北畠教具ではなく「伊勢守護」(西軍方一色義直のことか。『経覚私要鈔』)を頼ってのことではないかとの噂も流れたようなので、伊勢国に落ち延びたことは確実視されていたようである。また、『都落記』にその名前はみえないものの、別の史料(『公卿補任《くぎょうぶにん》』)から、公家衆の木造教親《こつくりのりちか》が義視に同道していたことが判明する。

木造氏は北畠氏の一族で、南北朝期以来伊勢に在国する本家に代わり在京奉公をしていた。そのため、京都で暮らす公家衆の日記には分家としての家号である「木造」ではなく本家と同じく「北畠」を冠して呼ばれることが多い。家格《かかく》は羽林家《うりんけ》で、極官《ごっかん》は本家と同じく大納言であり、京都で本家に比肩する地位を築いていた。教親も、権中納言《ごんのちゅうなごん》任官のタイミングは本家の教具の方が先であったが、応仁元年（一四六七）当時は従二位《じゅにい》権中納言の地位にあった（教具は従二位前権中納言〈『公卿補任』〉）。

この教親が、一族の繋がりを利用して義視と教具との間を仲介したことは想像に難くない。しかし今回の件以前に義視と教親との間に繋がりは認められない。とするならば、義視は当初から北畠氏を頼ることを意図しており、そのための仲介役として急遽教親を選んだということになろう。『都落記』にも「北畠前中納言をたのむべき心をしるべに」東に向かって下国したとある。「北畠前中納言」とは、北畠教具のことである。

それでは、逃亡先として北畠氏が選ばれた理由を改めて考えてみよう。理由を探るうえで手がかりになると思われるのが、落ち延びる際に義政に宛てて出した文の内容である。「今の時節、伺候せざるのこと、本意に背くといえども、御ためを存ずるによって身を隠しはべるなり。いささかの緩怠にあらず。在所は重ねて申し入るべし」（このような情勢下にもかかわらず伺候しないことは、本心からの行動ではありませんが、あなたのためを思って私は身を隠します。少しもあなたを軽んじての行動ではありません。落ち延びた先は改めてお知らせします）と書いたと『都落記』にはある。

この文章からは、義視が義政に対して逆心を抱いておらず、逃亡はむしろ義政に迷惑がかかることを恐れての行動であったことがわかる。もちろん義視自身の主張であり、自らの行動を正当化する狙いがある可能性は否めない。しかしひとまずこれを真実と仮定したうえで考えてみよう。すると、次のようなストーリーが出来上がる。

すなわち、義視は同じ東軍である細川勝元から疑惑をかけられ、京都を退去せざるを得なくなった。かつて文正の政変のときには助けてくれた勝元が、今度は敵に回ってしまった。京都にいる東軍方はいずれも勝元に近い者ばかりであり、勝元に睨《にら》まれた義視を助けてくれる保証はどこにもなかった。

そこで義視が注目したのが北畠教具である。教具は開戦後まもなく上洛しようとしているが、勝元と何か特別な繋がりがあったために東軍方に属したわけではない。東軍のなかでは、どちらかといえば勝元より義政に近い立ち位置であった。しかも伊勢国は京都に隣接しておらず、勝元の手も及びにくかろう。義視にとって教具は、勝元を介さずに自らの潔白を証明するのに都合の良い存在であった。ゆえに、それまで特に繋がりがなかった教親を通じて教具のもとに逃亡することを画策したのではなかろうか。

伊勢国での義視

途中、雨に阻まれながらも何とか北畠氏の領内に入った義視は、小倭《おやまと》にある常光寺《じようこうじ》に入りそこで十日ほどを過ごした。別の史料（『小補東遊集《しようほとうゆうしゆう》』）によれば、琵琶湖《びわこ》を渡った義視は数百騎を従えていたという。これが本当であれば、「逃亡」という言葉からは想像できない陣容で北畠氏領内に入ったことになる。九月十日に常光寺を出発して平尾に着き、そこで北畠教具・政郷の歓待を受けた。足利義満の伊勢参宮（応永《おうえい》十年〈一四〇三〉）や義政の伊勢参宮（文正元年〈一四六六〉）の際に北畠氏が饗応《きようおう》の場として使用したのも同地であった。平尾にはそうした貴人を迎えることができる施設が存在したのであろう。

平尾からは丹生《にう》の薬師寺《やくしじ》に移り、そこを居所と定めた。丹生は、現在は多気《たき》郡だが中世は飯高《いいたか》郡に属していた。水銀の産出地として古代から栄え、東大寺《とうだいじ》大仏造立の際にも丹生産出の水銀が使用されたことでも知られている。鎌倉期には水銀座《すいぎんざ》が成立しており、室町期には北畠氏の本拠地である多気《たげ》と並ぶ都市として栄えた。薬師寺についてはよくわからないが、現在神宮寺（丹生大師）と呼ばれている寺院が該当するかもしれない。

義視は九月二十一日に「領内にふしぎの山寺の候ところに下着候」（『都落記』）などと書いた手紙を京都の義政に宛てて出した。義政からの返事は十月九日頃にあり、そこには義視が北畠氏領内に無事に到着したことを喜ぶ内容が書かれていた。それを読んだ義視は「内外なかりし所存を、さては具《つぶさ》にご覧ぜられけり」（同）と感動した。「内外なかりし所存」（裏表のない気持ち）という表現からは、あくまで義視が義政のためを思って京都を離れたことがわかり、その思いが義政に伝わったことへの喜びが感じられる。

その後に受けた義政からの帰洛要請に対して義視は、教具と相談したうえで上洛して忠節を尽くすつもりであると返事をした。教具もそのつもりで準備をしていたが、「青侍《あおざむらい》共の違乱」（同）により頓挫した。「青侍共の違乱」の具体的内容は不明だが、教具が義視とともに上洛をして東軍方に加勢することを妨害する勢力があったようである。政郷を支持する一派であろうか。その後も軍勢を率いての上洛が計画されたが、結局実現しなかった。

伊勢国在国中の義視は、ただ賓客としてもてなされて逗留《とうりゅう》していたのではなく、政治的な活動も行っていた。応仁二年（一四六八）三月に伊勢《いせ》神宮内宮一禰宜《じんぐうないくういちのねぎ》荒木田《あらきだ》氏経《うじつね》は、内宮仮殿遷宮《せんぐう》や外宮《げくう》遷宮、外宮山口祭《やまぐちのまつり》の執行《しっこう》などについて内宮解《げ》を提出した。そのことを記す氏経の日記『氏経卿神事記《うじつねきょうしんじき》』によれば、提出された先は「今出川殿《いまでがわどの》」、すなわち足利義視であったという。受け取った義視にどれほどの実行力があったのかは不明であるが、少なくとも伊勢国内では何らかの権限を行使できる立場にある人物とみなされていたことがわかる。

また、こちらもいずれも応仁二年の出来事であるが、伊勢神宮内宮造宮使《ぞうぐうし》大中臣《おおなかとみ》（藤波《ふじなみ》）秀忠《ひでただ》が前造宮使大中臣有直《ありなお》から難癖を付けられた際、義視は「左京大夫」に対して秀忠が自身に近しい人物であると述べ、間違いなく糾明を行うことを命じている（『氏経卿引付《うじつねきょうひきつけ》』）。この命令は種村（視か）親元と一色範《のり》真《ざね》という二人の連署奉書《ほうしょ》で出されており、見た目は幕府奉行人の連署奉書とそっくりである。さらに、同じ二人を発給者として、伊勢国員弁《いなべ》郡高畠の伊勢神宮への寄進が行われている。つまり義視はそれ以前から高畠の地を有していたことになるが、これはかつて義政から給された足利満詮の旧領のなかに含まれていたのではなかろうか。高畠が所在する員弁郡とその近辺は足利満詮とその母である紀《きの》（善法寺《ぜんぽうじ》）良子《よしこ》との繋がりが深い地域で、満詮の遺骨を高野《こうや》山安養院《さんあんにょういん》へ分骨した際の奉行人の一方を朝倉常英《じょうえい》という奉公衆が務めているが、彼は「十ヵ所人数」と称される奉公衆集団の中心的な存在であった。この「十ヵ所人数」は、員弁部に隣接する朝明《あさけ》郡を本拠としていた。そしてその成立には紀良子が関わっていた（天文《てんぶん》十三年〈一五四四〉八月日付朝倉賢茂《あさくらかたしげ》二問状写〈『曇花院殿《どんげいんどの》古文書』〉）。満詮と高畠との直接的な関係を史料上に見出すことは難しいが、ひとまずそのように推測しておきたい。

義視に対する義政からの帰洛要請は年が変わって応仁二年（一四六八）になっても続いた。結局義視は、義政から派遣された聖護院道興《どうこう》の説得により、

義視の帰京と西軍化

同年八月に上洛を決意し、九月に上洛を果たした。実は義視は、同年四月の段階ですでに上洛の意志を固めていたようであるが、北畠教具は「子細共」を申し上げて義視を平尾にとどまらせていた（『朽木《くつき》家古文書』）。教具としては、どうしても義視を手放したくなかったようである。義視を旗印として上洛することを諦めていなかったのであろうか。

なお、『応仁略記《おうにんりやつき》』という後世に編纂《へんさん》された軍記物には、義視の伊勢国在国費用拠出のため義政が伊勢国に対して半済令《はんぜいれい》を出し、北畠氏がそれを奉行したとの記載がある。確かに、「伊勢・近江・山城の三か国内に所在する寺社本所領《じしやほんじよりよう》に対して半済を適用し、その半済分はすべて義視の料所にする」との命令が義政より出されたことが当時（応仁二年五月）の日記から確認できる（『後法興院政家記』）。この半済に関する二つの記事が同一の半済を指すのか、それとも別個の半済を指すのか判断が難しい。しかし、義視の帰洛を待ち望んでいた義政が、義視の在国費用の工面に積極的に動くとは考え難いのではないか。半済自体は実施されたが、それは帰洛後の義視の経済基盤を整えるためであり、義視の上洛に備えてのものであったと理解したい。

上洛した義視は、義政に対して「諫書《かんしょ》」を提出した。その内容は権勢を振るっていた日野勝光の追放を求めたもののようであったが、義政の側近である「邪徒両三輩」によって斥《しりぞ》けられた（『碧山日録』）。この「邪徒両三輩」が誰を指すのか判然としないが、のちに義視の処罰が検討された際には、それは日野富子と勝光が計画したことであったと噂されている。富子がその「邪徒両三輩」に含まれるかもしれない。

義視の神経を逆撫でするようなことはさらに続いた。それは伊勢貞親の政務復帰である。非公式にはもう少し早い段階でその活動が確認できるが（後述）、正式なそれは閏《うるう》十月になってからである。十一月になると義政以下、みな鎧などを着けずに裃《かみしも》姿で平時と同じ服装で過ごすほど平和であったが、貞親の復帰をめぐって義政と義視の関係は最悪であった（『大乗院寺社雑事記』）。

義視は、自らが京都を離れる原因となった細川勝元と手を組み、富子と勝光に対抗しようとした。義視には過去の遺恨にこだわっている余裕などなかったのであろう。この対立では、勝元と同じ東軍として戦った赤松政則や武田信賢は勝元の味方とならず、義政の命令（実際には富子や勝光の入れ知恵によるものであろう）を受けて行動している。しかも、義政には彼らに加えて伊勢貞親までもが仕えていた。十一月十日に義視と親しかった有馬元家《ありまもといえ》が赤松政則によって暗殺されると義視は身の危険を感じ、同月十三日に密かに東軍方の陣を脱出し、比叡山延暦寺《ひえいざんえんりやくじ》に逃げ込んだ。その義視の誅伐が富子や勝光の主導で計画されたが（前述）、まもなく義視は西軍方に迎えられた。十二月に義視は解却《げきやく》（官位剝奪）処分となり（『公卿補任』）、後花園法皇《ほうおう》（九月に出家）からは治罰の院宣が、義政からは院宣を施行する御判御教書《ごはんのみぎょうしょ》がそれぞれ発給され（『大乗院寺社雑事記』）、義視は朝敵となった。これらは義視の寝返りに怒った義政によるものとされているが、日野富子や勝光が義政を唆《そそのか》して実行させた可能性もあろう。ともあれ、ここに義政と義視の関係は完全に決裂し、東西両軍の対立が再開されることになる。

東幕府と西幕府

義視が西軍方となることによって、西軍方の体制に大きな変化が生じた。そのことを、西軍方から発給された文書の形式を義視の西軍化前後で比較することによって確かめたい。

前章で、嘉吉の変後に管領細川持之《もちゆき》が管領下知状《げちじょう》により政務を代行していたことはふれた。その後義政の親政開始によって、御判御教書が再び出されるようになった。管領はこの御判御教書を伝達する管領施行状《しぎょうじょう》を守護宛に発給し、守護がそれを施行するために守護代宛に文書を発給するというのが、室町幕府の基本的な命令（文書）伝達ルートである。御判御教書ではなく、管領が将軍の命令を奉じて出す室町幕府御教書や、奉行人が将軍の命令を奉じて出す奉行人奉書を経由するパターンもある。

開戦してしばらくの間は、将軍（足利義政）は東軍にいたが、管領（斯波義廉）は西軍にいた。そのため、東軍では管領が発給する管領施行状や室町幕府御教書を使用できず、かわって奉行人が将軍の命令を奉じて出す奉行人奉書が活用されるようになった。なお、管領が不在になることが多くなる応仁・文明の乱終結以後、将軍の命令はもっぱらこの奉行人奉書を用いて伝達されるようになる。

一方の西軍には、将軍はいないが管領はいた。ゆえに採用されたのが、管領自身が命令者となる、嘉吉の変以後の管領執政期にもみられた管領下知状であった。また、東大寺や興福寺に対しては、細川勝元を排除するため自軍への協力を要請する、畠山義就や斯波義廉など西軍方大名らの連署状が出されてもいる（東軍全体ではなく、勝元のみを敵として認定していることには注意すべきであろう）。東軍方で将軍が発給する御判御教書や御内書に相当するものと位置付けられよう。

応仁二年（一四六八）七月に管領斯波義廉は罷免され、細川勝元が再任される。西軍方として活動を開始してから一年以上も義廉が管領の立場であり続けたことに驚くが、義政は西軍方との和睦交渉のため、完全訣別を避けようとしていたのであろう。以後は東軍においても管領が文書発給に携わるようになる。義廉は形式的には管領下知状を発給できなくなったが、その後も発給を続け、数か月後には管領施行状も発給するようになる。

それを可能としたのは、足利義視の西軍化であった。つまり義視は西軍において将軍に、義廉は管領に擬され、義政と勝元を擁する東軍と同じ命令回路を構築することに成功したのである。西軍のもとに走る奉行人も少なからずおり、東軍ほどではないにせよ、西軍は幕府としての体裁を整えていた。このため東西両軍の対立は、義視の西軍化を以て東幕府と西幕府との対立に変化したと考えられている。

ただし義視は、御内書は発給しているものの、義政や義尚のように御判御教書は発給していない。

御内書も御判御教書も直状《じきじょう》である点は同一であるが、御内書は私的要素が強いという違いがある。文《ぶん》明《めい》六年（一四七四）頃に発給されたとみられる文書にも、「今はいずれの国に対しても御内書が発給されている。判始《はんはじめ》が行われれば（今回の御内書に加えて）御判御教書が出されるであろう」とある（『小早川《こばやかわ》家文書《けもんじょ》』）。この点について、義視の御内書が御判御教書と同等の効力を有していたとみる見方もあるが、御内書と異なり公的要素を帯び、所職《しょしき》安堵に用いられる御判御教書を発給できなかった義視の立場は、義政・義視と比肩するものと捉えることは難しい。西幕府の大きな弱点ともいえる。しかも、京都での主要な合戦が終了して東西両軍の勝敗が決しようとしている時期に至っても、義視が御内書しか発給できていなかったことは右の史料からも明らかである。西軍側には義視の判始を行えない事情があったのであろう。

西軍の南朝復活計画

しかも、西軍には東軍と比較してさらに大きな不備があった。それは天皇である。天皇や上皇は東軍方の手中にあった。その代わりとして西軍方が目を付けたのが、南朝の皇統である。

文明元年（一四六九）十一月に「南主」二人が吉野の奥と熊野《くまの》で決起し、「明応《めいおう》」という年号（私年《しねん》号《ごう》）を独自に制定したとの記録が遺されている（『大乗院寺社雑事記』）。西軍との連携が噂されるようになるのは翌年五月のことで、次項でみるように内裏と仙洞御所は西軍方によって占拠されていたが、そこに南朝皇胤《こういん》を迎え入れようという計画であった。連携自体は以前から模索されていたが、南朝の復活となれば利害が衝突する畠山義就が西軍大名のなかで唯一反対していたため、話がまとまらなかったのだという（同）。義就は、自らが地盤としている紀伊国と河内国が、南朝方においては楠木氏《くすのきし》の守護分国とされていたことに難色を示したのである。また義就だけではなく、畠山氏自身が持国の代からかつて南朝に従っていた国人たちを被官としていたことも義就を躊躇《ちゅうちょ》させたとの指摘もある。しかしそれが解決された（義就が折れた？）ため、南朝皇胤を内裏に迎え入れることになった。翌文明三年閏八月には、小倉宮聖承《おぐらのみやせいしょう》の子孫とされる少年が大和国古市《ふるいち》を経て上洛した。北野社松梅院《きたのしゃしょうばいいん》に入った後に、安山院《あんざんいん》という山名宗全の妹が住持を務める寺院に移った。彼は「西方新主」と呼ばれ（『大乗院寺社雑事記』）、西軍方の大名たちだけでなく、大和国金峯山寺《きんぷせんじ》をはじめとするさまざまな国の者から挨拶を受けるまでになっていた。

しかし結局この計画は実現しなかった。なぜならば、土壇場で足利義視がこの計画に反対したからである。さらに文明五年の宗全死去により、この計画は完全に潰えたと考えられている。義視は、文明二年の段階では他の大名たちとともに畠山義就を説得する側にまわっていたが、翌年には全く逆の立場に立ったことになる。その間の事情についてははっきりしないが、もし（というのは禁句であるが）義視が賛成していたら、南北朝の対立が再来することになり、応仁・文明の乱の終結はさらに困難なものになっていたであろう。義視は、事態が自分のコントロールできない方向に進むことに恐怖を感じたのかもしれない。

足利義視の伊勢国逃亡直後まで話を戻そう。応仁元年(一四六七)九月二日、足利義政は左大臣を辞した。これは「表沙汰に及ばず」、すなわち密かに行われた(『宗賢卿記』)。悪化をたどるばかりの戦況に何か責任を感じたのであろうか。しかし密かに辞任する理由とはならないであろう。ちなみに、同じ月に後花園上皇も自ら髻《もとどり》を切ってにわかに出家している(『大乗院日記目録』)。

劣勢の東軍

同月八日、義政は畠山義就に対して、但馬国へ下向するよう山名宗全を説得することと、畠山政長と相談して河内国を分割支配することを求めた。天下の将軍が一大名に対して「天下無為」のためひとえに「憑入《たのみい》」るとまで述べた(『畠山家文書』)この義政の必死の願いに対して、西軍方は武力を以て返答した。すなわちその五日後、山名宗全以下の西軍方は室町殿に攻めかかり、周囲を焼き払ったうえに内裏と仙洞御所を占拠したのである。東軍方も負けじと自身が守護を務める国々から軍勢を上洛させていたが、西軍方の優勢は覆らなかった。

京都の者のなかにも西軍に積極的に味方する者がいた。赤松政則の兵士が南禅寺《なんぜんじ》に対して五百貫分の兵粮を賦課したが、南禅寺は実は西軍に内通しており、「兵粮を渡したいが、きっと西軍からも同じように兵粮を徴収されるであろうから、南禅寺に押し入って強奪したようにして持って行ってもらいたい」と赤松方に伝えた。これを承諾した赤松方が兵士三百人ほどで兵粮強奪を装って南禅寺に入ると、西軍方の土岐成頼の兵士が襲いかかってきて赤松方兵士たちをすべて討ち取ってしまった。これにより東軍方は兵粮を失い、兵粮を入手すべき道も失ったと噂された（『経覚私要鈔』）。十月には室町殿に白旗（源氏《げんじ》の旗）が降り、これは「希代吉事」とされたが（『後法興院政家記』）、東軍方による兵士士気鼓舞作戦の一環であろうか。

さらに十月三日には、義政の奏請により後花園法皇から治罰の院宣が出された。院宣には「兵革」に対して忠節を尽くせとしか書かれていないが、院宣を受けて出された義政の御内書には、宗全に対する「治罰院宣」であることが明記されている（『経覚私要鈔』）。

年が明けても四方拝《しほうはい》や節会など朝廷の恒例行事は行われず、幕府の垸飯も中止となった。細川勝元の陣も、三方を山名宗全と大内政弘の軍に取り囲まれ、わずかに開いた北東側（鞍馬口方面）からしか出入りが出来ない状況であった。醍醐寺内でも、以前に三宝院門跡義賢を毒殺しようとした僧侶が今度は山名宗全や畠山義就と通じて再度義賢の暗殺を謀り、失敗して自害するような血生臭い事件も起きている（『後知足院房嗣記』）。応仁・文明の乱というと大名同士の争いやそれを前提とした各国での国人勢力同士の争いばかりが注目されがちであるが、両軍の対立というのはこのような寺院内にも不協和音を生み出していたのである。

室町社会のひずみが生み出した「足軽」

応仁二年（一四六八）三月、東軍方が西軍方の兵站《へいたん》基地となっていた五条大宮《ごじょうおおみや》から高倉にかけてのあたりに放火した（『後知足院房嗣記』）。東軍がなんとか局面を打開しようとしている様子がうかがえるが、注目すべきはその放火の主犯者で、骨皮道賢《ほねかわどうけん》という者に率いられた一団の仕業であった。

彼は史上最も名の知られた足軽である。足軽については、火事場泥棒の単なる犯罪者集団と捉えられることが多く、それは一面事実でもある。たとえば西軍方の足軽によって奪われた幀子《とうし》（掛軸《かけじく》）が数か月後に「四条街店《しじょう》」で発見されて買い戻されている（『碧山日録』）。盗品が市場に流通していたのであろう。しかし足軽が出現した背景には、政治的・社会的原因が存在したことに目を向けておく必要がある。

前章で徳政一揆が繰り返し起こされていたことをみたが、それは京都近郊の村落に貨幣経済の波に飲み込まれて負債を抱え込む人が多くいたからこそ起こされていた。長禄・寛正期に大規模な飢饉《ききん》が起きていたことも見逃せない。そうして家や土地などの財産を失った人々が、新たな生活の場を求めて都市京都やその周縁に大量に流入していたのである。

また、在地での勢力争いに敗れ、大名との被官関係を頼りとして京都で捲土重来を期す者や、大名家内の家督争いで敗れた方に付いたがために家中《かちゅう》を追い出された者もおり、なかには同類の者や流入民のまとめ役となって徳政一揆を主導した者の存在も知られている。そうした「るつぼ」状態にあったのが当時の京都であり、彼らが足軽を生み出す母体となっていたのである。

彼らは幕府からしばしば取り締まりの対象とされているが、京都の治安維持を担当する侍所《さむらいどころ》では彼らの人的ネットワークや情報網を利用して職務を遂行しており、右でみた骨皮道賢は、「目付」と称して侍所の手足となって活動していた人物であった（『碧山日録』）。道賢はその関係から東軍に加担したのであろうが、放火の数日後に道賢が根城《ねじろ》にしていた稲荷山《いなりやま》が西軍の猛攻撃を受け、その際に道賢は討ち取られた。ただ西軍でも足軽の活動は確認できるので（「御厨子《みずし》」〈『碧山日録』〉など）、道賢のような者は両軍に何人も存在したのであろう。

なお、そうした傭兵《ようへい》的色彩が強い「足軽」だけではなく、「公方足軽」も存在した。この「公方」は将軍を指しておらず、所属する社会集団の長や領主を指しており、そうした領主などから賦課《ふか》された夫役《ぶやく》の一種だったのではないかと考えられている。

身分の上下は関係なく、誰も彼もが戦乱に巻き込まれていた。義政は、そうした現実から目を背けるかのように昼夜関係なく宴会や猿楽、連歌会に明け暮れていた。現実逃避したい気持ちはわからなくもないが、為政者としては失格であろう。現にそのことを日記で批判する公家衆や僧侶もいた。

応仁二年八月の東軍大攻勢と伊勢貞親の再登板

応仁二年（一四六八）七月には、先にもふれたとおり管領が西軍の斯波義廉から東軍の細川勝元に替わった。これにより斯波義廉は幕府へ復帰する道を閉ざされ、東軍と西軍が対決する構図はより鮮明になった。この交代劇については、当時斯波義廉ら西軍陣営が関東の足利成氏との連合政策を進めており、それを阻止するために義政が採った方策との見方もある。いずれにしても、ようやく義政は西軍との決戦に臨むことを決意したのであろう。

同じ月、東軍の武田信賢が安芸国国人吉川元経《きっかわもとつね》に対して、「御大事」の前であるから安芸国で合戦は行わないよう求めている（「吉川家文書《きっかわけもんじょ》」）。その言葉通り、翌月はじめに細川勝元や吉川元経などで構成される東軍から、相国寺の焼け跡を占拠していた西軍へ大規模な攻撃があった（『碧山日録』）。それは数日間にわたり、焼け残ったり被害を何とか免れたりしていた寺院や公家衆の屋敷を新たに戦渦に巻き込むことにもなった。洛中洛外《らくちゅうらくがい》に滞在していた摂関家《せっかんけ》の人々が本格的に奈良への避難を開始するのも、この東軍による大攻勢以後であり、乱は新たな段階に進んだといえる。

またこの大攻勢では、大名ではなく幕府の奉行人が軍勢を率いている様子がみられる（『後法興院政家記』）。それまでにも奉行人が戦地に赴くことはあったものの、それは合戦の様子を見知して将軍に報告するためであり、奉行人自身が軍勢を率いるということは珍しいといえる。しかし、このような大攻勢にも関わらず、戦いの決着を付けるには至らなかった。

そこで義政が頼りにしたのが、あの伊勢貞親である。貞親は乱開始後まもなく上洛を図ったが果たせずにいたことは前にも述べた。その貞親が応仁二年二月に従四位上《じゅしいのじょう》に補任されている。官位というのは待っていれば自動的に補任されるものではないので、義政か義政の近辺で貞親に近い者が、貞親の再出仕の下準備をしていると捉えられる。

貞親の義政への再出仕は、応仁二年閏十月とされている。しかしそれは表向きの話であり、裏ではもっと早くからその活動を確認できる。それは、西軍方の朝倉孝景への誘降作戦においてである。

朝倉孝景の交渉術

東軍による大攻勢が大きな成果を挙げることなく終わった翌月、朝倉孝景のもとに、伊勢貞親の書状が届けられた。以後の経過は、斯波氏と朝倉氏が、朝倉氏が将軍の直臣かどうかをめぐって幕府法廷で争った際、延徳《えんとく》四年（一四九二）三月に朝倉氏側から提出された書付《かきつけ》（『朝倉家記《あさくらかき》』）に詳しいので、それに拠《よ》ってみていこう。

貞親の書状を孝景に届けたのは堤元秀《つつみもとひで》であった。堤氏は伊勢氏の被官であり、かつて康正《こうしょう》元年（一四五五）の分一徳政令でも堤有家《ありいえ》が貞親を補佐していたことが知られている。その書状には、「味方になって忠節を尽くせば褒美を与えると将軍義政が仰っています」と書かれていた。これを受け取った孝景は「本当か?」と疑って元秀に尋ねたほどであった。続けて、義政から貞親自身に対しても、孝景を寝返らせるよう命令が出されたようである。同年閏十月には孝景の越前国下向と、貞親の（表向きの）政務復帰が実現した。貞親と孝景との間の文書のやり取りはこのあと文明元年（一四六九）七月まで確認できないが、そこで貞親から孝景に宛てて出された書状には「味方になって忠節を尽くすとの申し出

9―朝倉孝景画像（心月寺所蔵）

は、大変殊勝なことです」とあるので、この時点ですでに孝景は東軍への寝返りを決心していたようである。しかし孝景は何か条件を付けていたようで、それについて貞親は「戦功を上げればきっと義政から許可があるでしょう」と述べている。しかしその後も寝返りの動きを見せない孝景に対して貞親は、堤元秀を使者として再び孝景に書状を遣わし、寝返りの実行を求めている。その書状には「美作守」、すなわち浦上則宗《うらがみのりむね》からも孝景に対して連絡があると述べられている。則宗は赤松政則の被官であるから、この孝景の誘降作戦には伊勢貞親だけでなく赤松政則も関わっていたことがわかる。朝倉氏は嘉吉の変の際に赤松氏との関係を疑われて討伐されかけている（『建内記』）。両氏の関係は、先代から続くものであったようである。

貞親からの催促を受けても孝景は動かなかった。以後も孝景は繰り返し浦上則宗を通じて貞親に対して要求を続けた。貞親は孝景に「御約速（束）」以外にも褒美があるであろうと述べたが、それでも孝景は行動に移さなかった。寝返るタイミングを見計らっていたのかもしれないし（実際、この延徳四年の書付ではそう述べている）、東軍と西軍を天秤《てんびん》に掛けていたのかもしれない。孝景はあらためて述べるまでもなく西軍の主力の一人であり、西軍の日本海側からの補給路の窓口である越前国を東軍が押さえるために必要な人物でもあった。自らの価値を理解していた孝景は、自らの要求を最大限実現させようとギリギリまで粘っていたのであろう。

事態は文明三年（一四七一）に急展開する。同年四月に、伊勢貞親は公家衆の万里《まで》の小路《こうじ》春房《はるふさ》とともに遁世《とんせい》した。そのため、孝景との交渉役は赤松政則が担うことになった。貞親の遁世と孝景との交渉との関連は明らかではない。その翌月の五月十八日に政則被官の浦上則宗が孝景に宛てた書状には、孝景からのたび重なる「注進」について、その通りに（義政の）判断がなされるであろうとある。同日付の同じく孝景宛の細川勝元書状では、「彼間事」については了解しておりまったく問題ないので、在国中の浦上則宗が上洛したらすぐに「御判」が出されるであろうと述べられている。そして五月二十一日、孝景が待ち望んでいた義政の御内書が、孝景の許にもたらされた。

騙された孝景

のちに朝倉氏内で「国拝領御判《くにはいりょうのごはん》」と呼ばれることになるこの御内書には、「越前国守護職のことについては（孝景の）希望通りにする」と書かれていた。細川勝元や赤松政則からも、御内書拝領の祝賀と戦功を挙げることを求める書状が同日付で孝景に宛てて出されている。これによりようやく孝景は寝返ることを決心し、翌六月に孝景は越前国で、息子の氏景《うじかげ》も西軍方の山名宗全邸で大酒を喰らった後、東軍方の細川成之邸に駆け込み、それぞれ東軍方となったことを表明した。さらに氏景は義政と面会を果たし、剣を下賜されたうえで越前国に下向した。義政の方でも、越前国の周辺諸国に対して孝景への支援を命じている（『昔御内書符案《むかしごないしょふあん》』）。

孝景に東軍への寝返りを決心させた義政の御内書は、延徳三年（一四九一）時に朝倉氏側では「国拝領御判」、すなわち越前国守護職補任状《ぶにんじょう》とされており、研究者たちの間でも長年にわたってそのように理解されてきた。しかし、守護職の補任は御内書ではなく御判御教書でなされるのが普通である。ゆえにこの御内書は、朝倉氏が主張するような守護職補任状ではない。内容についても「孝景を守護職に補任する」とは一切書かれていないのであって、内容的にも形式的にもこれを守護職補任状とはみなせないのである。同日付で細川勝元から「今回孝景からいろいろと注進されたことについては、すべて孝景の申請通りに認める旨の御内書が発給されました。また、朝倉氏景が東軍方に参ることはもはや明らかなので、再び「御判」が発給されるように取り計らいましょう」と書かれた書状が孝景に宛てて出されているが、その「御判」こそが孝景の要求を完全に満たすもの、すなわち越前国守護職補任状であったと考えられる。

しかしそのような「御判」はついに発給されなかった。だからこそ延徳三年時の朝倉氏は、形式的にも内容的にも不充分な御内書を「国拝領御判」と強弁せざるを得なかったのであろう。孝景は義政たちにまんまと騙されたのである。

東軍内の分裂と疫病の流行

孝景が西軍から東軍に寝返ったことにより、西軍は日本海側からの兵士や物資の供給路を断たれることになった。文明四年（一四七二）、淀川《よどがわ》沿岸の大山崎《おおやまざき》を東軍赤松氏が、東国への玄関口であった近江国を東軍京極《きょうごく》氏被官多賀《たが》高忠《たかただ》がそれぞれ抑えたことにより、東軍の優勢が決定的となった。

それでは、東軍方は勝利に向かって一致団結していたかというと、そうでもなかったらしい。文明三年閏八月、興福寺大乗院門跡尋尊の許を、京都から奈良に疎開《そかい》していた権中納言の中御門宣胤《なかみかどのぶたね》が訪れた。宣胤は尋尊に、後土御門天皇は出家の準備をしており、皇位を若宮（のちの後柏原天皇《ごかしわばらてんのう》）に譲るつもりであるが、譲位《じょうい》は大事《おおごと》であるので実現しないであろうと述べた。さらに宣胤は幕府内の事情についても語り、義政が日野富子と不仲であることは「勿論」で、日野勝光と富子も不仲であったという。当時は西軍方が南朝の後胤と称する「新主」を立てようとしていた時期でもあったため、宣胤の話を聞いた尋尊は、「この先どうなるのであろう」と不安を隠せなかった（『大乗院寺社雑事記』）。

義政と富子の不仲は他の史料にもみえており、義政と口論の末に富子が室町殿を出て行ってしまい、数日後に帰宅するも今度は義政が管領細川勝元の新造《しんぞう》の屋敷に出かけてしまう有様であった。その少し前から義政は隠居を口走り、政務を放棄していたようであるが、ここまで夫婦仲がこじれてしまった原因はよくわからない。当時もいろいろと噂されたらしく、天皇と富子が密通したため天皇と義政も不和になったとの噂すらあった。東軍、すなわち幕府方は、西軍との戦いでは勝利を収めつつも、内部に多くの火種を抱えていたのである。

その悪化した夫婦仲を一時的にせよ修復させたのは、子どもである義尚の罹病《りびょう》であった。文明三年八月に京都とその周辺で麻疹《ましん》や赤痢などの疫病《えきびょう》が流行し、義尚も罹《かか》ってしまったのである。それを聞いた義政は隠居所としていた勝元の屋敷から室町殿に還御《かんぎょ》し、富子もまた室町殿に戻ってきた。しかしその二人も罹患してしまうなど感染は拡大し、後土御門天皇はその終息を興福寺以下南都七大寺に祈願させた。民衆の間でも「送り赤疹《はしか》」と称する風流《ふりゅう》（囃子物《はやしもの》）が連日催されて感染の終息が願われ、特に閏八月七日に洛中で催されたものは大規模で多くの人が見物に訪れ、まるで祇園会《ぎおんえ》のようであったという（『宗賢卿記』）。

両軍和睦への動き

そのように東軍方の足並みが揃わない状況ではあったが、幸いにも山名宗全は東軍との和睦に乗り気であった。朝倉孝景に対してなされた誘降工作は他の西軍方に対しても幅広く行われており、山名氏一族も例外ではなかった。石見国では守護の一族である山名掃部頭《かもんのかみ》が、因幡国では守護山名豊氏の遺児智房《ともふさ》（智房）が、それぞれ西軍から東軍へ寝返っていた。以前から山名氏は細川氏のように同族連合体制を築いていたが、東軍方の工作によりそれが崩れつつあることに、宗全は危機感を抱いていたのであろう（西軍方の古河公方《こがくぼう》が劣勢であるという、当時の関東情勢が宗全の判断に影響を与えたとの指摘もある）。すでに文明四年（一四七二）正月から宗全が東軍に降参するのではないかとの噂が流れていたが、同年二月に「面々中（仲）直」について足利義政の意向を伺おうと思うが、皆はどのように考えるか」と西軍の諸大名に対して被官の垣屋《かきや》氏や太田垣《おおたがき》氏を使者として尋ねた。それに対して大名たちから反対意見はなく、西軍方の主力で最も強硬派であったとみられる畠山義就や大内政弘も賛成したとされる（『大乗院寺社雑事記』）。しかし前月にその両者は「お互いに見捨てることはしない」ことで意見の一致をみたともされている（『経覚私要鈔』）。山名宗全の降参は（仕方なしに）認める一方、両軍のみでの抗戦を誓っていたのであろうか。

同じころ、東軍でも西軍との和睦について相談がなされていた。東軍方で和睦の大きな障害となったのは赤松政則であった。なぜならば、政則は合戦により山名氏から播磨国以下の旧領を奪って本国復帰を果たしていたが、もし宗全の降参が認められればせっかく奪還した播磨国等の返還を命じられる可能性が高かったためである。足利義政は、政則が和睦に反対することを見越してか、政則に対して東軍の構から退去することを求めた。ところが政則は「畏承了」（承知しました）と申し上げる一方で大軍を率いて室町殿に押しかけた（『経覚私要鈔』）。命令への不服従を行動で示したのであろう。このように政則が強硬に反対したため、結局この段階での和睦は成立しなかった。

しかし勝元や宗全は和睦を諦めていなかったようである。同年三月には細川勝元の嗣子とされていた勝之《かつゆき》（養子、細川持春《もちはる》子）が出家し、勝元自身も隠居《いんきょ》したと噂された。勝之に変わって勝元の後継者となったのは聡明丸《そうめいまる》（宗全女との間に生まれた子。のちの政元《まさもと》。以下政元と呼称）であり、これは和解を求める意を込めた勝元から宗全への意思表示であったと考えられている。五月には山名宗全が自殺を図り、被官達の努力により一命を取り留めるも、その後八月に家督を政豊（宗全孫）へ譲った。これは宗全の回答といえようか。和睦に失敗し、一族も分裂させてしまった宗全による責任の取り方であったとも指摘されている。両者は、自ら身をひくことで大乱に決着を付けようと考えたのであろう。

だが、両者は自らの手で決着を付けることなくこの世を去った。翌文明五年三月、山名宗全が七十歳で、同年五月には細川勝元が四十四歳の若さで死去した。宗全の死去が西軍に与えた影響は大きく、西軍が推戴していた南朝の末裔《まつえい》である皇子も、その後まもなくいずれかに落ち延びたらしい。足利義視の反対がなければ西軍方の天皇に祭り上げられていたかもしれない者の行く末としては、あまりにも憐れである。もはや西軍には、かつての「西幕府」と呼べるような体制や大名同士の協力関係は存在していなかったとみてよいであろう。このあとは、京都では畠山義就や大内政弘が中心となって東軍方と対抗する程度であり、地方では東西両軍の対立とはかけ離れた、その地域ごとの旧来の対立構造や利害関係に基づいて合戦が続けられることになる。

京都における終戦

文明五年（一四七三）十二月、元服した足利義尚（九歳）が義政の跡を継ぎ、第九代将軍に補任された。西軍方には足利義視がいたが、もはや問題とされなかった。そもそも西軍方は当初から義視を将軍にすることを計画していたわけではなく、義視の方もそれは予定していなかったであろう。義視はもともと義尚が成人するまでの中継ぎとして考えられていたのであり、東軍にそのまま属していればいずれは将軍職も手に入ったはずである。しかし細川勝元や政務復帰した伊勢貞親との対立などにより東軍を退去せざるを得ない状況になり、窮余の策として義視は西軍を選択した。つまり、義視が西軍方に迎え入れられたのは偶然の要素が強かったのである。心の底から義視の将軍職襲職を願っていた大名もどれだけいたかわからない。義尚の将軍職継承の際に西軍方の攻撃などの大きな混乱がみられなかったことは、その大きな証左といえよう。

翌文明六年四月には、宗全の跡を継いでいた政豊と、勝元の跡を継いだ政元との間で単独講和が結ばれた。東軍ではやはり赤松政則が、西軍では畠山義就がそれぞれ反対したため、そのような形での講和となった。山名氏という大きな核を失った西軍方では今後の対応が協議されたが、大内政弘は義視の処遇を挙げ、畠山義就は斎藤妙椿《さいとうみょうちん》の意向を重視したいと述べた(『大乗院寺社雑事記』)。斎藤妙椿は在京せず美濃国で活動していたが、関東で争いを続ける堀越《ほりごえ》公方足利政知と古河公方足利成氏の双方から頼りにされており、彼らと西軍方との仲介役を果たしていたために西軍内での発言力を増していたものと考えられている。

しかしすでに大勢は決しており、年が改まって文明七年には朝廷で四方拝と県召除目《あがためしのじもく》が再開された。催行された場所こそ室町殿であったが、応仁・文明の乱以前の状態への回復の大きな一歩であった。その後、一色氏や大内氏、さらには西軍方の将軍に擬せられていた足利義視までもが東軍方に降伏を申し入れる事態になり、文明八年十二月には義政から義視に対して、義視の身辺に何か問題が生じれば必ず糾明することを約束した御内書が送られた(『古文書』)。これは義視が京都を没落した応仁元年(一四六七)八月の状況を踏まえての発言であろうか。それとも、義視が西軍に寝返った応仁二年十一月のことを踏まえての発言であろうか。いずれにしても、義政はそのときのことを強く後悔していたことがうかがえる。

翌文明九年には終戦に向けての動きが加速した。義政と義視との一応の和解がなされた後に残された最大の問題は、当時の西軍の主力であった大内政弘の処遇であった。政弘は巨大な軍事力を有していたというだけでなく、西国諸地域権力の意志や要望を京都(西幕府)に伝達して取り成す役割を果たしており、その本拠地である山口や大内氏被官は京都への窓口として機能していた。畠山義就も西軍の主力ではあったが、地方への影響力という点では、政弘の足下にも及ばなかったといってよい。その政弘と幕府との間で交渉が持たれた結果、政弘に対して幕府からは周防・長門・豊前・筑前《ちくぜん》四か国の守護職と石見・安芸両国内の所領を安堵する御判御教書が与えられ(『黒岡帯刀所蔵文書』)、朝廷からは従四位下に叙された(『兼顕卿記』)。これを受けて政弘は十一月に京都を離れた(『親長卿記』)。この政弘赦免に大きな働きをしたのが日野富子であった。同じく西軍方の畠山義統も、富子から千貫もの金銭を借用したのちに能登国に下国した(『大乗院寺社雑事記』)。その千貫は下国費用であったと推測されている。富子の蓄財行為は当時の人々から非難されることもあったが(同)、西軍解散を金銭的に援助し、終戦に大きな役割を果たしたと考えられている。

九月には大内政弘と並んで西軍方の主戦派であった畠山義就が京都から河内国に下向した(『親長《ちかなが》卿記《きょうき》』)。これを契機として西軍方は自然解散となり、軍勢を失った義視は土岐成頼等の軍勢に守られて美濃国へ落ち延びた(『長興宿禰記《ながおきすくねき》』)。これをもって乱の終結とするのが一般的な見方であるが、義政と義視が正式に和解したのは翌年である。

文明十年六月、義政と義視との間で文書が遣り取りされた。これは正式な和解に向けての動きと捉えられる。その後土岐成頼と斎藤妙椿から乱中に押領《おうりよう》した寺社本所領を返還するとの請文《うけぶみ》（承諾書）が提出され、それを受けて翌七月には義政から足利義視・土岐成頼を赦免する旨が書かれた御内書がそれぞれのもとに届けられた。このとき、能登の畠山義統に対しても同様の御内書が出されたと『大乗院寺社雑事記』にはあるが、別の史料（『晴富宿禰記《はれとみすくねき》』）には「義統は寺社本所領返還について明確な態度を示さなかったので御内書を下さなかった」とある。翌月に足利義視・土岐成頼・畠山義統・斎藤妙椿それぞれから返礼の使者が京都に進上された。京都では、その使者たちと義政・富子夫婦や義尚との間で大規模な贈答が行われた。畠山義統については、御内書をこちらから送っていないにもかかわらず御礼の使者を進上してきたことを義政が不審に思ったため少し遅れたものの、伊勢貞宗や管領畠山政長が取り成して事なきを得た。ここにようやく、東西両軍の対立は終結したのである。

後年のことであるが、文明十二年七月に義政は寿像《じゆぞう》の制作を思い立ち、横川景三《おうせんけいさん》に賛《さん》の作文《さくもん》を命じた。景三はすぐに作成して提出したが、それを一読した義政は、「日本全国七十か国を武力によって鎮めたとここに書かれている。しかし治まること少なくて乱多く、どうして私が七十か国を鎮めたといえようか。誇大な表現である」と指摘した。これを受けて景三は、「東海之国」という表現に修正した（『蔭凉軒日録』）。肖像画《しようぞうが》の人物を称えるために書かれる賛は、誇大表現となることが多いものであるが、それを差し引いても義政にはそのようには誇れないという自覚があったのであろう。まさにその自覚の通り、義政の指導力不足が、乱の拡大と長期化を招いた原因であった。

三　地方における応仁・文明の乱

1　北陸地方

地方への視点

文明《ぶんめい》十一年（一四七九）正月、ある公家衆は自らの日記に「去年より世間は太平といっているが公家の所領《しょりょう》は諸国守護《しゅご》によって押領《おうりょう》されているので出仕もままならない」と書き記した（『長興宿禰記《ながおきすくねき》』）。前章でみた「終戦」というのが、あくまで京都とその周辺世界のみでの出来事であったことがよくわかる記事である。

地方では、京都での東西両軍の対立と連動する面もありつつ、それぞれの地域における乱勃発以前からの対立関係に基づいて抗争が激化する面もあった。そこで本章では、乱勃発時の守護在職者とともに、西日本各国の東西両軍の対立状況をみてみたい。

越中国

畠山氏《はたけやまし》が守護を務める国である。南北朝期以来、管領《かんれい》家畠山氏の守護分国であり、守《しゅ》護代《ごだい》—小守護代《こしゅごだい》（又守護代）—郡代《ぐんだい》（郡奉行）の体制で統治されていた。越中《えっちゅう》国の守護代を務めたのは遊佐氏《ゆさし》（河内守《かわちのかみ》家）であったが、河内国守護代との兼任であり、現地は小守護代以下によって支配されていた。小守護代を務めたのも遊佐氏であるが、こちらは官途を加賀守《かがのかみ》と称し、守護代家とは別家であった。守護代遊佐氏は蓮沼《はすぬま》を拠点として一国を支配していたが、嘉吉《かきつ》の変《へん》直後の畠山持国《はたけやまもちくに》・持永《もちなが》の家督《かとく》争いに巻き込まれたらしく、持国が家督に復帰してからは一国ではなく蓮沼が所在する砺波郡《となみぐん》を管轄する守護代となった。その他の郡は、新川郡《にいかわぐん》を椎名氏《しいなし》が松倉を拠点として、射水郡《いみずぐん》と婦負郡《ねいぐん》を神保氏《じんぼし》が放生津《ほうじょうづ》を拠点として、それぞれ守護代として支配した。

享徳《きょうとく》三年（一四五四）四月に畠山弥三郎《やさぶろう》が擁立された際、それを計画したのが神保氏や椎名氏であったように、越中国は反義就派であった。そのため、享徳四年（康正《こうしょう》元年、一四五五）に義就が持国から家督を継承すると、幕府から討伐のための使節が派遣されている。長禄《ちょうろく》四年（寛正《かんしょう》元年、一四六〇）に家督が政長《まさなが》に変わるが、彼を支えたのが遊佐河内守長教《ながのり》や神保長誠《ながのぶ》であったことからは、越中国が弥三郎存生期から引き続き政長の勢力基盤となっていたことがうかがえる。義就が河内国嶽山《だけやま》城に籠城中に越中国でも合戦があったが、義就派が敗退している。応仁《おうにん》・文明の乱においても、神保氏被官鞍河氏《くらかわし》の東軍から西軍への寝返りが確認できるものの、右の経緯からうかがえるように、越中国では政長派（すなわち東軍方）が優勢であったとみられる。

能登国

西軍畠山義統《よしむね》が守護を務める国である。南北朝期以来畠山氏の守護分国であったが、こちらは修理大夫《しゅりのだいぶ》（唐名《とうみょう》：匠作《しょうさく》）を家の官途とした匠作家の分国であった。守護代は、畠山義忠《よしただ》が守護の時期には遊佐孫右衛門尉忠光《まごうえもんのじょうただみつ》が、康正元年（一四五五）に家督を継承した義統期には遊佐美作守統秀《みまさかのかみむねひで》が確認できる。実質的に分国支配を行っていたのはこの守護代の遊佐氏（美作守家）であり、その館は実質的な守護所《しゅごしょ》であった。義忠の息子である政国《まさくに》が畠山義就《よしひろ》の養子となっていることからわかるように匠作家は義就方であり、応仁・文明の乱においても義就とともに西軍方に属していた。文明二年（一四七〇）十月に政国は、義就に基家（のちに義豊《よしとよ》と改名。以下基家と呼称）という実子がいることから「父子不和」になり、越前朝倉氏《えちぜんあさくらし》の手の者によって殺害される（『大乗院寺社雑事記《だいじょういんじしゃぞうじき》』）。しかしその後も義統は西軍にとどまり、先にみたように文明十年に土岐成頼《ときしげより》らとともに足利義政《あしかがよしまさ》から赦免を受けた。

加賀国

加賀《かが》国では前述の通り、管領細川勝元《ほそかわかつもと》によって守護職の分割が提案・実行され、富樫《とがし》成春《しげはる》が石川郡《いしかわぐん》と河北郡《かほくぐん》を含む北半国の、富樫泰高《やすたか》が江沼郡《えぬまぐん》と能美郡《のみぐん》を含む南半国の、それぞれ半国守護《はんごくしゅご》となっていた。その後長禄の変での功績により赤松氏《あかまつし》の再興が図られ、長禄二年（一四五八）十月に成春から赤松次郎法師（のちの政則《まさのり》）に北半国守護が交代された。それまで半国守護は同一の一族内での補任《ぶにん》ばかりであり、今回の補任は先例のない強引なものであった。これは、畠山派の成春を罷免し、加賀国を自派で固めようとした勝元の策略によるものとの指摘がある。しかしこの状況に危機感を抱いた富樫氏はかえって結束し、泰高から成春への家督一本化と守護職継承が実現した。その後まもなく成春は死去したらしく、寛正四年（一四六三）に泰高が再び家督と守護職を継承したが、泰高は翌年八月には鶴童丸《つるどうまる》に家督を譲って隠居《いんきょ》した（『蔭凉軒日録《いんりょうけんにちろく》』）。

応仁・文明の乱が始まると赤松政則は東軍に属し、富樫鶴童丸は当初西軍方に属したもののまもなく東軍方に降伏した。このため加賀国内では、同じ東軍ながら赤松方の小寺《こでらし》氏と富樫方の額氏《ぬかし》との間で合戦も行われている（『碧山日録《へきざんにちろく》』）。

応仁二年（一四六八）十月に鶴童丸が加賀北半国に対して守護権を行使しているとの指摘もあるが、文明三年（一四七一）六月頃までは赤松政則が守護であったとみるべきであろう。なぜならば、赤松氏被官中村三郎《なかむらさぶろう》に対して出された同月二十四日付の朝倉孝景《たかかげ》書状写（『朝倉家記《あさくらかき》』）に、「其方様御上表之上者」と書かれているからである。「其方様」というのは中村三郎の主人である赤松政則を指すと解釈でき、この時点まで政則が守護であったこと、そして政則は自らそれを「上表」（＝辞職）したことが判明する。

10―赤松政則画像（六道珍皇寺所蔵）

鶴童丸は文明五年以前に次郎政親《じろうまさちか》を称していたらしく、さらに彼は弟の幸千代《ゆきちよ》と対立していた。この幸千代を西軍方とみなし、政親とその支援者である本願寺《ほんがんじ》門徒《もんと》は東軍に、幸千代と彼を支援する高田専修寺《せんじゅじ》門徒は西軍に付いたと理解されている。この争いは文明六年十月に政親の勝利で決着する（文明の一揆《いっき》）。翌年には政親と本願寺門徒の協調関係が破綻し、長享《ちょうきょう》二年（一四八八）六月には引退した泰高を奉じた本願寺門徒により政親は自害させられた（長享の一揆）。これを契機として加賀国が「百姓の持ちたる国」となったというのはよく知られているが、泰高は長享三年に上洛して幕府に出仕している（『北野社家引付』）。加賀守護の座に返り咲いたのであろう。その後に泰高が幕府から命令を受諾していることを重視して、守護として国を支配し得ていたと考える見方もある。

守護職に補任された後も泰高は在京を続けたが、細川政元《まさもと》が起こした明応《めいおう》の政変《せいへん》には非協力的で、政変後に越中国放生津《ほうじょうづ》に逃れてきた前将軍足利義材《あしかがよしき》に従う姿勢をみせた（『大乗院寺社雑事記』）。そのため将軍足利義澄《よしずみ》から一時期守護職を剝奪されたようであるが、復帰を果たしたと推測されている。

越前国

西軍斯波義廉《しばよしかど》が守護を務める国である。守護所が置かれていた府中《ふちゅう》を押さえていたのは義廉被官の甲斐氏《かいし》であった。前にもみた『朝倉家記』によれば、二宮氏《にのみやし》や嶋田氏《しまだし》、堀江氏《ほりえし》なども西軍方であり、朝倉孝景が「たった一回でも負け戦をすれば、敵方（＝西軍方）が有利になってしまう」と述べるほどだった（自身がなかなか東軍方へ寝返らないことへの言い訳の可能性もあるが）。一方、東軍方の斬波義敏《よしとし》は佐開《さびらき》を本拠としていた。佐開がある大野郡《おおのぐん》は義敏の実父持種《もちたね》が支配しており、持種も郡内にいたようである。同じく『朝倉家記』には、平泉寺《へいせんじ》や豊原寺《とよはらじ》が東軍方であったことが記されている。

文明三年（一四七一）五月（実際の表明は六月）に東軍方へ寝返った孝景は、息子の氏景《うじかげ》とともに国内の西軍方勢力の掃討に努め、約一年後の文明四年八月に守護代甲斐氏の拠点となっていた府中攻略を果たし、越前国は東軍朝倉孝景の支配するところとなった。これが西軍に与えた影響は大きく、日本海側からの物資供給が絶たれた西軍は東軍の本拠地である室町殿を襲撃することを計画し、それを聞いた足利義政が孝景に対して越前国から退去するよう命じたとの噂も流れた（『大乗院寺社雑事記』）。しかし孝景は在国し続け、その後も甲斐氏との対立・交戦は続いたが、西軍方で美濃《みの》国守護代である斎《さい》藤妙椿《とうみようちん》の仲介により、文明六年六月に両者は和解した。

甲斐氏当主敏光《としみつ》は翌年二月に斯波義良《よしすけ》（義敏子、のちに義寛《よしとお》と改名）とともに将軍義政に対面し、これにより甲斐氏の東軍への降伏が正式に成立した。しかし敏光に対して安堵《あんど》されたのは遠江《とおとうみ》国守護代の地位だけであり、この背景には朝倉孝景の反対が存在した。その安堵と同月に国内統一の総仕上げとして孝景は大野郡の二宮氏討伐を行うが、この際にそれまで中立を保っていた斯波義敏が突然二宮氏に加担した。義政から義敏の身柄の安全を命じられていた孝景は困惑し、義敏の説得に努めた。その結果、義敏は上洛し、二宮氏は国外に逃れた。ここに孝景の越前支配は一応の完成をみた。

なお、文正《ぶんしょう》の政変《せいへん》以後、応仁二年（一四六八）七月まで守護職には斯波義廉が補任されていたと思しいが、以後の守護在職者については判然としない。義敏が代わりに補任されたとも考えられるが、尾張国では義敏の子である松王丸の活動も確認できる。

若狭国

東軍武田信賢《たけだのぶかた》が守護を務める国である。武田氏が守護職を務めるようになったのは信《のぶ》栄《ひで》（信賢兄）からで、それ以前は一色義貫《いっしきよしつら》が務めていた。信栄は永享《えいきょう》十二年（一四四〇）五月に将軍足利義教《よしのり》から一色義貫の討伐を命じられたため義貫を誘殺し、その恩賞《おんしょう》として義貫が補任されていた若狭《わかさ》国守護職を与えられた。信栄はこの討伐の際の疵《きず》がもとでまもなく死去し、弟の信賢が跡を継いだ。このような経緯のために、信賢は一色氏の遺臣による反乱にたびたび悩まされた。しかし応仁・文明の乱においてそのような反乱の有無は不明である。隣国丹後《たんご》国の守護職が西軍一色義《よし》直《なお》から取り上げられて信賢に与えられたことを受けて、文明元年（一四六九）四月に信賢被官の逸見《へんみ》氏《し》や粟屋《あわや》氏《し》などが丹後国に攻め込んだようである（『応仁記《おうにんき》』）。国内については東軍方が優勢であったために、国外への出兵も可能であったのであろうか。信賢は文明三年六月に死去するが、その跡は弟である国信《くにのぶ》が継承し、近江《おうみ》国の朽木《くつき》貞綱《さだつな》とともに東軍方となった越前国の朝倉孝景に協力するよう義政から命じられている（『朽木文書』）。

2　東海地方

三河国

東軍細川成之《しげゆき》が守護を務める国である。前守護は一色義貫（義直父）であり、義貫が永享十二年（一四四〇）に伊勢《いせ》守護世保《よやす》持頼《もちより》とともに将軍足利義教から殺害されて以後、一色氏は国内において守護ではなく渥美《あつみ》郡《ぐん》の知行主《ちぎょうしゅ》として存続した。一色氏の家督は教親《のりちか》（義直従兄弟）に継承されたが、渥美郡のみは義直に継承され、応仁・文明の乱を迎える。

一方、守護職には細川持常《もちつね》が補任され、その死後は甥の成之に継承された。守護代は東条氏《とうじょうし》が務め、乱においても東条近江《おうみ》守が東軍方として活動している。京都で細川成之と一色義直がしばしば交戦しているのは、三河《みかわ》国内での対立関係があったからともされている。文明八年（一四七六）九月に東条国氏は一色義直方に敗れ、文明九年九月には同族の東条修理亮も京都で義直方に討たれた。同年十一月の京都における西軍解散後も両者の対立は続き、文明十年二月に日野富子《ひのとみこ》と伊勢貞宗《いせさだむね》が仲介することによって守護細川氏の勝利が確定した。しかし、その後の成之や政之《まさゆき》（成之子）の守護としての活動はほとんど確認できない。細川氏も一色氏も乱により守護職や所領知行の実態を喪失し、かわって戸田氏《とだし》や松平氏《まつだいらし》などが勢力を伸ばすようになった。

このほか国内には室町幕府の儀礼的秩序のなかで将軍家の「御一家《ごいっか》」と位置付けられた（『長享元年《ちょうきょうがんねん》九月十二日常徳院殿様江州御動座当時在陣衆着到《じょうとくいんどのさまごうしゅうごどうざとうじざいじんしゅうちゃくとう》』）吉良氏《きらし》が支配する吉良荘があった。吉良荘は東条吉良氏と西条《さいじょう》吉良氏により支配されていたようであるが、現地で優勢であったのは西条吉良氏である。西条吉良義真《よしざね》とその子義信《よしのぶ》は東軍に、東条吉良義藤《よしふじ》は西軍に属した。

尾張国

西軍斯波義廉が守護を務める国である。文正の政変以後、尾張《おわり》国を含む三か国の守護には斯波義廉が在職していた。応仁二年（一四六八）七月の管領罷免にともない守護職も斯波義廉から別人に交代になったとみられる。同年九月には幕府から斯波松王丸（のちの義良・義寛）に対して国内の西軍討伐が命じられているようであるので（『室町御内書案《むろまちごないしょあん》』）、この松王丸が守護職を引き継いだのであろう。守護代の織田家《おだけ》も主家同様東西両軍に分裂しており、東軍には織田敏定《としさだ》

（大和守《やまとのかみ》家）が、西軍には織田敏広《としひろ》（伊勢守《いせのかみ》家）が付いた。文明七年（一四七五）には斯波義廉が在国して西軍方としての活動を強め、同八年二月には東軍方の駿河《するが》守護今川義忠《いまがわよしただ》を遠江国塩見坂《しおみざか》で討ってもいる。文明十年七月に東西両軍の和睦が成立して以後も尾張国では義廉・敏広方が優勢であり続けたため、幕府は在京していた敏定を下向させて義廉・敏広方を攻めた。しかし、敏定支援を命じられた美濃国守護代斎藤妙椿が義廉・敏広方に味方をしたことにより敏定は窮地に陥り、清洲城に籠城した。翌年一月に妙椿と敏定は和睦したものの、義良・敏定方と義廉・敏広方の対立は続いた。遅くとも文明十三年三月までに義良・敏定方が勝利を収め、敏広は戦死したらしい。義良はその後文明十七年に義寛と改名し、斯波氏歴代当主が補任されてきた左兵衛佐《さひょうえのすけ》にも補任された（『親元日記《ちかもとにっき》』）。

飛驒国

東軍京極生観《きょうごくしょうかん》が守護を務める国である。しかし守護が支配できたのは南部の益田郡《ましたぐん》のみで、北部の吉城郡《よしきぐん》や大野郡には江馬氏《えまし》や広瀬氏《ひろせし》、内ヶ島氏《うちがしまし》などが割拠していた。それらのなかでも特に姉小路氏《あねがこうじし》は、南北朝末期の家綱《いえつな》の時代に小島《こじま》・古川《ふるかわ》・向《むかい》の三家に分かれ、応永《おうえい》十八年（一四一一）の応永飛驒《ひだ》の乱で古川尹綱《ただつな(まさつな)》が幕府から討伐を受けた後も、その情勢に変化はみられなかった。三家のうち古川家は斯波氏の支援も受けながら京都で公家衆の一員として活動し、向家は古川家の代官として飛驒で現地支配に臨む一方、小島家は将軍家に近付いて飛驒国での所領を維持していた。

応仁・文明の乱では、文明三年（一四七一）十月に古川（姉小路）基綱《もとつな》と向之綱《ゆきつな》が守護京極政高《まさたか》（のちに政経《まさつね》と改名。以下政経と呼称。生観は文明二年八月に死去）の遵行《じゅんぎょう》に協力するよう求められており、彼らは政経とともに東軍に属していたとみなせる（なお、このとき江馬氏に対しても同様に協力要請が出されているが、江馬氏に対してのみ伊勢貞宗から書状が出され、遵行への協力要請が重ねてなされている）。しかし文明五年十月にはその協力関係が崩れて「飛驒両国司」（向之綱と小島勝言《かつとき》か）が国を逐《お》われ（『大乗院寺社雑事記』）、政経による一国支配が実現したらしい。だが文明七年には之綱とその息子である煕綱《ひろつな》に対して叙位が行われており（『歴名土代《りゃくみょうどだい》』）、文明八年には「飛驒国司」が「無為《ぶい》」であるとの情報が興福寺大乗院門跡尋尊《こうふくじだいじょういんもんぜきじんそん》のもとにもたらされている。さらに、乱終結後に小島勝言が尋尊に宛てた書状には「飛驒国を文明八年から支配しており、文明十年には国内すべての統治に成功した。国内に姉小路氏を名乗る者（古川家や向家のことか）は一人もいない。そのため「安堵」のことを伊勢貞宗を通じて将軍に申し入れて許可された」と書かれている（『大乗院寺社雑事記』）。

この勝言の言を信じるのであれば、飛驒国において乱の勝利者となったのは守護京極氏との争いや一族内での争いを制した小島勝言であり、京極氏は守護職を喪失したことになる。しかしその後も京極氏に対しては出雲《いずも》国や隠岐《おき》国とともに飛驒国の守護職が与えられているので、勝言の勝利は一族内での争いに対するだけのもの、あるいは京極氏との争いについても、一時的な勝利であったと考えられる。

11—斎藤妙椿画像（開善院所蔵）

美濃国　西軍土岐成頼が守護を務める国である。在京する当主成頼に代わって西軍方として活動したのは守護代家斎藤氏の一族である斎藤妙椿で、応仁二年（一四六八）十月に東軍方であった長江《ながえ》氏《し》を破り、かつて斎藤氏と守護代職を争った富島《としま》氏が近江国から攻め込んできた際にも撃退に成功し、さらには周辺諸国へ繰り返し出兵するなど、朝倉孝景とともに西軍を支えた人物の一人であった。文明九年（一四七七）十一月の京都からの退却にあたって足利義視《よしみ》・義材父子は美濃国に下向するが、それを主導したのも妙椿であった。そのため、義視父子は翌年に義政と正式に和睦して以降も滞在を続けたが、文明十二年に妙椿が死去すると後ろ盾を失って困窮したとされる。

乱中の妙椿の行動については、東常縁《とうつねより》との逸話が有名であろう。そのことを記す『鎌倉大草紙《かまくらおおぞうし》』によれば、応仁二年九月に、妙椿は東軍方であった美濃東氏《とうし》が拠る郡上篠脇《ぐじょうしのわき》城を攻め落とした。城主である東常縁が同族である千葉氏一族内での内紛を収めるため下総《しもうさ》国に下向した隙を狙っての攻撃であった。これを関東で聞いた常縁は想いを込めた和歌を詠み、その和歌を聞いた常縁被官浜春利《はまはるとし》が京都にいる兄の浜康慶《やすよし》にその和歌を知らせ、康慶が和歌仲間たちにその和歌のことを広めたところ妙椿の耳にまで届いた。その和歌に感じ入った妙椿は「和歌を詠んで私に贈ってくれれば所領を返還しよう」と康慶を通じて常縁に申し入れた。これに応じた常縁が妙椿に和歌を十首贈り、妙椿も返歌をした。内紛を収めた常縁は文明元年四月に上洛し、翌月に妙椿から所領を返還されたという。和歌の力と妙椿の教養の高さを感じさせる逸話である。

伊勢国　西軍一色義直が守護を務める国である。しかし国内の十三郡のうち、守護が実際に支配できたのは三重郡《みえぐん》や河曲郡《かわわぐん》などわずかな郡だけで、員弁郡《いなべぐん》には北方《きたかた》一揆、朝明郡《あさけぐん》には十ヵ所人数という奉公衆の集団が、鈴鹿郡《すずかぐん》には関氏《せきし》が、安濃郡《あのぐん》には長野氏《ながのし》が存在し、守護の支配を拒んでいた。そして北畠氏が所領の一志郡《いちしぐん》と飯高郡《いいたかぐん》の支配に加えて、飯野郡《いいのぐん》・多気郡《たきぐん》・度会郡《わたらいぐん》の神三《しんさん》郡《ぐん》（伊勢《いせ》神宮《じんぐう》所領）を荘園代官職の獲得や押領によって実効支配するという状況であった。

応仁・文明の乱が始まると、守護は一色義直から世《よ》保政康《やすまさやす》に交代させられたと推測されるが、判然としない。政康は、かつての伊勢守護世保持頼《もちより》の遺児とされている。しかしその後も応仁二年（一四六八）三月の時点で義直と政康はいまだ争っており、その戦いに勝利した政康は旧領を回復したとされる（『小補東遊集《しょうほとうゆうしゅう》』）。一方、実質的に南伊勢を支配する北畠教具《きたばたけのりとも》は応仁二年七月に北伊勢に進攻しているが、これは上意に背いた世保政康を討つためであったという。わずか数か月の間に政康は西軍方となったのであろうか。ただし政康が上意に背いたことを記すのは『応仁別記《おうにんべつき》』など後世成立の軍記物のみであり、同時代史料からは確認できない。文明元年（一四六九）十二月に内宮から「守護御方」が志賀摩御厨《しかまのみくりや》を押領していることについて庁宣《ちょうせん》が出されているが、これは政康のことであろうか。文明三年正月に内宮《ないくう》から出された伊佐奈岐新田《いざなぎしんでん》に関する庁宣で、世保政康守護在職時の押領が何方かへ訴えられている。この庁宣は、文明五年七月に内宮別宮伊佐奈岐宮惣忌代荒木田俊重《べつぐういざなぎのみやものいみだいあらきだとししげ》の訴状にある「多気殿様《たげどのさま》（北畠教具）国御成敗の刻、連署の御庁宣」にあたると考えられるので北畠氏宛であり、遅くとも文明三年正月には守護職は世保政康から北畠教具に交代していたとみられる。その後の政康の動向については不明な部分が多く、国内での合戦は北畠氏と長野氏を対抗軸として行われていくようになる。

乱勃発後まもなく北畠教具が上洛しようとして足利義政から止められたことは前にもふれたが、その理由は当主教具は東軍方に付くことを主張する一方、子息の政郷《まささと》は西軍方となることを主張していたことにあった。しかし教具が西軍方となることはなかった。応仁元年八月に教具を頼って京都から足利義視が下向してきたため、教具は義視を奉じて上洛しようとするも果たせなかった。応仁二年七月の北伊勢侵攻は、前述の通り義政の意志に反した世保政康を討伐するためのものとされ、北畠氏が西軍方に寝返ったことを明確に示す記述も確認できないことから、東軍方としての軍事行動であったとひとまず考えておきたい。

文明三年三月に教具が死去した際、北畠氏はすでに守護職に補任されており、また長野氏や世保氏と合戦の最中であった（『親長卿記《ちかながきょうき》』）。長野氏は、乱勃発当初から文明二年八月までは関氏とともに東軍方であったことが確認でき、当主政高《まさたか》は足利義政に在京奉公していた。しかし、同年十月には長野氏が務めていた安楽御厨《あんらくのみくりや》の預所職《あずかりどころしき》が関氏の手に渡り、同時期に北畠氏が「北郡沙汰」のため出陣すると（『大乗院寺社雑事記』。なおこの軍事行動は、義政から守護職に補任されたうえでのものであった可能性がある）、政高は義政に無断で離京・下国した。義政は政高に再度上洛することを求めたが（『昔御内書符案《むかしごないしょふあん》』）、政高はそのまま在国を続け、西軍方となったようである。

教具の跡を継承した政郷は西軍（特に畠山義就）寄りの行動を取る傾向にあったが、北畠氏として西軍方に寝返ることはなかった。文明四年三月には、義政の命に従って一族の岩内《ようち》顕豊《あきとよ》を山城《やましろ》国木津《きづ》まで派遣している。また、政郷は長野氏に反抗する国人たちの要請もあって北伊勢に出陣を繰り返した。文明五年には長野氏が引き入れた西軍方の斎藤妙椿の軍勢（大将は妙椿猶子新四《しんし》郎利国《ろうとしくに》）と交戦し、多くの犠牲を出しながらこれを撃退している（『大乗院寺社雑事記』）。

しかし、文明八年四月に細川政元が世保氏（政康か）の守護職復帰を義政に申請していることが確認できる（『結番日記《けちばんにっき》』）。これは実現しなかったものの、翌年守護職の改替は実施され、一色義直（もしくは義春《よしはる》）が新たに補任された。しかし政郷はこの措置に納得せず、入国してきた義直の軍勢と交戦している。これを契機として北畠氏は西軍方になったと噂されたが（『大乗院寺社雑事記』）、同年九月に出された畠山義就討伐の綸旨に対しては請文《うけぶみ》を提出しており（『兼顕卿記』）、結局北畠氏が西軍方になることはなかった。

志摩国　西軍一色義直が守護を務める国であったとみられるが、在職徴証に乏しい。国内には泊浦《とまりのうら》を本拠とする泊氏と麻生浦《おうのうら》を本拠とする和田氏の二大勢力のほか、相差《おうさつ》氏や九鬼《くき》氏などの小領主が存在したが、乱における彼らの動向は不明である。

伊賀国　東軍仁木《につき》政長《まさなが》が守護を務める国である。守護としての仁木氏の活動を示す史料のみならず、伊賀《いが》国に関する中世史料は少ない。

享徳三年（一四五四）八月に京都を没落した畠山義就は伊賀国に潜伏した（『師郷記《もろさとき》』）。同国は大和国の吉野《よしの》と同様に、守護など幕府権力の手が及びにくい地域であった。そのため、守護仁木政長が東軍として活動する一方、西軍方として、特に畠山義就に属して戦う国人もいた（紀伊国項参照）。彼ら国人と義就との関係は、前述した義就の没落以前からのものであったかもしれない。

応仁・文明の乱が開戦してまもない応仁元年（一四六七）五月十七日に、国内で大和国興福寺衆徒《しゅと》（僧兵を構成する武士）古市氏が合戦しているが（『経覚私要鈔《きょうがくしようしょう》』）、どのようなものであったのかは不明である。古市氏はこの後西軍方として活動するので、国内の東軍方と合戦したのであろうか。守護仁木氏については、応仁二年九月に「仁木四郎」が近江国信楽《しがらき》で近衛《このえ》政家《まさいえ》と対面しており（『後法興院政家記《のちのほうこういんまさいえき》』）、これが政長であるとみられている。文明二年（一四七〇）八月には東軍方として伊勢国の長野氏や関氏とともに山城国に出陣すると噂されている（『経覚私要鈔』）。文明九年八月にも山城国木津在陣が確認できるが、京都から河内国に下国途中の畠山義就に敗れ、姿をくらました（『大乗院寺社雑事記』）。伊賀国に逃走し、そのまま終戦を迎えたのであろう。

3 畿内近国

近江国

西軍六角行高《ろっかくゆきたか》（文明四年〈一四七二〉正月以前に亀寿丸《かめじゅまる》より改名。さらにのちに高頼《たかより》と称す。以下高頼と呼称）が守護を務める国である。しかし北部の一部は四職家《ししきけ》の一つで御相伴《ごしょうばん》衆《しゅう》に名を連ねる京極氏によって支配されていた。これは大内政弘《おおうちまさひろ》が上洛するまでの時間稼ぎであったと噂されているを申し入れたことは前にふれた。応仁元年（一四六七）六月に高頼が足利義政に降伏（『経覚私要鈔』）。同じ年の八月に自らの屋敷に放火しているが、そのことを記す近衛政家の日記には「山名一揆」（山名《やまな》宗全《そうぜん》に味方している）と書かれている（『後法興院政家記』）。高頼が乱開始当初は東軍に属していたことを記す史料（『大乗院寺社雑事記』）があることと考え合わせれば、高頼からの降伏申し入れは認められ、八月時点までは一応東軍方であったのかもしれない。十月には高頼に命じられた守護代伊庭《いば》貞隆《さだたか》が入国し、小倉《おぐら》実澄《さねずみ》ら国人と合戦を行っている（『小補東遊集《しょうほとうゆうしゅう》』）。

なお、「六角四郎」と称される人物が同年九月に上洛していることが確認できるが（『後法興院政家記』）、これは乱開始当初は西軍に属していたとされる「六角四郎雅延《まさのぶ》」（六角政堯《まさたか》のことか）のことであろう（『大乗院寺社雑事記』）。高頼が西軍になるのと入れ替わりに、東軍になったのではなかろうか。応仁二年十一月に政堯が高頼方の守山《もりやま》城を攻めた際には政堯自身が率いる兵のほかに「国兵」が二千人も味方し、観音寺《かんのんじ》城が落城した結果国人たちがみな「太守四郎某」に従ったとあるので（『碧山日録』）、政堯は国内で国人らから支持され、義政から守護（「太守」）にも補任されていたようである。しかしその後高頼に観音寺城を奪われてしまい、それを奪い返したのは京極生観被官の多賀高忠《たがたかただ》であった。守護職も文明元年（一四六九）五月に生観に交代させられている。その後は在京していたようであるが、文明三年六月に義政から命を受けて同年十月に再び入国するも（守護職に補任されたうえでのことか、後述）、翌月戦死した。これにより六角氏の家督は高頼に一本化されることになる。

一方、京極生観は乱開始当初から東軍方として活動していた。その息子の勝秀《かつひで》も東軍方として働き、応仁二年三月に六角氏の本拠地である観音寺城を攻めている。勝秀は近江国内で活動していたようであるが、同年七月に陣中で死去した。同年十一月に生観方の兵が観音寺城を落とすことに成功したが高頼方に奪還され、さらに被官多賀高忠の活躍により再び手中にしている。応仁二年十二月の段階で生観は、同じ土地を対象としているにもかかわらず同日付で守護六角政堯とは別に所務《しょむ》遵行を命じられていることから、守護である政堯と同様の権力を有すると幕府や在地から認識されていたと思しい。文明元年五月には六角政堯にかわって正式に守護に補任されたが、翌文明二年八月に死去した。

生観の死去後、出雲国・隠岐国・飛驒国・近江国の守護職は孫童子丸《まごどうじまる》（勝秀子）に与えられたが、孫童子丸は翌年に死去する。生観没後以降は混乱が続き、近江国は西軍方になるのではないかとまで噂された（『大乗院寺社雑事記』）。孫童子丸の跡は京極政経（生観子）が継承したが、文明三年閏《うるう》八月に彼へ与えられた守護職補任状《ぶにんじょう》には、出雲・隠岐・飛驒の三か国しか書き上げられていない。ちょうど六角政堯に六角高頼討伐が命じられている時期に当たるので、近江国守護職は政堯に与えられていたと考えられる。国内の混乱は文明四年に多賀高忠によって収拾されたものの、直後に京極高清《たかきよ》（勝秀子、孫童子弟）を支援する京極政光《まさみつ》（生観子、政経弟）や西軍方の斎藤妙椿と六角高頼の共同軍に敗れたため、政経・高忠は越前国に逃れた。政経は文明五年九月に守護に補任されたものの（『佐々木文書』）、国内は六角高頼が事実上支配していた。高頼は幕府への帰参を申し入れていたようであるが一向に実行に移されなかったため、文明六年十月に義政から政経に対して近江入国が命じられた。翌七年に政経は、高頼方と合戦を始めた比叡山延暦寺《ひえいざんえんりやくじ》と結んで近江国の支配回復を図った。出雲国に下国していた多賀高忠を呼び寄せ、出雲国人たちとともに再入国を試みた。しかし高頼と彼を支援する西軍方の兵に阻まれ、結局果たせなかった。

西部の朽木谷を本拠とする奉公衆朽木氏《くつきし》は、その本拠が一時期御料所《ごりようしよ》にされていたようであるが、応仁元年十二月に還付を受けている（『朽木文書』）。当主貞綱はその後も幕府の御料所経営に関して所領を預けられている史料が確認できるので（同）、東軍方であったとみなしてよいであろう。先述した文明三年十月の六角政堯入国の際にも、政堯の指揮に属して戦うことが命じられている。また比叡山延暦寺は、一時期足利義視の逃亡先となったことからもわかるように乱の初期は東軍と距離を置いており、塔頭金輪院《たっちゅうこんりんいん》の僧侶が東軍方に味方した際にはわざわざ「公方の御方に参る」と書かれている（『後法興院政家記』）。その後は東軍方に転じ、再入国を図る多賀高忠を支援していることが知られる。

大和国

守護不設置の国で、守護の重要な任務の一つである所務遵行は興福寺が担っていた。応仁・文明の乱開戦以前から幕府方の衆徒筒井《つつい》氏とそれに対抗する国民越智《おち》氏という構造が存在しており、畠山氏の家督争いに際しても、前者は弥三郎・政長、後者は義就を支持した。それがそのまま東軍対西軍の構造にスライドしていったため、大和国は京都における大名の対立関係の影響を最も強く受けた国といえる。筒井氏の一族である成身院光宣《じょうしんいんこうせん》が東軍方であることはすでにふれた通りであるが、国内には西軍方に誼《よしみ》を通じる者も多く、安位寺経覚《あんいじきょうがく》はその代表例であった。そのため応仁元年（一四六七）六月に経覚が上洛しようとした際には、東軍方の光宣から「あなたは斯波義廉と知り合いであるため上洛するのは危険ですのでおやめください」と大乗院尋尊経由で忠告を受けている（『経覚私要鈔』）。その後も経覚の西軍への肩入れは続くが、これは経覚の所領の一つである細呂宜郷《ほそろぎごう》が越前国にあり、守護である斯波義廉の庇護を受ける必要があったためであろう。

応仁元年十月には、二度にわたって畠山義就や斯波義廉らから興福寺と東大寺《とうだいじ》に対して「西軍に味方をすれば所領を寄進《きしん》する」との誘いがあった。一度目の誘いに対して東大寺は「天下安寧《あんねい》の祈禱《きとう》をするのはいつものことである。今回このように依頼を受けたのであれば、心を込めて祈禱を行う」と返答した。一方の興福寺は、一度目・二度目ともにどのように返答したのか不明である。二度目の誘降に際して西軍方の大名たちは、細川勝元の専横に対して「勅書」や「御内書《ごないしょ》」が出されたと述べているが、そのような事実は確認できない。偽りの情報で相手を揺さぶり、甘言を弄するなど、西軍方も必死であった様子がうかがえる（『経覚私要鈔』）。応仁二年閏十月に斯波義廉以下西軍大名八名が連署した書状が興福寺・一乗院《いちじょういん》・大乗院のそれぞれに出されたが、そこには「西軍に対して敵対行動を取れば、大名の分国内にある興福寺・春日社領《かすがしゃりょう》を押領する。このことを配下の坊人《ぼうにん》たちにも周知せよ」と書かれていた。前年のものより高圧的である点は、虚勢を張っているとみるべきであろうか。大乗院ではその要請に従わなかったが、一乗院は国内配下の坊人たちに知らせた。

興福寺は東軍方と西軍方の者が混在する衆徒や国民を束ねるべき立場にあったが、興福寺全体としてどちらかを支持することを明言はしていない。しかしながら、乱以前からの幕府との繋がりを乱開始後も変わらず維持しており、経覚や配下の衆徒・国民らに西軍に与同する動きがあったとしても、興福寺全体としては東軍方であったとみなしてよいであろう。興福寺と並んで都市奈良を支配していた東大寺も、文明元年（一四六九）七月に西軍方の足利義視から別当補任の命令を受け「以外迷惑」している（『大乗院寺社雑事記』）。宣下により補任されるべきものが義視の命令によって補任されたことに対する戸惑いもあるであろうが、西軍方から命令を受けたことにも困惑していたのであろう。

尋尊により「今回の乱を起こした張本人」と名指しされた成身院光宣は、文明元年十一月に死去する。きっと平清盛《たいらのきよもり》のように（苦しんで）最期を迎えるであろうと思われていたが、念仏を唱え座して合掌《がっしょう》しながらの死去という堂々たる最期であった。これを聞いた尋尊は、光宣は「神事・法会の遂行に奔走し、寺社のことを生涯をかけて守ってくれた」と評価し、「大正直の者」でもあったから、神慮を得られ、三宝《さんぼう》の引導も当然受けることができたのであろうと述べている（『大乗院寺社雑事記』）。

国内の衆徒・国民たちは、東軍対西軍というよりも、東軍の畠山政長派と西軍の畠山義就派に分かれて争いを続けていた。そのため、文明十年に京都で東西両軍の対決が正式に終了した後も続いた政長と義就との対立に巻き込まれた。しかも旧西軍方であった国民越智家栄《おちいえひで》や衆徒古市澄胤《ふるいちちょういん》が勝利を収め、筒井氏に代わって澄胤が官符衆徒棟梁《かんぷしゅととうりょう》の地位に就いた（『大乗院寺社雑事記』）。

紀伊国

西軍畠山義就が守護を務める国である。ただし守護畠山氏のほかにも湯河氏《ゆかわし》・玉置《たまき》氏《し》・山本氏《やまもとし》などの奉公衆や寺社（高野山《こうやさん》、根来寺《ねごろじ》、熊野三山〈熊野本宮大社《くまのほんぐうたいしゃ》・熊野速玉大社《くまのはやたまたいしゃ》・熊野那智大社《くまのなちたいしゃ》〉など）が割拠していた。応仁・文明の乱開戦前の文正元年（一四六六）から畠山政国《まさくに》（義就養子）が出陣して畠山政長方を討伐し、応仁元年（一四六七）二月の時点で根来寺以外は政国に従っていたとされる（『経覚私要鈔』）。これに対して幕府は、湯河氏に義就勢の討伐を命じた。まもなく乱が勃発すると、政国は紀伊国と河内国の兵士を引き連れて上洛した。政国は東軍である成身院光宣率いる大和国の衆徒・国民勢と山城国人勢の上洛を阻止するため、山城国の宇治《うじ》に出陣したことが確認できる（『大乗院寺社雑事記』）。しかし翌年正月には義就方が抑えていた守護所広《ひろ》が政長方の手に落ちた。国南部の支配拠点である高田土居《たかだどい》も政長方の支配下にあった。文明二年（一四七〇）六月には義就方である大和衆や伊賀衆が政長方の根来寺に敗北し、文明九年十月に湯河氏が政長方に協力して義就方と合戦をした。国内、特に北部は政長方が優勢であったといえよう（対して南部の熊野地域は、義就方の影響が強かったとされる）。そのためか、明応の政変で政長が自害して以降は、その子である尚順《ひさのぶ》の本拠地となった。

摂津国

東軍細川勝元が守護を務める国である。西国と京都を結ぶ海や河川経由の交通路上に位置し、かつ勝元の守護分国でもあったため、西軍方、特に大内氏の攻撃をたびたび受けた。応仁元年（一四六七）七月に兵庫に着岸した大内政弘は、翌月に尼崎《あまがさき》を焼き打ちした。芥川《あくたがわ》氏《し》をはじめとする摂津国国人も政弘に協力し、政弘を迎え撃とうとした東軍方の赤松政則は国人池田《いけだ》氏《し》の裏切りもあって敗戦した（『東大寺《とうだいじ》法華《ほっけ》堂要録《どうようろく》』）。政弘は京都への道を確保し、翌年正月にはさらに複数の郡を攻略した。文明元年（一四六九）十月の東軍方山名是豊《これとよ》の攻撃により兵庫を失うが、尼崎の死守には成功している（このとき、福原荘《ふくはらのしょう》に下向していた一条政房《いちじょうまさふさ》が、足利義視と間違われて山名是豊の指揮下にあった赤松政則の兵によって殺害されている）。ところがその後行われた細川勝元の調略により東軍へ寝返る者が続出して尼崎までも失い、文明二年七月の攻勢も失敗した。文明四年に兵庫を、同五年に尼崎を回復することに成功するものの、すでに細川勝元と山名政豊《まさとよ》の単独講和は成立しており、大勢は決していた。とはいえ、京都から遠く離れた地を本拠とする大内氏が乱の最終局面まで参戦できたのは、この兵庫と尼崎を奪還できたことが大きいとみられている。

河内国

西軍畠山義就が守護を務める国である。畠山氏被官遊佐氏一族のなかでも河内守家が守護代を務めた。畠山氏にとって河内国は本国であり、応仁元年（一四六七）九月に足利義政から義就に対して畠山政長との河内国分割統治が提案されたが、義就は一蹴した（先述）。

文明二年（一四七〇）八月、西軍方は東軍の政長方が立て籠もる若江城《わかえじょう》と誉田《こんだ》城を攻めたが敗北した。これは、西軍方が大和国の越智家栄に率いられていたためであった。家栄は大和国においては国民身分であり、守護に補任されるような家の出身ではなかったが、西軍方で和泉守護に補任されようとしてこの合戦で軍功を挙げることを目論んだ。しかし充分に統率できなかったとみえ、敵方（東軍方）の筒井順永《じゅんえい》からは大内政弘か畠山義就自身が出陣すれば西軍方が勝利を収めることもあろうなどと侮《あなど》られている（『大乗院寺社雑事記』）。文明三年五月に今度は若江城の東軍方が西軍方が籠もる嶽山《だけやま》城に攻め寄せ、これを攻略している。文明八年には政長被官で「左金吾執権（畠山政長）」とも呼ばれた（『長興宿禰記』）遊佐長直《ながなお》が「国成敗」のため入国した（『大乗院寺社雑事記』）。

このように河内国は東軍方によって抑えられていたが、文明九年九月に京都を離れて入国した畠山義就は長直が籠もる若江城や誉田城・嶽山城を瞬く間に奪還し、長直は天王寺《てんのうじ》から舟に乗って逃亡した（同）。これにより河内国は義就方の支配するところとなった。

和泉国

東軍細川氏が守護を務める国である。半国守護国であるが、他の半国守護国のように地域分割を伴わない特殊な形態を採っていたことが知られている。二つの守護家はそれぞれ「上守護家」と「下守護家」と称され、いずれも堺《さかい》に守護所を置いていた。応仁・文明の乱開戦時の上守護家当主は常有《つねあり》で、子息の九郎（政有《まさあり》か）を在国させていた。一方の下守護家では当主持《もち》久《ひさ》が在京し、持久の先代である頼久《よりひさ》が在国していたと考えられている。両守護家とも東軍方であり、応仁元年（一四六七）十月には丹波《たんば》国を経由して淡路《あわじ》守護細川成春《しげはる》とともに上洛した。文明元年（一四六九）四月には九郎が国内に侵入した西軍を撃退した国人和田《みぎた》氏に感状《かんじょう》を発給していることが確認できる。また文明三年六月には常有が「泉州敵数輩」を討ち取ったことにより義政から感状を授けられており、細川勝元から九郎に宛てられた書状でもそのことがふれられている（『細川家文書』。あるいは九郎に対しては常有とは別に感状が発給されたか）。

しかし国人たちは一枚岩ではなく、同年十一月の「南主」決起に対して国人たちは請文を出して味方する意志を示した。このため「和泉国ハ大略南方参申」すという事態になった。同じ年には「西軍大名」によって大和国国民越智家栄が守護に補任されたとの噂が流れており、（いずれも『大乗院寺社雑事記』）、旧南朝方の蜂起に与同する国人勢力、さらに西軍方守護による侵攻が重なり、東軍方守護の両細川氏による支配がほころび始めていたことは確かであろう。文明五年には国人たちによる国一揆が成立し、国内に対して兵粮米を賦課した。同時期に守護によって半済《はんぜい》が実施されているので、両者は競合する関係にあったと考えられている。このことは一時的なものであったようであるが、文明九年には国人たちによる国一揆が再び成立した（後述）。

丹波国　東軍細川勝元が守護を務める国である。西国から京都に上る陸路の経由地であったため、開戦してまもない応仁元年（一四六七）六月に西軍方の攻撃を受けている。その軍勢は山名宗全や山名氏一族が守護を務める但馬《たじま》国や因幡《いなば》国・伯耆《ほうき》国など八か国の者で構成されていたという（『大乗院寺社雑事記』）。丹波国守護代内藤貞正《ないとうさだまさ》はその攻め来たることを予測しており防戦に努めたものの、数の多さに圧倒されて京都へ退却した。その後再び東軍が優勢となり、文明元年（一四六九）六月には国内に攻め込んできた西軍方を安富又次郎《やすとみまたじろう》や野田泰忠《のだやすただ》といった勝元被官たちが迎え撃っている。しかし同年八月の細川氏一族天竺賢実《てんじくかたざね》を大将とした合戦では、但馬国からの攻撃に合わせて攻め込んできた丹後国の一色信長《のぶなが》に敗北した（『経覚私要鈔』）。同年十月にも西軍方の攻撃があり、丹波国では東西両軍の攻防が続いた。

4　山陽地方

播磨国　西軍山名宗全が守護を務める国である。かつては赤松氏の守護分国であり、赤松氏にとって本国というべき国であった。そのため、応仁元年（一四六七）五月に赤松政則方の兵（赤松政秀《まさひで》か）が討ち入って地方における応仁・文明の乱の口火を切ると、広峯《ひろみね》氏をはじめとして多くの国人が赤松氏の味方となった。

在京する政則に代わって現地で合戦を指揮したのは赤松政秀で、文明元年（一四六九）十月以前に政則が播磨国守護に補任されて以後は、守護代の地位にあったと考えられている。応仁二年十月と閏十月に山名宗全の兵に攻め込まれたが、いずれも撃退した（『碧山日録』）。乱において赤松政則と浦上《うらがみ》則宗《のりむね》ら被官たちは、この播磨国と備前《びぜん》・美作の三か国を守るべく活動していくことになる。

淡路国

東軍細川成春が守護を務める国である。成春は開戦当初の応仁元年五月と十月に軍勢を率いて上洛したことが確認できる（『大乗院寺社雑事記』）。成春は在京を基本とし、在京守護代に細川氏庶流が、在国守護代に淡路国国人が登用されたとみられているが、応仁・文明の乱時の国内での東西両軍の対立状況についてはよくわかっていない。大きな合戦もなく、細川家による支配が続けられていたのであろうか。

美作国

西軍山名政清《まさきよ》が守護を務める国である。播磨国と同様に赤松氏が旧領回復を狙って攻め込んできたが、政清方の抵抗は強く、すぐに奪還とはならなかった。応仁元年（一四六七）八月の大内政弘上洛へ加勢するために政清の伯父である山名掃部頭《かもんのかみ》が国を離れて上洛すると、赤松方の中村《なかむら》五郎《ごろう》左衛門尉《ざえもんのじよう》が攻勢を仕掛けた（『応仁別記《おうにんべつき》』）。五郎左衛門尉は守護所である院庄《いんのしよう》を攻め取り、そこを拠点として山名方と合戦を行ったと考えられている。文明元年（一四六九）十月以前に播磨国や備前国とともに美作国についても赤松政則が守護に補任されたが、国内ではいまだ山名方との合戦が続いており、文明二年正月の鷲淵山《おしぶち》の戦いでの勝利により、ようやく赤松氏の優勢が確立したとみられている。

備前国

西軍山名教之が守護を務める国である。応仁・文明の乱開戦後まもなく播磨国と同様に赤松政則の軍勢が攻め込んだ。国人難波氏《なんばし》や鹿田氏《しかたし》・菅氏《かんし》などが赤松方となり、守護代小嶋《こじま》大和守追放に成功したとされる。政則は乱中に西大寺《さいだいじ》へたびたび寄進を行っているが、応仁元年（一四六七）九月の寄進状《きしんじょう》では戦勝を祈願するため、文明元年（一四六九）二月の寄進状では政則自身の祈禱のため、それぞれ寄進が行われている（『黄薇古簡集《きびこかんしゅう》』）。後者の時点ではすでに政則の支配は安定したものになっていたため、戦勝祈願であることをわざわざ記載していないのであろう。政則は文明元年十月以前に教之にかわって守護に補任され、赤松氏の旧領回復を果たした。

なお、現在香川県に属する小豆島《しょうどしま》は古代以来備前国に属していたが、室町期には讃岐《さぬき》守護代安富氏《やすとみし》が代官として支配しており、東軍方が支配する島であった。

備中国

東軍細川勝久《かつひさ》が守護を務める国である。その下には守護代が二人置かれており、国人庄氏《しょうし》や伊予《いよ》国新居《にい》郡《ぐん》内に拠点を有する石川氏《いしかわし》などが補任された。勝久は在京して東軍として合戦していたため、国内での合戦は守護代であった庄氏が中心となったようである。このように国人が守護代を務めたり国衙《こくが》関係に京兆家《けいちょうけ》が関与したりするなど、備中国は細川氏の同族連合体制が最もよく表われた国とされている。周辺諸国と異なり西軍の活動は活発ではなかったとみえ、庄氏は東西両軍の勢力が拮抗している備後《びんご》国の東軍方に加勢する形で乱に参戦している。

備後国

応仁・文明の乱開戦時の守護については、東軍山名是豊であったとする説と西軍山名宗全であったとする説の両説ある。しかし開戦後はいずれも守護を自任したとみえ、国内の国人も東西両軍に分裂した。杉原氏《すぎはらし》など沿岸部を本拠とする者は東軍方となるものが多く、彼らは西軍方から「土一揆」と呼ばれた（『萩藩閥閲録《はぎはんばつえつろく》』）。一方、山内氏《やまうちし》・宮氏《みやし》・和知氏《わちし》など内陸部の国人たちの多くは西軍方についた。東軍方の国内本拠地は沿岸部の尾道《おのみち》であり、西軍方はその尾道を目指して内陸部から侵攻した。

西軍方の勢いは強く、隣国安芸《あき》国から応仁二年（一四六八）八月に東軍方の小早川元平《こばやかわもとひら》・熙平《ひろひら》や吉《きっ》川元経《かわもとつね》が攻め込んできたが、西軍方国人山内豊成《とよなり》はこれを迎え撃っている。同年十一月には、京都から一時的に下国した東軍山名是豊が安芸国国人小早川氏・吉川氏とともに合戦を行い、翌文明元年（一四六九）二月にも是豊は小早川熙平とともに山内豊成と戦って勝利を得てその後帰京した（「小早川家文書」）。

しかし文明二年には逆に西軍方が国内のほとんどを抑えたため、是豊は文明三年四月に再度下国し、西軍方国人と合戦に及んだ。その中心勢力であった宮氏は三年間の戦いののちに敗れたが、同じく中心勢力であった山内豊成には他の国人も協力し、是豊は豊成の本拠地である甲山《こうやま》城を攻め囲むも落とせずにいた。是豊は文明七年六月に再度入国をして甲山城を攻めるも、同城を救援すべく安芸国から西軍方毛利《もうり》豊元《とよもと》が攻め込んでくると自軍から離反者が相次いだため、石見《いわみ》国に逃亡した。その後は文明四年八月に宗全に代わって西軍方守護となっていた山名政豊が支配するところとなった。政豊は文明六年六月に将軍義政と対面をして正式に赦免されており（『東寺執行日記《とうじしぎょうにっき》』）、この際に改めて正式に守護に補任されたと考えられる。

安芸国

前項備後国と同様に、応仁・文明の乱開戦時の守護については、東軍山名是豊・西軍山名宗全のいずれとも判断し難い。しかし備後国と異なるのは、平賀《ひらが》氏《し》や厳島神主《いつくしまかんぬし》家など乱以前から隣国の大内氏と通じる者が多かったことであり、応仁元年（一四六七）八月の大内政弘の上洛軍には「安芸・九州勢悉上洛」して付き従った（『経覚私要鈔』）。山名氏の守護支配は脆弱《ぜいじゃく》であり、乱後は大内氏の影響力がより一層強まったとされる。

国内で東軍方となったのは、元守護家で佐東郡《さとうぐん》・安南郡《あんなんぐん》・山県郡《やまがたぐん》などを知行していた武田信賢や、奉公衆である毛利豊元や小早川（沼田《ぬた》小早川）熙平、吉川元経などであった。彼らのうち、毛利豊元に対しては応仁元年二月から三月にかけて細川勝元からすでに協力の依頼があり、乱開戦後も勝元の依頼により洛中で西軍方と合戦を行った。小早川熙平も文明二年（一四七〇）の大内道頓《どうとん》（俗名は教幸。以下道頓と呼称）の蜂起に協力を命じられるなど（『萩藩閥閲録』）、東軍方としての活動が確認できる。吉川元経も上洛して東軍として洛中を転戦していた。

しかし小早川氏の庶流である竹原《たけはら》小早川氏の当主弘景《ひろかげ》は大内政弘の上洛に従い、西軍方となった。これは、乱開始以前から弘景と大内氏との間に関係があったことに加え、弘景が惣領家《そうりようけ》の沼田小早川氏の上位に立ち、一族を統一しようとしていたためとみられる。弘景は文明五年九月に沼田小早川氏の本拠地である高山《たかやま》城を攻める西軍方の主力となった。この合戦には備後国の西軍方（西軍守護代宮田教言など）も参加し、文明七年四月に高山城は西軍方によって落とされた。この間に弘景は、大内政弘を通じて沼田小早川氏の継承を足利義視に願い出て、義視から許可を受けている。ただしこれ以後も沼田小早川氏は東軍方として行動しており、武田氏とともに西軍方の鏡山《かがみやま》城を攻撃した。

文明三年閏八月に毛利豊元は病気と称して備後国境から軍勢を引き上げ、西軍方に寝返った。豊元は、乱の開始前から伊勢貞宗（貞親子）に押領された安芸国内部荘《うちべのしよう》等の返還を愁訴しており、乱開始以後も文明元年九月に幕府に対して返還の裁許を求めていた（「毛利家文書」）。その後豊元に対しては義政から感状や所領が与えられていることが確認できるものの、内部荘等の返還はなされないままであった。そのような状況にあった豊元に対して一族福原広俊《ふくはらひろとし》が西軍への寝返りを説得し、豊元がそれに応じたのである。この時期は同年の越前国朝倉孝景の西軍から東軍への寝返りによって西軍が弱体化したと考えられる時期であるが、東西両軍の趨勢《すうせい》とは別に、個々の事情により寝返りが発生することもあったことがわかる。

武田信賢の弟である元綱《もとつな》も文明三年正月に西軍方に寝返ったが、それに対して足利義政は、小早川熙平に対して信賢とともに討伐にあたるよう命じている。同様の命令は国内の国人等にも出されたとみられるが行動に移さなかった者もおり、その一人である高橋氏《たかはしし》に対しては「同罪御成敗」を下すまで申し渡して出陣を促している（「吉川家文書《きつかわけもんじょ》」）。なお、その際に将軍御所に召し出されたのは周布《すふ》和兼《かずかね》や吉川元経など在京していた安芸国の国人たちであり、彼らは義政の命令を高橋氏に伝えることを返答している。国人同士の横の繋がりが垣間見える出来事といえよう。

周防国・長門国

いずれも西軍大内政弘が守護を務める国である。応仁元年（一四六七）八月以来、政弘は在京していたが、文明元年（一四六九）十月に分国と京都を結ぶ拠点の一つであった摂津国兵庫を失う。これを好機と捉えた細川勝元は、政弘の伯父である道頓に調略を仕掛けた。大友氏《おおともし》に庇護されていた道頓はこれに応じたものの、在国して政弘の留守を守る被官たちは陶《すえ》弘護《ひろもり》を中心として道頓に対抗した。弘護ら被官の多くは、一度は道頓に従う姿勢をみせ、道頓の子息への家督継承を幕府に願い出るなどしていたが、文明二年二月に道頓が安芸国に出兵すると政弘方に寝返った。道頓は石見国を経由して長門国に戻り、賀年《かね》において弘護ら被官の軍勢と合戦するも敗れ、豊前国《ぶぜんのくに》に逃走した。これにより周防《すおう》・長門《ながと》両国は再び政弘の支配するところとなった。この大内氏内部の対立において、在京する政弘に代わって現地で弘護ら被官が主と仰いだのは政弘の母であったことが指摘されている。

母から大きな支援を受けていた政弘はこの大事件に際しても帰国することなく在京し続けた。その後政弘は文明六年九月に東軍へ降伏を申し入れ、その後は終戦工作に携わるようになり、文明九年十月に周防・長門・豊前・筑前《ちくぜん》の四か国の守護職と所々の知行を安堵されて同年十二月に帰国した。

5 山陰地方

丹後国

西軍一色義直が守護を務める国である。義直は伊勢守護を兼任しており、伊勢国の方は応仁元年（一四六七）五月の時点で世保政康との守護職をめぐる抗争が確認できるので、同時期に丹後国においても守護職の改替がなされた可能性がある。ただ実態としては、応仁二年九月に細川氏被官で丹波国守護代の内藤貞正から攻められて大敗北を喫した後も一色氏が支配していたようである。文明元年（一四六九）八月には逆に丹後国から一色信長が軍勢を率いて丹波国に攻め入り、東軍方大将天竺賢実を討ち取っている（丹波国項参照）。

しかし、隣国若狭国の守護である東軍武田信賢方からたびたび攻撃を受けており、ついに文明元年四月には武田信賢が新たな守護となった。もしそれまで一色義直が守護に補任されていた場合、義政がなぜこの時期まで義直を守護に在任させていたのかが気になるが、その理由は不明である。文明三年六月に信賢が死去すると、その跡は弟の国信が継承した。文明六年五月に一色義春（義直子）が幕府に出仕し、その後守護職に補任されたが（『大乗院寺社雑事記』）、武田氏や国内に所領を有する細川政《まさ》国方《くに》の抵抗を受けた。父である義直は文明九年三月に義政から赦免されているが、守護職には義春が補任されたままであった（なお、文明十六年の義春死去後は、義直が守護職に還補された）。

但馬国

西軍山名宗全が守護を務める国で、室町期には山名氏の本国であった。在京する守護宗全に代わり、北部を垣屋《かきや》氏が、南部を太田垣《おおたがき》氏がそれぞれ守護代として統治していた。

応仁二年（一四六八）三月に細川勝元が守護を務める丹波国から同国守護代内藤貞正らが攻め込んだ際にはその太田垣氏の一族とみられる者が撃退し、さらに太田垣宗朝《むねとも》らは丹波国に攻め込んでもいる。また文明三年（一四七一）三月には守護所がある九日市《ここのかいち》で垣屋越前入道宗忠《そうちゅう》が東軍方山名頼忠《よりただ》（是豊子）を迎え撃った（『応仁記』）。翌年八月に宗全からその孫である政豊に家督が譲られているので、幕府（東軍）からの正式な補任はないものの、実質的に守護として支配していたとみられる。政豊は文明六年六月に足利義政と対面を果たしており、その際に備後国や安芸国とともに但馬国についても守護職を安堵されたと考えられる。

因幡国

西軍山名豊氏が守護を務める国である。豊氏は山名教之の子で、因幡守護を務める山名熙幸《ひろゆき》の養子となって因幡守護家を継承していた。応仁・文明の乱開戦後まもない応仁元年（一四六七）六月に、因幡国からは波多野《はたの》・八部《やべ》（矢部）・山口《やまぐち》などの国人たちが山名方として上洛した。翌二年三月には山名宗全が但馬国円通寺《えんつうじ》の因幡国内の寺領に対して安堵状《あんどじょう》を発給しており

（「秦文書」）、惣領家の影響が及ぶ地域もあったとみられる。文明三年（一四七一）十一月に「父討死《うちじに》」を受けて西軍方から東軍方へ寝返りを行った「聟房」（智房）は、豊氏の子息とみられている（『昔御内書符案』）。また同年頃に、相国寺《しょうこくじ》で蔭凉職《いんりょうしき》の地位にあった承泰蔵主《しょうたいぞうす》が還俗《げんぞく》して山名上総介《かずさのすけ》と称し東軍方として入国した。このように、文明三年を契機として因幡国は東軍方となったとみられる。

伯耆国

西軍山名教之が守護を務める国である。応仁元年（一四六七）六月の山名軍上洛に際しては、小鴨《おがも》・南条《なんじょう》・進《しん》・村上《むらかみ》の各氏が従軍したという。教之は子の豊之と孫の政之を伴って在京し、西軍方として戦っていた。文明元年（一四六九）には豊之が備前国や美作国の守護である赤松政則に対抗するため伯耆国に下向したものの、文明三年九月に被官の謀反《むほん》に遭い暗殺された。一方、教之も文明四年六月に京都を去って在国を始めたが翌年正月に死去し、その跡は孫の政之が継承した。同時期に山名之定《ゆきさだ》や山名之弘《ゆきひろ》が国内の寺院に対して寄進をしたり諸役免許したりしていることが確認できるが（「瑞仙寺文書」）、彼らは政之方とは対立していたのであろう。政之は、惣領家の山名政豊が足利義政から赦免された文明六年六月頃に、正式に守護に補任されたと考えられている。その後、之弘の跡を継承したとみられる山名元之《もとゆき》（教之子、政之叔父）らが国人南条氏とともに政之に対して反乱を起こした。元之は乱の早い時期から東軍方として活動しており、今回の反乱においても赤松政則の支援を受けていたが、乱終結後の文明十三年八月に政之によって鎮圧された（『古文書』）。

いずれも東軍京極生観が守護を務める国である。開戦後まもない応仁元年（一四六七）七月と八月に洛中で行われた合戦での戦功を称えて、生観から国人赤穴幸《あかなゆき》清《きよ》や牛尾《うしお》忠清《ただきよ》に対して感状が発給されている（『萩藩閥閲録』など）。国人三刀屋《みとや》氏も上洛して参戦し、京極勝秀（生観子）から感状を受け取った。

出雲国・隠岐国

そのように在京して合戦を行う生観に代わって国内での合戦を指揮したのは、守護代尼子《あまご》清貞《きよさだ》であった。国内での乱に関わる合戦は、応仁二年六月に能義《のぎ》郡《ぐん》の国人松田《まつだ》備前守が富田《とだ》荘を攻撃したことに始まるとされている。富田荘は京極氏の出雲支配の拠点であり、尼子氏が支配していたが、これを撃退したのが尼子清貞である。その翌月の清貞の反撃により敗退した者のなかに伯耆国や隠岐国の国人がいたことが記されている（「佐々木《ささき》文書《もんじょ》」）。伯耆国は、前項でみたように西軍山名教之の守護分国であるので、松田備前守は西軍の協力を得ていたと考えられる。しかし隠岐国は京極氏が守護を務める国である。他の生観の感状でも、清貞が伯耆国に加えて出雲国の敵を討ち取ったことが記されている（同）。乱を契機として、国内の反京極氏勢力が国外の西軍方と結び付いて攻撃を仕掛けており、守護京極氏の支配体制に大きな動揺が走っていることがみてとれる。

生観は清貞の数々の軍功に対して、美保関《みほのせき》の代官職を特別に与えることで報いた。文明元年七月に行われた合戦では、清貞が牛尾氏の軍功を生観に注進している（「集古文書」）。また赤穴氏についても、出雲国の京極氏被官がほとんどすべて上洛してしまっている状況で奮闘していることが生観により賞されている。文明二年には石見国から、同三年には伯耆国から国内に軍勢が攻め入っているが、いずれも尼子清貞が中心となって撃退に成功した。同八年以降は近江国の回復を断念した守護京極政経が在国したが、清貞は政経を支え続けた。

このように守護代尼子氏を中心とする支配体制が順調に機能していたかのようにもみえるが、文明二年以前から京極氏の一族や国人とその被官のなかに守護京極氏に反発する動きがあり、その中心にいたのが国人三沢《みさわ》対馬守《つしまのかみ》為信《ためのぶ》であった。この反守護勢力に隣国伯耆国や石見国の西軍方も加担していたことは先にも述べたが、反守護勢力自身も西軍方であったとするのが通説である。しかし、反守護勢力ははじめに守護生観に連署状を提出し、それが受け入れられないことが判明すると幕府（東幕府）への直訴を試みていることから（「佐々木文書」）、西軍方の支援はあったかもしれないが、あくまで彼らは東軍方であり、東軍の枠内での反抗と捉えるべきであろう。

なお、軍功の注進がなされ、それに対して国内の土地が恩賞として与えられていくなかで、生観が「失念」をしてすでに尼子氏に与えた土地を他者に与えてしまうことが少なくなかったらしい。もしそのようなことが起きても尼子氏が知行するよう命じていることから（文明二年ヵ四月二十三日付京極生観書状案〈「佐々木文書」〉など）、生観による尼子氏への優遇ぶりが際立つが、それとともに恩賞を与える側である生観の混乱ぶりもみてとれる。文明二年八月の生観の没後はその孫である孫童子丸を経由して、子の政経が京極氏当主となり、文明三年閏八月には幕府から守護に補任された（近江国項参照）。

政経は、生観が乱発した所領安堵や課役免除の再認定や撤回に追われた。

石見国

西軍山名政清が守護を務める国である。しかし応仁二年（一四六八）十月に「御方」への不参を理由として罷免され、代わりに東軍山名是豊が守護に補任された（『俣賀《またが》文《もん》書《じょ》』）。その後文明六年（一四七四）六月の山名政豊東軍降参に際しても、政清は西軍方にとどまっていた。政清が山名氏惣領政豊と異なる対応をみせたのは、政清がかつて兼帯していた美作守護職の赤松氏からの返還が実現しなかったためと考えられている。また、国内のうち邇摩郡《にまぐん》は周防大内氏の所領であり、乱後は幕府の支援もあって国内では守護山名氏よりも大内氏の支配が強まったとされている。

応仁元年八月の大内政弘の上洛軍に陸路から参加した軍勢のなかに「石見衆」の名前がみえる（『経覚私要鈔』）。また、奉公衆の益田氏《ますだし》は、文明二年二月に足利義政の御内書によって益田兼堯《かねたか》に対して、東軍方に寝返った大内道頓を助けて備後国・安芸国・周防国の三か国の敵対勢力と戦うことを命じられている。その一方で、その前月には斯波義廉が足利義視の御内書を奉じる形で西軍から益田貞《さだ》兼《かね》（兼堯子）に対して三隅豊信《みすみとよのぶ》の旧領が与えられ、西軍方大内政弘の支持を明確にした陶弘護から協力を要請されている（『益田家文書』）。貞兼は文明二年五月まで政弘に属して在京しており、その後は兼堯とともに西軍方として在国した。しかし文明四年五月には細川勝元から寝返りの誘いがあり、それを受けてか同年十一月には東軍方に転じた。

6　四国地方

讃岐国

東軍細川勝元が守護を務める国である。細川氏の被官としてその名を知られている安富・香川《かがわ》・香西《こうざい》・奈良《なら》の各諸氏がいずれも讃岐国国人であったことからもわかるように、同国は細川氏の基盤となっていた守護分国であった。

国内は東の七郡（大内郡《おおちぐん》・寒川郡《さむかわぐん》・三木郡《みきぐん》・山田郡《やまだぐん》・香東郡《こうとうぐん》・香西郡《こうざいぐん》・綾南条郡《あやなんじょうぐん》）を安富氏が、西の六郡（綾北条郡《あやほうじょうぐん》・鵜足郡《うたりぐん》・那珂郡《なかぐん》・多度郡《たどぐん》・三野郡《みのぐん》・豊田郡《とよたぐん》）を香川氏がそれぞれ守護代として管轄した。いずれも細川氏被官の中核を成す内衆であり、京兆家当主を補佐するために在京していたため、現地はそれぞれ同族の又代《まただい》（又守護代）によって支配された。乱が勃発すると讃岐国からは安富左京亮《さきょうのすけ》や香川五《ご》郎次郎《ろうじろう》らが上洛しているが、彼らはその又代、もしくは一族にあたるのであろう。また、洛中の合戦で西軍方朝倉孝景に敗走させられ武具まで失った「カ、ウ」は、この香川五郎次郎の軍勢であろうか（『経覚私要鈔』）。

文明五年（一四七三）の勝元死去後は政元（勝元子）が守護職を継承するが、政元が幼少であったため、守護の職務は一族の細川政国（典厩家《てんきゅうけ》）が代行した。

阿波国

東軍細川成之（讃州家《さんしゅうけ》）が守護を務める国である。守護代は東条氏が務めていた。東条氏は応永年間（一三九四〜一四二七）の文書では武田氏と称されていることが多いが、讃州家が守護を務める三河国の守護代も東条氏が継承しており、同じ一族が両国の守護代を継承していたと考えられる。また、寛正二年（一四六一）九月に守護成之の命を受けて出された奉行人奉書《ほうしょ》の充所《あてどころ》に「東条近江守」とあるが（『続宝簡集《ぞくほうかんしゅう》』）、宝徳《ほうとく》二年（一四五〇）に成之が三河守護として発給した文書は「武田近江守」が宛所となっている（「猪熊文書」）。武田近江守は『宗長手記』にみえる「東条近江守国氏」と同一人物ではないかと推測されているが、実名を「国氏」とすることに異論もある。よって、乱の時期の阿波守護代は東条近江守で、三河守護代と兼任していたとひとまず考えておきたい。

乱では、成之が本国三河国と阿波国の軍勢を率いて京都で東軍方の主力として戦っていたことや、文明八年（一四七六）に東条近江守が三河で戦死したことは判明しているものの、一次史料から阿波国での乱の様子をうかがい知ることは難しい。寛正六年二月に国内の「三郡」（三好《みよし》郡《ぐん》・美馬《みま》郡《ぐん》・麻植《おえ》郡《ぐん》）に対して風呂銭を徴収するよう命じられている「三好式部少輔《しきぶのしょう》」がおり（「細川三好両家消息《しょうそく》」）、彼が在国をして参戦した可能性が指摘されている。

また『大乗院寺社雑事記』応仁元年（一四六七）六月八日条には、「阿波国司」が千人ばかりを率いて東軍に味方するために上洛したことが記されている。天文《てんぶん》十七年（一五四八）成立の『運歩色葉集《うんぽいろはしゅう》』

は「阿波国司一宮、伊勢国司北畠殿、飛騨国司姉小路殿」を「三国司《さんこくし》」と呼んでいるが、この「一宮」が上洛したのであろうか。乱後のことではあるが、一宮氏は東条氏とともに讃州家の宿老衆《しゆくろう》の一人に数えられている(『長興宿禰記』)。右に引用した『運歩色葉集』でも一宮氏のみ「殿」が付けられておらず、北畠氏や姉小路氏よりも格下に扱われているのは、独立した勢力ではなく、守護被官であったからであろう。

伊予国　開戦時の守護ははっきりしない。応仁元年(一四六七)八月の大内政弘の上洛に従った「伊予河野殿」は、教通《のりみち》(通直《みちなお》)と対立していた庶子家の通春《みちはる》のことである。河野家は応永元年(一三九四)十一月に死去した通能《みちよし》(通義)が弟の通之《みちゆき》に家督を譲ったが、その際にこれから生まれてくる自身の子どもへの将来における家督譲渡も遺言したため、分裂することになった。教通は通能の孫、通春は通之の孫である。両者は管領家同士(畠山氏と細川氏)の争いに加え、細川氏や大内氏の干渉により、長期間にわたって争いを続けていた。

畠山持国管領在職時には教通が、細川勝元管領在職時には通春が守護に補任されることが繰り返されたが、康正元年(一四五五)には勝元自身が守護に補任された。長禄年間(一四五七〜五九)には通春が守護に返り咲いたが、勝元と通春の良好な関係が崩れた結果、細川賢氏《かたうじ》が守護に補任されたと考えられている(康正元年以降、勝元がその死去まで守護であったとする見方もある)。通春へは備後・安芸・石見の国人や周防・長門守護大内教弘《のりひろ》により構成された討伐軍が差し向けられたが、これらのうち大内軍

（寛正六年〈一四六五〉九月の教弘死去後は政弘が跡を継承）は細川氏への対抗上、通春支持に寝返った。その関係が乱にも持ち込まれ、通春は大内政弘とともに西軍方として行動したと考えられている。

一方の教通の動向は不明な部分が多い。応仁元年十二月までには京都から伊予に帰国して西軍に属していたものの、文明元年（一四六九）五月までには東軍に属したと考えられている。自身の守護職補任を知らせて自軍への協力を教通に呼びかけた三月五日付河野通春書状写（「築山トキ氏所蔵文書」）は、応仁二年の発給か文明二年の発給かで見解が分かれているものの、教通に対して以前に大内氏から西軍方への誘いがあったことを記している。なお通春は、「上位（意）」は「御兄弟」であるから「差異」はないであろうと書いている。すなわち、足利義政と義視は兄弟であるのだから考えに差はないであろうと述べ、自らが守護に補任されたことは「家名」においては「同篇」、つまり通春・教春のどちらが補任されたとしても河野氏としては同様であり、今こそ力を合わせるべきときであるとも述べている。文明五年十一月には義政から通直（教通から改名）に対して守護職補任状が出され、通直に大内氏討伐の命令も出されている。しかしその命令が実行に移された形跡はなく、守護職も文明九年頃には細川政元に交代させられたようである。

ただし同年三月十四日の日付を有する「蔵王権現《ざおうごんげん》宝倉扉銘文《めいぶん》」には、新居郡を知行した「源《みなもとの》勝久」（備中守護細川勝久）とともに、「越智《おち》通直」（河野通直）「越智通春」（河野通春）の名前が連ねられている。この時点では、通直と通春の争いは収まっていたのであろうか。その後両者の争いは再燃するものの、最終的には通直が勝利を収め、国内では守護細川政元を凌駕する勢力となった。

なお、伊予国内には守護の勢力が及ばない地域が広範に存在しており、宇摩郡《うまぐん》は細川氏一族で下野守《しもつけのかみ》を称する家によって、新居郡は右でみたように同じく細川氏一族の備中守護家によってそれぞれ知行されていた。また、喜多郡《きたぐん》も宇都宮氏《うつのみやし》が、宇和郡《うわぐん》も西園寺氏《さいおんじし》が知行していたとみられる。

土佐国

東軍細川勝元が守護を務める国である。実際には在京守護代細川（上野）持益《もちます》（その死去後は勝益《かつます》）と在国守護代新開氏《しんかいし》が治めていたが、新開之実《ゆきざね》は寛正六年（一四六五）九月に伊予国で河野氏と交戦して討死しており、乱開始当時の在国守護代在職者は明らかではない。

応仁二年（一四六八）閏十月に金色院《こんじきいん》に対して出された勝元署名の制札《せいさつ》には貞和《じょうわ》二年（一三四六）の制札に基づいて出すと書かれている。このことから、百年以上ものあいだ制札を必要とするような状況が訪れずに平和な状態が維持されていたことがうかがえる一方、そのような制札が必要とされたということは勝元に対抗する西軍方の活動があったこともうかがわせるが、国内での東西両軍の対立の様子は明らかではない。

また、幡多郡《はたぐん》はその郡全体が幡多荘《はたのしょう》という一条家の荘園であった。一条家では、応仁元年八月に前関白の教房《のりふさ》が、応仁二年八月の東軍大攻勢の直前に権大納言の政房（教房子）が、大攻勢開始後に関白の兼良《かねよし》（教房父）が、大乗院尋尊（教房弟）を頼ってそれぞれ奈良に避難をしてきた。こののち政房は家領である摂津国福原荘へ下向し、そこで足利義視と間違われて殺害される。同年九月に教房も家領である土佐国幡多荘に下向した。この下向には土佐国国人大平氏《おおひらし》が協力している。大平氏は細川勝元を支援するために自身が上京していることからもわかるように（『碧山日録』）、東軍方であった。教房が文明十二年（一四八〇）十二月に同地で死去した際には、多くの国人たちが出家した。現地の有力者らと良好な関係を築くことに成功した教房の遺産はその子である房家《ふさいえ》に継承され、房家を初代とする土佐一条氏が成立した。

7 九州地方

筑前国

東軍少弐教頼《しょうにのりより》が守護を務める国である。しかし当国は西軍大内政弘が寛正六年（一四六五）まで守護を務めており、その勢力が強かったために教頼は対馬の宗氏《そうし》のもとに寄寓せざるを得ない状況に置かれていた。教頼は応仁元年（一四六七）に宗盛直《もりなお》とともに博多《はかた》に攻め込み、博多とその近辺を占領することに成功したものの、翌年に大友氏や大内氏によって攻められ、教頼も盛直も敗死する。

文明元年（一四六九）七月に少弐頼忠《よりただ》（教頼息、のちの政尚《まさひさ》・政資《まさすけ》。以下頼忠と呼称）が宗貞国《さだくに》（応仁元年に死去した成職《しげもと》の跡を継承、成職従兄弟）の支援を受けて博多に再上陸し、大宰府《だざいふ》も攻略した。時期を同じくして、東軍方となった豊後《ぶんご》守護大友親繁《ちかしげ》が筑前国に出兵し、国人秋月氏《あきづきし》を攻めたことが確認できる

（『大友家文書録《おおともけもんじょろく》』）。頼忠は大内政弘が文明九年十月に筑前守護に補任されるとそれに反抗し、大宰府で抗戦を続けた。しかし文明十年九月に政弘に敗れ、筑前国は名実ともに再び大内氏が支配するところとなった。

対馬国

東軍宗成職が守護を務める国である。宗成職は少弐教頼とともに博多に攻め込み、西軍方大内氏と交戦したが敗退した。成職の跡を継承した貞国は、文明元年（一四六九）七月に教頼の後継者である頼忠とともに大内氏に再戦を挑んで勝利を収めた。宗氏は、少弐氏とともに常に東軍方であったとみられる。しかし幕府は、文明十年十月に宗氏に対して少弐氏への協力を禁じ、宗氏もそれに従った（『正任記《ただとうき》』）。これには大内政弘の策略が背景にあったと考えられている。

壱岐国

志佐《しさし》氏が支配する国（島）である。志佐氏は肥前《ひぜん》国松浦郡《まつらぐん》の下松浦を拠点とする松浦《まつら》氏《し》の一族であるが、南北朝期に他の一族とともに島を統治するに至ったようである。志佐氏が幕府から守護の補任を受けていた形跡はなく（ただし『海東諸国紀《かいとうしょこくき》』には「一《(壱)》岐守護代官真弓兵部少輔源武」の自称がみられる）、文明四年（一四七二）に上松浦の波多《はたし》氏に攻められて壱岐を去った。年代はややさかのぼるが、永享六年（一四三四）には志佐氏らが少弐氏の被官であると述べられているので（『満済准后日記《まんさいじゅごうにっき》』）、その関係が文明年間まで継続していたと仮定すれば、東軍少弐氏の被官志佐氏は東軍方であり、波多氏は西軍方になると考えられている。

筑後国

大友親繁が守護を務める国である。親繁は応仁二年（一四六八）十二月に義政の命に応じて東軍方となったが、それ以前の帰属ははっきりしない。

南北朝期に南朝方の主力として活動した肥後菊池氏《ひごきくちし》の影響力が強く残る当国では、室町期に入って豊後大友氏が守護に補任されていたが、永享四年（一四三二）に菊池持朝《もちとも》が守護に補任された。これに大友氏が反発したため、結局大友氏と菊池氏との間で守護職を折半せよ（＝半国守護職への補任）との裁定が幕府から下った。これに菊池氏が納得せず大友氏との折半に応じなかったため、寛正六年（一四六五）七月に大友親繁が一国守護に補任された。その後も守護職は大友氏によって相伝《そうでん》されていくが、菊池氏との対立は止まなかった。

豊前国

西軍大内政弘が守護を務める国である。文明元年（一四六九）五月に豊後守護の大友親繁が足利義政の命を受けて攻め込み、制圧に成功したようである。守護職は大友親繁に安堵されたがのちに親繁はこれを辞退し、かわって大内氏内部の争いで敗れた大内道頓が補任された。しかしその道頓は文明八年八月に被官人同士が争っていることを咎められ、さらに翌年三月には、いまだに「道頓入道以下」の周防・長門への入国支援を求める僧侶が「上使《じょうし》」と称して活動していることを問題視した幕府の奉行人連署奉書が、大友政親《まさちか》（親繁子）に対して出されている（『大友家文書録』）。守護職も文明九年十月に大内政弘に安堵され、道頓はすべてを失った。

豊後国

大友親繁が守護を務める国である。筑後国の項で述べたように、親繁は応仁二年十二月に東軍方となった。息子の政親は大内政弘の妹を妻に迎えていたこともあり、西軍方に好意的であったと考えられている。そのため文明元年（一四六九）七月の少弐頼忠による大宰府侵攻に際して政親は陶弘護とともに防戦しようとしたが、親繁はこれを止めたとされる。親繁は東軍方としての功績が目覚ましく、親繁が「豊前・肥前・筑前」三か国の城郭を、「一力」をもって攻め落としたことを褒賞する足利義政の御内書が同月に発給されている（『大友家文書録』）。これは実際には国人戸次《べっき》親載の協力を得てのものであったが、親繁が幕府から「九州惣大将」に任じられたことを記す史料もある（「野辺《のべ》文書」）。親繁が幕府から九州における東軍の中心とみなされていたことは間違いない。文明二年二月には、東軍方に寝返った大内道頓を助けて備後国・安芸国・周防国の三か国の敵対勢力と戦い、その後上洛するよう命じられた。なお戸次親載に対しても同様の命令が出され、大友親繁に協力することが求められている。親繁の跡を継承した政親は文明九年六月に守護職を安堵された。

肥前国

肥前国については守護不設置の可能性が指摘されている。国内には九州探題《きゅうしゅうたんだい》渋川氏《しぶかわし》（三養基郡《みやきぐん》）や千葉氏《ちばし》（小城郡《おぎぐん》）、今川氏《いまがわし》（佐賀郡《さがぐん》）、大村氏《おおむらし》（彼杵郡《そのきぐん》）、松浦氏（松浦郡）が割拠していた。

応仁元年（一四六七）六月に今川胤秋《たねあき》が千葉教胤《のりたね》を攻めると、探題渋川教直《のりなお》は胤秋を支援した。教直は西軍方として少弐氏を敗走させたことがあるので、その支援を受けた胤秋も西軍方ということになろうか（であるとすれば、千葉教胤は東軍方となる）。しかし胤秋と教胤の対立は乱開始以前からのものであり、無理に東西両軍の枠組みに当てはめなくてよいのかもしれない。文明元年（一四六九）六月に千葉教胤が大村家親に合戦を挑んでいるが、これも東西両軍に与みしてのものかどうかは不明である。なお、この合戦に臨む前に教胤は溺死して千葉氏は敗北、跡は胤朝《たねとも》が継承した。

ただし、渋川教直は明らかに西軍に属しており、文明元年に東軍方の豊後国守護大友親繁や少弐頼忠から攻撃を受けた。この戦いで教直が敗北したことにより九州探題は空席となり、代わりに大友親繁が東軍方から「九州惣大将」に任命された（豊後国項参照）。しかしその後も教直は国内にとどまり、文明二年三月には肥後国に滞在していた。その後大友氏を通じて幕府に降参し、大友氏の取り成しもあって在国することを許された。さらに乱終結後の文明十年十月に、大内政弘から弟の胤盛《たねもり》と家督を争っていた千葉胤朝への協力を要請されていることが確認できる（『正任記』）。

肥後国

菊池重朝《しげとも》が守護を務める国である。しかし北東部には阿蘇氏《あそし》が、南部のうち八代郡《やつしろぐん》には名和氏《なわし》が、球磨郡《くまぐん》と葦北郡《あしきたぐん》には相良氏《さがらし》が割拠していた。

文明元年（一四六九）四月頃、大内政弘の働きかけにより、西軍足利義視から「九国・四国大名共」に対して大軍を率いて上洛するよう御内書が下されたとの噂が流れた（『経覚私要鈔』）。東軍の手が伸び始めた九州での劣勢挽回を目論んだのであろうか。文明元年五月に菊池重朝が大友親繁や少弐頼忠とともに東軍方となることを表明したとの噂が奈良にまで聞こえてきているが（『大乗院寺社雑事記』）、それは虚報であったらしく、同年七月には菊池氏は「大内勢ト一ニ成」ったとされている（『経覚私要鈔』）。同年九月に細川勝元が薩摩《さつま》国守護島津《しまづ》立久《たつひさ》に宛てて出した書状にも、重朝が大内氏に与同して進軍を阻もうとするのであれば、周防国・長門国に攻め入る前に肥後国に攻め入るよう書かれていることから（「島津家文書」）、菊池氏は大内方（西軍方）に付いたとみられる（ただし、乱開戦の当初から西軍方に通じていたとの大友氏側の証言もある）。しかし西軍から東軍に寝返った大内道頓が相良為続《ためつぐ》に宛てた書状に、探題渋川教直と菊池重朝に対して将軍から連絡（説得）があったことが示されている（「相良家文書」）。これを受けて重朝は、東軍方になったと推測される。文明四年、重朝は阿蘇惟忠《これただ》から阿蘇社造営のための国内に対する棟別銭《むなべちせん》の徴収の許可を求められ、これを許可した。そのことを惟忠に知らせた文書には相良氏や名和氏から返事があればまた知らせると書かれており（「阿蘇文書」）、当時の肥後国内が菊池氏を中心としてゆるやかに統制され、棟別銭の徴収が可能な状況にまで平穏を回復していたことがうかがわれる。

応仁元年（一四六七）に相良氏当主は長続《ながつぐ》から為続に変わるが、家督を譲った長続は細川勝元の招きに応じて上洛したとされる。しかし病を得て翌年帰国し、死去した。為続に対しては、応仁二年十月に少弐氏の本国（筑前国か）を除く大内政弘の分国と大内氏に味方する者が支配する地域に攻め込むよう命じる管領奉書が出されている。半年後にこの奉書を受け取った為続は、「菊池氏と島津氏に相談する」と返答した。右の奉書で「御方」として合戦をするようわざわざ求められていることからは（「相良家文書」）、相良氏自体はいまだ西軍方であったか、旗色を鮮明にしていなかったかのどちらかであろう。文明元年六月には博多の奪還を目指す少弐頼忠に協力するよう勝元から求められており、東軍方となっていたことが確認できる。しかしその後大内政弘被官相良正任《ただとう》を通じて西軍方に寝返ったため、同二年五月に「大内左京大夫《さきょうのだいぶ》一味」となったことを足利義視から賞されている（「相良家文書」）。同じ年の七月には、今度は東軍方となった大内道頓から味方となることを求められているが、再び東軍方に寝返ることはなかったようである。

日向国

島津立久が守護を務める国である。しかし同国の平野部（「山東」と呼ばれる地域）をおさえていたのは国人の伊東《いとう》氏であった。国人たちに対して強硬な姿勢で臨んでいた守護島津忠国《ただくに》が嫡男立久により追放され、その立久が新たな守護となると、守護島津氏と国人たちは一転して融和の方向に向かった。寛正五年（一四六四）四月に島津氏と伊東氏との間で和睦が成立し、翌年二月には島津立久に伊東祐堯《すけたか》の娘が嫁ぎ、両者の関係はより強化されたとされる。

しかし文明三年（一四七一）には伊東祐堯が幕府に対して「訴訟」をする動きがあり（「島津家文書」）、これは島津氏に代わって伊東氏が日向国守護に補任されることを求めたものと考えられている。そして文明六年に立久が没すると、その跡は伊東氏と血縁関係がない武久《たけひさ》（のちの忠昌《ただまさ》。以下武久と呼称）が継承し、両氏の関係は断絶するに至った。乱における国内での合戦状況については不明な点が多いが、右の経緯を踏まえれば、守護島津氏と国人伊東氏の双方ともに東軍方であり、同じ東軍のなかで融和と対立を繰り広げていたということになるであろう。

薩摩国・大隅国

いずれも島津立久が守護を務める国である。立久は文明元年（一四六九）九月に大友親繁と相談して大内氏の分国である周防・長門国に攻め込むことを求められている。ただし一族の島津季久《すえひさ》は西軍方であり、応仁二年（一四六八）八月に義政から季久に宛てられた御内書では、季久が大内政弘に協力したことを責め、早く味方として行動するよう求められている（「黒岡帯刀氏所蔵文書」）。同年十月には、右でみた相良氏宛のものと同様の管領奉書が、季久に対しても出されている。これに対して季久がどのような回答をしたのかは不明であるが、文明二年三月に出された西軍大内政弘被官仁保《にほ》盛安《もりやす》の書状に季久の「御請文」が義視のもとに進上されたと書かれているので（「相良家文書」）、西軍方の立場を崩さなかったとみられる。

文明六年に死去した立久にかわって守護職を継承したのは武久である。立久は自らと父忠国の兄弟を祖とする島津氏一門と譜代被官との協力体制を構築し、季久のような存在はありながらも比較的安定した領国運営を行っていた。しかし武久に代替わりしてまもない文明八年、数年前より断続的に起きていた桜島《さくらじま》大噴火が引き金となった世情不安も背景となり、季久をはじめとする島津氏一門や肥後相良氏と武久との対立が表面化した。この対立は文明九年に一応の終結をみるものの争乱は慢性化し、日向伊東氏も巻き込みながら、薩摩国は戦国時代に突入することとなる。

四　戦後の世界

1　武家社会の再建

京都を離れる大名たち

文明《ぶんめい》九年（一四七七）九月の畠山義就《はたけやまよしひろ》の河内《かわち》国への下国を皮切りに、西軍方諸大名はそれぞれが守護《しゅご》を務める国に下国を始めた（第二章参照）。

しかし、東軍方諸大名も次第に京都を離れていった。

斯波義良《しばよしすけ》（義敏子《よしとし》）は、越前《えちぜん》国を事実上支配していた朝倉孝景《あさくらたかかげ》を討伐するため、文明八年九月に京都を出発しようとしたが果たせずに在京していた（『親長卿記《ちかながきょうき》』）。しかし文明十一年閏《うるう》九月には被官の甲斐《かい》氏や二宮氏など反朝倉勢を率いて越前国に下向し、孝景と合戦を行った。このときに「孝景は、美濃《みの》（土岐成頼《ときしげより》）や加賀《かが》（富樫幸千代《とがしゆきちよ》の残党か）と示し合わせて義視《よしみ》を将軍に奉じるつもりであり、義視の息子である義材《よしき》を斯波家当主・越前守護とすることも、河内（畠山義就）・伊勢《いせ》（北畠政郷《きたばたけまさもと》）、それに大内政弘《おおうちまさひろ》などと相談済であるそうだ」という噂も流れている（『大乗院寺社雑事記《だいじょういんじしゃぞうじき》』）。すでに義政《よしまさ》と義視との間で正式に和解が成立していたが、義視・義材父子は上洛せず、依然として美濃に在国したままであった。そのような波乱の火種を抱えたままの状況下にあって、第二の応仁・文明の乱の到来を恐れる気持ちが人々のなかに強かったために、そのような噂が流れたのかもしれない。

この合戦の最中に孝景は死去するものの、その跡を継承した氏景《うじかげ》（孝景子）は合戦を継続し、文明十三年九月に斯波方に対して勝利を収めた。義良らは加賀国に逃れたのち、文明十五年三月に尾張国に移った。なお同年四月には、守護斯波義良のもと、越前国守護代を朝倉氏が、遠江《とおとうみ》国守護代を甲斐氏が、尾張国守護代を織田《おだし》氏がそれぞれ務めることになり、斯波義良と朝倉氏景との間で和解が成立している（『大乗院寺社雑事記』）。朝倉氏は、実力では越前国一国を支配していたが、幕府内の家格《かかく》秩序では守護代格でしかなかったことには注意しておきたい。

文明九年十月、「籠居《ろうきょ》」していた東軍方の畠山政長《まさなが》が許され、幕府へ出仕した（『兼顕卿記《かねあききょうき》』）。かつて東軍を構成した主要なメンバーの一人が「籠居」を強いられていた理由は不明である。しかし、前月に幕府から朝廷に対して申し入れられた綸旨《りんじ》発給は、政長が幕府に申請したことによるものであった（『兼顕卿記』）。おそらく、政長の存在が西軍方諸大名との和睦に差し支えると義政が判断したため、形式的に籠居が命じられていたのであろう。

なお、このとき出された綸旨には、畠山義就を討伐せよとは書かれておらず、義就下国にともなって「南方」が蜂起したので政長の指揮下に属して討伐せよとある（「東大寺文書《とうだいじもんじょ》」）。「南方」とは旧南朝勢力のことであろう。綸旨が出されたのは東大寺《とうだいじ》・興福寺《こうふくじ》・金剛峯寺《こんごうぶじ》・多武峯《とうのみね》・大伝法院《だいでんぼういん》・粉河寺《こかわでら》など大和《やまと》・紀伊《きい》の武力を有する寺社と、「伊勢国司」北畠氏であった（『実隆公記《さねたかこうき》』）。このことからも、紀伊国や大和国の旧南朝勢力の討伐を一応の名目としていたことがわかるが、実際には義就を討伐対象とした綸旨であり、同じく東大寺以下に下された義政の御内書《ごないしょ》では、「義就之輩」を討ち取れば恩賞《おんしょう》を与えると明記されている（「春日神社文書《かすがじんじゃもんじょ》」）。

政長は同年十二月に管領《かんれい》に還補《げんぽ》され、翌文明十年四月には山名政豊《やまなまさとよ》に代わって山城《やましろ》国守護に補任《ぶにん》された。このとき政長は官務《かんむ》壬生《みぶ》雅久《まさひさ》のもとに使者を派遣して、山城国内の郡の地図や重要文書を見ることを希望している（『晴富宿禰記《はれとみすくねき》』）。前任の守護である政豊の就任時に同様の希望があったかどうかはわからないが、守護としての職務に政長が熱意を持って当たろうとしていることはうかがえる。以後、数度の更迭未遂がありながらも在職し続けたが、文明十四年三月以降は河内国などで義就勢と対陣することが多かった。

赤松政則《あかまつまさのり》は侍所《さむらいどころ》所司《しょし》として在京し、被官の浦上則宗《うらがみのりむね》は所司代《しょしだい》として政則を助けていた。その政則も、文明十一年十月に播磨《はりま》国内の政情不安を理由として幕府の許可を得ないまま下国してしまう（『晴富宿禰記』）。文明十三年正月に義政・日野富子《ひのとみこ》・足利義尚《よしひさ》の三人が政則の屋敷に御成《おなり》をしている記事があるのでその時点には在京していたと思しいが（『親元日記《ちかもとにっき》』）、文明十五年十二月には但馬《たじま》国から播磨国に侵攻してきた山名政豊軍に敗走している（『大乗院寺社雑事記』）。在京と在国を繰り返していたのであろう。

後世の史料のなかには文明九年の西軍下向に合わせて山名政豊の下国を記すものもあるが、政豊は同年十一月に「当国（山城国）巡（遵）行」を発給しているので（『実隆公記』）、彼は在京して山城国守護として活動していたとみられる。しかしその後守護職を更迭され、右でみたように在国して赤松政則と合戦に及んでいる。これは義政の停戦命令を無視したものであり、後年政豊はそのことを幕府から咎《とが》められた(『蔭凉軒日録《いんりょうけんにちろく》』)。

このように、東軍方として京都に残ることができた大名たちも、自らの守護管国の状況を優先して下国し、あるいは在国と在京を繰り返した結果、在国に落ち着く。文明十五年六月に義政が東山《ひがしやま》山荘に移徙《わたまし》した際に祝いの品を贈った大名のうち、管領畠山政長と一族・被官は河内国に在陣して一部被官は越中《えっちゅう》在国、武田《たけだ》宗勲《そうくん》(俗名国信。以下国信《くにのぶ》と呼称)は和泉《いずみ》在陣、畠山義統《よしむね》は能登《のと》在国、細川政之《ほそかわまさゆき》は阿《あ》波《わ》在国、山名政豊は但馬在国、赤松政則は播磨在国、京極政経《きょうごくまさつね》は出雲《いずも》在国、六角高頼《ろっかくたかより》は近江《おうみ》在国であった(『親元日記』)。政長・国信の在陣は畠山義就と交戦するためであり他の在国と同一視できないが、かつての東西両軍の主要な構成員がほとんど在国していたことがうかがえる。そうしたなかで細川京《けい》兆家《ちょうけ》が下国しなかったのは、守護を務める摂津《せっつ》国と丹波《たんば》国を支配するためには、その中間に位置する山城国に在国していることが最も都合が良かったからと考えられている。細川京兆家にとって山城在国は、他の大名の在国と同様の意義を有していたといえよう。しかしその細川京兆家領国は規模的に矮小化《わいしょうか》した幕府のテリトリーと重なり、幕府の利害と真っ向から対立することになる(このことが、のちに政元による将軍廃立というクーデター〈明応《めいおう》の政変〉に繋がったとの指摘もある)。細川京兆家以外の大名たちは、在京して幕政に参与することに何ら意義も利益も見いだせなくなっていたのである。

右でもふれた赤松氏と山名氏の対立は、一歩間違えれば大乱の再来となりかねないものであったが、あまり注目されていない。少し詳しくみておこう。

止まない赤松氏と山名氏の対立

応仁・文明の乱中、東西両軍の間で和議の気運が高まった際に強硬に反対したのは赤松政則であった。それというのも、乱に際して政則は西軍山名氏の守護分国に侵攻する形で赤松氏の旧領（播磨国・備前《びぜん》国・美作《みまさか》国）を回復させており、もし西軍との和議が成立すれば、乱勃発以前の状況に戻すことが山名氏から要求されることが容易に想像されたからである。嘉吉《かきつ》の変以来雌伏し、復活後も縁もゆかりもない加賀国の半国守護職《はんごくしゅご》に甘んじていた赤松氏にとって、この三か国はどうしても死守しなければならないものであった。

しかしそれは山名氏にとっても同様であり、その三か国は嘉吉の変で赤松氏を討伐した軍功に対して幕府から与えられたものであった。政則の三か国奪取は東軍方（幕府軍）としての行動であったとはいえ、その守護職補任は支配の事後承認に等しく、両軍和議成立以後、なかんずく山名氏が幕府から赦免された後であるならば、山名氏に返却されてしかるべき所職《しょしき》であったといえよう。

文明十一年（一四七九）七月、山名政豊は一族山名豊時《とよとき》が守護を務める因幡《いなば》国で起きた反乱鎮圧に加勢するため、下国することを試みた。幕府から下国の許可が下りないことを見越していたのか、政豊は幕府にお伺いを立てずにその準備を進めた。はたして幕府は、伊勢貞宗《いせさだむね》や細川政元《まさもと》母（細川勝元《かつもと》室で山名宗全《そうぜん》養女）を通じて政豊の下国を止めようとした（『晴富宿禰記』）。政豊は一度は承諾したものの再び下国することを図り、それに対して日野富子は「但馬国本所領共」を政豊に与えることで制止しようとした（『大乗院寺社雑事記』）。政豊の下国は伯耆《ほうき》国や因幡国に散在する所領を守るためでもあったために、そのような破格の条件が提示されたのであろう。ちょうど富子が執政していた時期であったとはいえ（後述）現実的ではなく、これを聞いた大乗院尋尊《だいじょういんじんそん》は「言語道断である」と非難している（『大乗院寺社雑事記』）。政豊はその場では折れたようであるが、結局同年閏九月に一族や被官を率いて但馬国に下向して因幡国の反乱鎮圧に臨んだ。政豊の下国を聞いた人々の間では赤松政則も下国するであろうと噂が立ち、実際に翌十月に政則は播磨国に下向した。この政則の下国も、幕府の許可を得ていないものであった（『晴富宿禰記』）。

下国後の政豊は因幡国の反乱を鎮圧した後に美作《みまさか》国に攻め入った。美作国には、伯耆国で守護山名政之《まさゆき》と対立して敗れた山名元之《もとゆき》と彼を擁していた南条氏《なんじょうし》が落ち延びており、美作守護である赤松政則は彼らを保護していた。政豊が攻め入る名分がないわけではないため、幕府はこの動きを黙認したようであるが、乱以前と異なり、大名たちの我欲に基づく行動を規制する力が幕府にないことがよくわかる。文明十五年に政豊が播磨国と備前国に攻め込むと、さすがに幕府は政豊の行動を非として政則に争乱鎮定を命じて下国させたが、政豊はそれを無視して播磨国内に侵攻を続け、所領や所職の安堵を行うまでになっていた。しかし政豊は文明十七年閏三月の蔭木《かげき》城での敗戦を契機として守勢に転じ、長享《ちょうきょう》二年（一四八八）七月に但馬国に撤退する（『蔭凉軒日録』）。以後山名氏は衰退の道をたどることになる。

今回の両氏の対立において、幕府が主導してこの対立を収めようとしたとはいい難い。赤松氏にしても山名氏にしても、守護という地位は得ているものの、もはや実力を行使することが権益を守ることの最も近道となっていたのである。

日野勝光の執政

文明五年（一四七三）十二月に足利義尚が足利義政の跡を継承したことはすでに述べた。しかしまだ義尚は幼く、花押《かおう》を据えた文書を発給できなかった。そのため義政は隠居《いんきょ》するつもりであったが、義尚が十五歳になるまでは義政が「御代官分」として文書を発給することになった（『大乗院寺社雑事記』）。これは、十五歳以前の者が花押を据えて文書を発給しても、その効力が社会的には認められなかったからである。また政務についても、日野勝光《ひのかつみつ》の指導の下で義尚が行う形態を採った。将軍の補佐を職務とする管領は、義尚の将軍襲職時に畠山政長が儀礼上補任されたが、すぐに辞職していた。管領職を担うことができる人材が不足していたためとの指摘もあるが、応仁・文明の乱開始以後、将軍義政を中心とする政務体制が管領を必ずしも必要としないものに変化していた（管領斯波義廉《よしかど》は西軍方にいた）ことも関係しているのであろう。

その新たな体制を主導していたのが、勝光であった。幕府に訴訟を受理してもらうためには勝光への礼銭が不可欠なものとなっていた。そうした礼銭のやり取りは、正式なルートに対して内々（非公式であるが、正式なルートよりも迅速に案件が処理される）のルートとして、従来存在していたものである。

しかし勝光の場合は、内々のルートが正式なルートよりも普遍化してしまっていた。

勝光は指導役として陰から義尚を支えるべき存在であったが前面に立って行動し、「室町殿御世務（政）」を「代官」として取り仕切るようになる（『長興宿禰記《ながおきすくねき》』）。義尚が幼少であり、義政も政務に熱心であったとはいえなかったので自然と勝光に仕事や諸人からの要望が集まった結果ともいえるが、それにより勝光はおごり高ぶってしまう面があった。後土御門天皇《ごつちみかどてんのう》は、自身の命令に勝光が従わないことを怒り、遁世《とんせ》しようとしているとまで噂された（『大乗院寺社雑事記』）。

ただし勝光一人の意向で政治決定がなされていたわけではない。勝光が幕府の奉行人奉書《ぶぎょうにんほうしょ》の発給過程に関与し、「管轄」していたことが指摘されているが、政所執事《まんどころしつじ》伊勢貞宗の関与も確認できる（『結《けち》番日記《ばんにっき》』）。勝光は幕府職制上に位置付けることができない存在であり、奉行人奉書の発給を「関知」する立場にはあったが、「管轄」する立場にあったとまではいいきれないであろう。だが相論裁許に際しては勝光の判断が重視されてもいる（『結番日記』）。勝光は、幕府職制上に位置付けられる伊勢貞宗とともに、義尚の代理として非公式な立場から政務に携わっていたと考えられる。

日野富子の執政

文明八年（一四七六）六月に勝光が死去したのちは、妹の富子がその立場を継承した。富子は政治介入したことで悪名高い。

しかし当時の富子は、政治に介入する存在ではなく、むしろ彼女がいないと仕事が回らないという、政治に不可欠の存在となっていた。

12—日野富子像（宝鏡寺所蔵）

たとえば、文明十年二月に禁裏料所《きんりりょうしょ》備前国鳥取荘《とっとりのしょう》の代官改易《かいえき》が後土御門天皇によって決定され、それを「室町殿」に申し入れることが勧修寺教秀《かじゅうじのりひで》と広橋兼顕《ひろはしかねあき》に命じられた。それを受けて二人は義政の居住する小川御所《こがわのごしょ》に向かったが、申し入れを行った先は義政ではなく「御台御方」、すなわち富子であった。しかも、富子への申次《もうしつぎ》を行う女房が不在であったために、教秀たちは申し入れを行うことなく小川御所を退出している（『兼顕卿記』）。ここで富子が出てくることについては、奉行人奉書（奉行人のみの署判《しょはん》で発給が可能）で済むような軽微な案件は富子の独断で御判御教書《ごはんのみぎょうしょ》や御内書《ごないしょ》（義政の署判が必要）が求められる重大な案件は富子を経由して義政のもとに送られたうえで裁許がなされていたためと考えられている。つまり富子は、幕府に持ち込まれる問題の窓口となるとともに、一定の権限をもって最終的な判断も行っていたのである。

政治介入とともによく非難されるのが、富子の蓄財ぶりであろう。実質的に政務を担っていた兄である勝光のもとには多額の礼銭・礼物が集まったことは前項に記したが、その立場を引き継いだ富子のもとにも金銀財宝が大量に集積されていった。確かに蓄財は事実ではあるが、勝光亡きあとに政務を主導すべき人物が不在であったために代行したことの副産物であり、蓄財を目的とした政治介入ではなかったことには注意せねばなるまい。

しかもそうして蓄えられた金銭は、西軍方の下国費用や窮乏する公家衆の生活費として富子から支出された。富子の財力には後土御門天皇も助けられ、皇子の親王宣下《しんのうせんげ》の際に不足した二百貫《かん》を立て替えたのは富子であった（『大乗院寺社雑事記』）。富子は公家社会・武家社会において、そして政治的にも経済的にも、不可欠の存在となっていたのである。

義政の「錬金術」

裕福な日野富子に対して、足利義政が困窮していたかというとそうではない。それは後述する東山山荘の造営からも明らかであるが、そうした巨大土木事業を可能にしたのは、日明貿易《にちみんぼうえき》による莫大な利益が義政の懐に収められていたからである。そのような彼の活動を「錬金術」と表現する研究者もいるが、言い得て妙である。少し時を遡って、義政の「錬金術」をみていこう。

日明貿易を室町幕府の将軍としてはじめて行ったのは三代将軍足利義満《よしみつ》であり、その際に義満は明から「日本国王」に封じられた。しかしその「日本国王」は明との交易を可能にするための名義にしか過ぎず、義満の「御非虚《ごひきょ》」であった。日明貿易は四代将軍足利義持《よしもち》による国交断絶を経て六代将軍足利義教《よしのり》期に復活するものの、三宝院満済《さんぼういんまんさい》は以前と同様に義教が明に対して「日本国王」と称することに異を唱えている。義教は、「日本国王」号を改めることで義満の虚偽が明側に知れ渡ることを危惧した。しかし満済は、当時の足利義教はすでに「執政」をしており「覇王」であることは当然であるから「王」と名乗ることには何の問題もないが、「国王」と名乗ることは問題であるとの見解を示した（『満済准后日記《まんさいじゅごうにっき》』）。

第一章でみたように、嘉吉の変後の幕府財政は、その一翼を担っていた土倉《どそう》・酒屋からの徴税が困難になったために厳しさを増していた。義政は、貿易が大きな利潤を生むものであることに目を付け、宝徳《ほうとく》三年（一四五一）に日明貿易を開始する。なお義政（当時は義成《よししげ》）は、「日本国王臣 源《みなもとの》 義成」と称している（『善隣国宝記《ぜんりんこくほうき》』）。

このときに使用された勘合《かんごう》は足利義教期に明より下賜された宣徳《せんとく》勘合であったが、義政は貿易希望者にその勘合を与え、代わりに「勘合礼銭」（三百〜四百貫文）を受け取った（のちのことではあるが、義政は朝鮮《ちょうせん》との貿易に際しても朝鮮から義政に贈られた牙符《がふ》を持つ者のみが「日本国王使」として交易できると定め、牙符の下賜を求める者に礼銭を要求した）。さらに、義教期の遣明船《けんみんせん》において一号船は「公方船」で将軍が経営する船であったが、今回の遣明船の一号船経営者は天龍寺《てんりゅうじ》であり、しかも明への朝貢品も天龍寺が準備をした。これにより、幕府は自ら支出して使節船や貿易船を仕立てずとも、貿易利潤を得ることが可能になった。義政（実際にそれを計画したのは義政周囲の人物か）は、明国皇帝《こうてい》と「日本国王」との外交という体裁を文書上は保ちつつ、義教期の遺産を活用して財源確保（復活）を目指したのである。

しかしその目論見は早くも崩れ去ることになる。というのも、明が貿易に制限をかけてきたからである。日明貿易は朝貢貿易であり、明側に大きな利益があったように思ってしまうが、実のところは明側に大きな負担をかけるものであった。明はその威厳を示すために回賜《かいし》品や使節の接待に費用をかけなければならず、しかもその額が増大の一途をたどっていることに頭を悩ませていた。一方の朝貢国側は、朝貢品に見合うもの以上の明からの回賜品が入手できるほか、明による輸出品買い付け、さらにはその買い付けにより得られた金銭を元手とした、現地品の買い付け（そしてそれを自国に持ち帰っての高値での転売）が行えた。そのため明は対外貿易を抑制する傾向にあったが、それが朝貢国側の反感を買ってしまい、貿易拡大の求めを明によって拒否されたことに端を発して攻め込んできたモンゴルのオイラト部エセンによって、皇帝（正統帝）が拘束される事態も起きてしまった（一四四九年、土木《どぼく》の変）。しかしその後も貿易抑制傾向は変わらず、日本に対しても貿易は十年に一回とすることと、一回に三隻・三百人までしか入港を認めないことが言い渡されたのである（一四五三年、景泰《けいたい》約条）。

義政期の日明貿易

次の貿易については長禄《ちょうろく》四年（寛正《かんしょう》元年、一四六〇）から使者の選定が始まっているが（『蔭凉軒日録』）、正使天与《てんよ》清啓《せいけい》が乗った船が博多《はかた》を出港したのは寛正七年（文正《ぶんしょう》元年、一四六六）であった（その後遭難。明への到着は応仁二年〈一四六八〉）。前回から十年後の寛正四年以降であれば景泰約条に違反しないが、数年ずれ込んでしまっている。これには正使天与清啓が信濃《しなの》国に一時帰国後上洛を渋っていたなどの事情もあるが、幕府の資金不足も関係していたとみられる。寛正六年五月に政所執事伊勢貞親《さだちか》を介して、大内教弘《のりひろ》に対して遣明船帰国後の返済を条件として千貫の借用を求めているのは（『親元日記』）、その不足を補うためであろう。景泰約条により勘合礼銭の獲得が抑えられることになった幕府は、貿易を許された三隻のうち一隻を直接経営の公方船として最大限の利益を確保する必要があり、その公方船経営のために多額の費用が必要とされたのではなかろうか。このとき義政は明に対して書籍と銅銭《どうせん》の下賜を求め、特に銅銭については、「永楽《えいらく》年間（一四〇三〜二四）には下賜されたが最近はなされていないため「公庫」から払底してしまっている。民衆へ施すためであるので、ぜひともご検討いただきたい」として下賜を強く求めている（『善隣国宝記』）。

その次の遣明船は、ちょうど十年後である文明八年（一四七六）の四月に日本を出発した。前回の遣明船派遣の際に新たな勘合（成化《せいか》勘合）が明より下賜されていたが、帰国後に西軍方大内政弘に奪われてしまったため、義政は前々回の遣明船によってもたらされた景泰勘合を使用した（『蔭凉軒日録』）。公方船も仕立てられたが、船団全体の経営は堺商人《さかいしょうにん》が独占し、堺を出港地とするはじめての遣明船となった。

なお、このときも義政は明に対して書籍と銅銭の下賜を求めているが、その理由を兵乱により銅銭が散失してしまったためであるとか、戦火により書籍が失われてしまったためと主張している点は新しい。これに対して明は、永楽年間に下賜の例はなかったとする礼部《れいぶ》の調査結果を示しながらも、正使竺芳妙茂《じくほうみょうも》が強く求めていることを考慮し、「銅銭五万文」の下賜を決定した（『続善隣国宝記《ぞくぜんりんこくほうき》』）。

文明十五年三月に堺を出港した遣明船は、義政名義で派遣された最後のものであり、後述する東山山荘造営費用捻出のための派遣であったと考えられている。景泰約条に違反した十年以内の派遣であるのはそのためであろうか。応仁・文明の乱終結後であり、大内政弘も幕府から勘合を得て船団に参加することになっていたが、何か問題が生じたらしく、結局堺に寺庵《じあん》を構える取龍首座《しゆりゆうしゆそ》（甘露寺《かんろじ》親長《ちかなが》弟）に勘合が与えられた（『親長卿記』）。通常の勘合礼銭額を上回る負担を義政から求められたためではないかとも推測されているが、次回以降の遣明船は大内氏に差配を任せることを約束した義政の御内書が政弘に与えられている（『蔭凉軒日録』）。義政が大内氏に対して一方的に無理難題を吹っかけたわけではなく、取龍（と彼と結ぶ堺商人）が破格の条件で請け負ったため（『鹿苑日録《ろくおんにちろく》』）、大内氏は手を引かざるを得ず、その代償として義政から次回以降の日明貿易参加の確約を与えられたのであろう。しかし次回（明応度遣明船）も結局大内氏の参加は叶わなかった。すでにそのときこの世を去っていた義政の約束は、当時の幕府（将軍は足利義材）によって反故《ほご》にされてしまったのである。

なお、今回も義政は「官庫」からの払底を理由として銅銭の下賜を求めているが、「求めるのは銅銭だけである」として書籍の下賜は求めていない。しかもこれまでと異なり、「壱拾万貫」と具体的な数字を提示してきている点が新しい（『善隣国宝記』）。しかし明からの下賜は実現しなかったらしく、かえって日本からの輸出品の多さを咎められ、日本から輸出する刀剣の量を現在の十分の一以下にまで制限されてしまった（『続善隣国宝記』）。毎度の義政からの図々しいお願いに対して、とうとう明側の堪忍袋の緒が切れてしまったというところであろう。

親離れしたい義尚

次節で述べるように、禁裏《きんり》であり幕府でもあった室町殿は、文明八年（一四七六）に焼失する。焼け出された足利義政・義尚父子は最初に小川御所に避難をした。小川御所はもともと細川勝元が「遊覧」した場所であり、義政にとって応仁・文明の乱中から何度も訪れたことがある場所だった（『宣胤卿記《のぶたねきょうき》』）。まもなく、義政と同居するには「狭小」であるとして義尚のみ伊勢貞宗の屋敷に移った（『長興宿禰記』）。このときは、番衆《ばんしゅう》（番方）をはじめとする奉公衆は義政と義尚それぞれに分かれて奉公する体制を敷いた。思わぬ形で、義尚を中心とする政権の本拠地ができたのである。

文明十一年十一月二十二日、その貞宗の屋敷で、義尚の判始《はんはじめ》と評定始《ひょうじょうはじめ》、さらには御前沙汰始《ごぜんさたはじめ》が行われた。義政と日野富子は小川御所から駆けつけて儀式を見守った。義尚は義持の例にならって公家様の花押を用い、はじめて文書を発給した（『長興宿禰記』）。義尚は翌日誕生日を迎えるが、その誕生日を待たずに一日早く行われた。また、判始に出席すべき管領畠山政長は直前に辞意をもらしていたらしく、後任として名前の挙がった細川政元も辞退し、結局政長が管領に留任して儀式に出席するという混乱もあった。儀式自体も費用が不足するなかで行われたという（『大乗院寺社雑事記』）。

決して無事に行われたとはいい難い義尚の判始だが、より不可思議な点は、このとき出された石清《いわし》水八幡宮《みずはちまんぐう》への寄進状《きしんじょう》に実際に据えられている花押が、義政のそれと非常に酷似している点である。この寄進状は、判始にあたって出される儀礼的な文書であり、花押は義尚が据えねばならないものである。この花押を義尚ではなく義政が据えたものと断定している史料集もあるが、義政に実権があったため現実的な効力を有する文書で義政の花押が用いられたならばともかく、儀礼的な文書で義尚に代わって、しかも判始の儀式において義政が花押を据えたとは考え難いのではないか。ひとまずは、義政の花押を模倣して作られた花押が、義尚の花押として今回用いられたと考えておきたい。

13—足利義尚像（等持院所蔵）

　この義尚の判始を契機として、日野富子は政務から次第に距離を取るようになる。その一方でやる気を見せ始めてしまったのが義政で、文明十三年以降に義政は義尚への権限移譲の宣言を繰り返し行っているが、相変わらず政務の中心に居続けた。「守護たちは寺社本所領《じしゃほんじょりょう》を押領《おうりょう》し、乱が収まっても返還せず、幕府からの命令にも応じない」と不満を述べて政務を放棄したこともあったが（『長興宿禰記』）、奉行人を影響下に置きながら政務から離れなかった。明との通交が文明十五年派遣のものに至っても義政名義で行われていたことは前述したとおりであるが、朝鮮とも「源義政」、出家後には義満の「准三宮道義《じゅさんぐうどうぎ》」にならって「准三宮道慶《じゅさんぐうどうけい》」を称して通交を続けた（『蔭凉軒日録』・『翰林葫蘆集《かんりんころしゅう》』）。しかも、後述するように禅宗《ぜんしゅう》寺院に関する案件にも関わり続けた。

一方の義尚は政務を執ることに熱心で、政道を説いた書である『樵談治要《しょうだんちよう》』を一条兼良《いちじょうかねよし》に提出させてもいる。そのことを聞いた大乗院尋尊は、「犬の前で説教しても何の役にも立たないであろう」と断言している（『大乗院寺社雑事記』）。かつて義教が赤松満祐《みつすけ》に殺害された際にそれが「犬死」であるといわれたことがあるが（『看聞日記《かんもんにっき》』）、今回の「犬」には、どのような意味が込められているのであろうか。

こうした状況に不満を持った義尚による出家未遂も起きている。義政も義尚も、自分の思い通りにならないことがたび重なると政務放棄や出家を言い出している。義政親子の特徴かとも思えてくるが、次節でみるように、後土御門天皇も譲位《じょうい》の意志を示して不満や意志の貫徹を試みている。当時の支配者層に共通する行動様式であったといえよう。

「東山殿」義政と「室町殿」義尚

義政は文明十四年（一四八二）二月から京都東山の浄土寺《じょうどじ》跡に山荘の建築を開始した。これは応仁・文明の乱以前より計画されていたことであり、再開と表現すべきことかもしれないが、今回の場所選定に際しては「洛外」の「東西」さまざまな場所が候補に挙がっていたようであり（『長興宿禰記』）、単純な再開とはいえない（最終的に決定した場所も、乱以前に計画された場所とは別の場所であった)。建築開始の前年十月に義政はそれまで居住していた小川御所を出て岩倉長谷《いわくらながたに》の聖護院《しょうごいん》(乱により焼亡した聖護院が移転・再興されていた)に移住し(『親元日記』)、代わって小川御所には文明十四年四月に義尚が入った(『後法興院政家記《のちのほうこういんまさいえき》』)。義尚は義政に対して長谷からの還御《かんぎょ》を申し入れたが、義政は「大名たちが自らの命令を聞かないので小川御所に戻って政務を執るつもりはない」と返事をした(『大乗院寺社雑事記』)。それまで義尚が居住していた伊勢貞宗の屋敷は狭く、将軍御所としては不充分であったから、義尚にとっては渡りに船、念願の引っ越しであったであろう。さらに同年七月には義政から義尚への権限委譲が宣言されたともいわれているが、その情報を耳にした大乗院尋尊は訝《いぶか》っている。

翌年六月には山荘が住まいとしての体裁を整えるに至ったので、義政は移徙した(ただし未完成であり、「半作」で「御作事最中」であった〈『大乗院寺社雑事記』〉)。それまで義政は「大御所様」、義尚は「御方《おかた》御所様《ごしょさま》」などと呼ばれていたが、これ以降は義政を「東山殿《ひがしやまどの》」、義尚を「室町殿」と呼ぶようにと定められた(『親元日記』)。これは足利義満が「北山殿《きたやまどの》」、その子義持が「室町殿」と称した先例に基づくものであり(『大乗院寺社雑事記』)、「東山殿」の称号は後土御門天皇から下賜されたものでもあった(『補庵京華別集《ほあんけいかべつしゅう》』)。当時の義尚は同居していた日野富子と不仲になって伊勢貞宗邸に戻っていたが、一年後に和解をして小川御所に再び移った。この頃から段階的に権限の移譲がなされたが、なおも義政は権力を手離さず、大半の権限が移譲されるのは文明十九年(長享《ちょうきょう》元年、一四八七)七月を待たねばならなかった。しかも、その後も特に禅宗寺院関係の案件は義政が裁許を行っていた。各禅宗寺院には奉行人集団から選定された別奉行（個別担当者）が設置されており、義政が禅宗寺院関係の案件を裁許することは奉行人集団の掌握に繋がったと考えられている。

義尚の判始を契機として日野富子が政務から距離を取るようになる一方で、それまで富子とともに政務を担っていたとみられる伊勢貞宗は、東山殿義政のもとで引き続き政務に携わっていた。義政の居住する東山山荘には貞宗のほかにも奉行人が伺候しており、さらに義政の周囲には取次役の男女（「申次」・「女中申次《じょちゅう》」）や同朋衆《どうぼうしゅう》が存在した。取次役には義政の機嫌を伺ってタイミング良く物事を義政に取り次ぐことが求められたが、かつての日野富子のような裁量権はなく、単純に取り次ぐ役にとどまることが多かったと考えられている（ただし、幕府吏僚と相談のうえ、義政への取次を拒否することもあった）。最終決定権は義政が握り、伊勢貞宗は義政から諮問を受けたり、命令を受けて奉行人を指揮したりしていた。いわば将軍も管領も必要としない政策決定・裁断ルートが、東山殿義政を中心に成立していたのである。前項でみたように義尚はこれに反発し、さらに奉公衆を中心とする反貞宗勢力も次第に義尚のもとに結集するようになっていった。

義政の出家

奉公衆と奉行人の対立は、文明十七年（一四八五）に洛中を舞台として一大騒動に発展する。

同年正月四日に行われた将軍と被官との対面儀礼において、奉行人（「奉行衆」）が奉公衆よりも先に将軍と対面した。これに奉公衆が「先代未聞」と異議を申し立てて、同年三月から四月の三か月間（あいだに閏三月がある）にわたって奉行人方と三問三答《さんもんさんとう》に及んだ（『飯島家資料』）。奉行人方は三代将軍足利義満の時代に義満から特に目を懸けられた奉行人松田満秀《まつだみつひで》を先例として挙げ、「松田一人の先例によって奉行人が一同に権利を主張するのは当然のことである」などと反論しているが、無理筋であろう。やはり奉行人方の主張は退けられたとみえ、四月二十八日には奉行人方が飯尾為脩《いのおためのぶ》以外「不例」（体調が悪い）と称して出仕を拒否した（『蔭凉軒日録』）。そのため奉行人奉書が発給できず、義尚の御内書が代用された（『大乗院寺社雑事記』）。

五月になると、奉公衆と奉行人飯尾元連《いのおもとつら》や布施英基《ふせひでもと》との間で一触即発の状況となったため、家伝《かでん》文書を避難させる公家衆もいた。義尚が細川政元や宗山等貴《しゅうざんとうき》を通じて英基に対して隠居するよう命じたが、彼はこれを拒否した。数日後に義尚は奉行人五人を赦免したが、その代わりとしてか、城塞化していた英基の屋敷に攻めかかることを四番衆以外の奉公衆番頭に命じている。これは結局足利義政に相談をしてからということになり、中止された（『十輪院内府記《じゅうりんいんないふき》』）。それを受けて義政は、元連・英基に対してひとまず身を引くように命じた。もしもの事態に備え、政元被官や一色義直《いっしきよしなお》、伊勢貞宗被官が室町殿の周囲を警護した。同月二十三日には四番衆以外の奉公衆が元連・英基の屋敷を取り囲んだが合戦とはならず、政元が英基の説得にあたっていた（『実隆公記』）は義政も義尚も攻撃に同意していたが、政元がそれを必死に押しとどめていたと記す。一方『政覚大僧正記《せいがくだいそうじょうき》』は、義政が内々に英基を説得していたと記す。政元の行動は義政の意を受けたものか）。そのため英基とその息子は政元被官安富元家《やすとみもといえ》らの手を借りながら落ち延びた。これにより洛中での戦闘は回避された。

しかし奉行人方は納得せず、まもなく元連以下四十人以上の奉行人が剃髪して出家した（『蔭凉軒日録』・『親長卿記』）。彼らは伏見《ふしみ》の清泉院《せいせんいん》に「悉《ことごとく》」居住していたようなので（『大乗院寺社雑事記紙背文書』）、これは奉公衆に肩入れする義尚に対する大規模な抗議行動といえる。のちに義政が義尚を説得したことによりほとんどが赦免・還俗《げんぞく》となるが、義尚が奉公衆方に立って政務を行い、それに政元らが従う様子をみて「すべて義尚が取り計らっているから」といって義政は突如出家した（『大乗院寺社雑事記』）。これは、義尚が無事に政務を執れるようになったことを見届けたから、ではなかろう。出家した義政が義満にならって朝鮮に対して「准三宮道慶」と称したことは前述したが、この時期の義政は「北山殿」義満のように「東山殿」義政として、現将軍の上位に位置して政務を執ることを望んでいたのではないか。それが叶わなかったゆえの出家であったと推測したい。

しかも義政は例のごとく完全に引退することはなく、同年十二月二十六日には没落していた布施英基を東山山荘に召し出した。ほとぼりがさめたと義政は判断したのであろうか。しかしそれを聞きつけた奉公衆は怒り、義尚の許可を得たうえで、義尚に挨拶をするために小川御所に参上した英基を捕らえ、これを殺害した。事の直前に御所を訪れていた僧侶は、御所の四方の釘貫門《くぎぬきもん》が閉じられ、御所内も武具が並べられていてみな武装し、英基一人のみが衣冠《いかん》を着して座っている、という異常な状況を目撃している（『蔭涼軒日録』）。一部の過激な奉公衆の犯行というよりも、御所全体で英基の殺害を図ったといえる。これは英基を赦免した義政の面目を潰すものであり、義政と義尚との間も険悪になったのではないかと思われるが、特にそのような様子はみられない。義政の完全敗北であった。

だがその後も義政の影響力は残り、伊勢貞宗や奉行人の多くは義政に従っていた。そのような状況を抜本的に解決するために行われたのが義尚による六角氏《ろっかくし》征伐であったが、そのことについては章を改めて言及したい。

義政・義尚と東山文化

東山文化の中心にいたのは足利義政であり、それが花開いた場所も東山山荘であったことはよく知られている。しかし、右でみてきたように東山山荘は単なる文化活動のための場所や隠居所ではなく、義政が政務を執るための場所であった。また、山荘内部の構成（建物配置）といった具体的な面については、現在に至るまで複数の復元案が示されるなど見解が分かれている。著名な観音殿（銀閣《ぎんかく》）についても、他所からの移築物なのではないかとの説が出されたことがある（現在では、建築当初からのものが、改築を経ながら現存しているとの見方が強い）。

将軍家のコレクションである「東山御物《ひがしやまごもつ》」も、東山文化を特徴付けるものとして知られる。「東山御物」を構成する美術品の分類・鑑定・管理、さらにはそれらを用いた室内装飾を担当したのが同朋衆であり、『君台観左右帳記《くんだいかんそうちょうき》』は彼らの知識を集約した参考書（ガイドブック）である。同朋衆は「◯阿弥」と名乗り、僧体であるが、宗教者としてではなく各自の技能をもって歴代将軍に仕えていた。

「遁世者」とも呼ばれていたが俗人である面も持ち、そのために東山山荘においては、女中申次と申次（男性）の両方の役割を担うことができた。聖と俗、表と奥のいずれも往還可能な集団が、同朋衆であった。

しかし「東山御物」と呼ばれる美術品コレクションには義政以前の将軍たちが収集した美術品も含まれており、すべてが義政の時代に形成されたものではない。また、義政は幕府の財政難のためにそれを解体して売却すらしており（第一章参照）、見方によっては義政を「御物」文化に終焉をもたらした人物とも捉えられる。

その一方で、義政が文化活動に高い関心を有していた人物であることは従来評価されている通りであろう。たとえば、義政は歌書の収集を応仁・文明の乱以前から行っており、文明九年以降により熱心に励むようになった。その活動は子である義尚に引き継がれ、私撰集《しせんしゅう》の編纂《へんさん》（「柳営和歌打聞《うちぎき》」〈『実隆公記』〉）までもが計画されるに至った。義尚は、歌書から収集した和歌を独自の基準で分類・配列し、歌道における新たなモデル構築を目指したと考えられている。しかし義尚が早世したため私撰集は完成せず、その活動も次代には引き継がれなかったとみられる。

もう一つ、東山文化の枠からは外れるかもしれないが、義政と饅頭の関係について最後に触れておきたい。日本において現代では一般的な小豆餡入り饅頭が考案されたのは室町時代であり、その饅頭は義政にも献上された。賞味した義政はその味に感激して「日本第一番本饅頭所」の名を献上者に授けたという（また、後土御門天皇も五七の桐紋を下賜したと伝わる）。この話は献上者の子孫である老舗菓子店に伝わるものであり、当時の史料からその事実を確認することは難しい。しかし、賞味して称号まで授与していたとすれば、戦後の復興のなかで義政が当時流行していた食文化に興味を示していたことがわかる事例として注目できよう。

2　公家社会の衰退

少し時間をさかのぼって、応仁・文明の乱に翻弄される公家衆の動向についてみておこう。

京都から逃げ出す公家衆

二《に》条家《じょうけ》は持通《もちみち》が文明元年（一四六九）四月まで屋敷を堅持したものの放棄し、息子政嗣《まさつぐ》が籠もる「東御陣《ひがしのごじん》」に持通も入った。さらにその後、持通・政嗣《まさつぐ》ともに「賀茂奥《かものおく》」に移っている（『大乗院寺社雑事記』）。また近衛家《このえけ》は、乱開始早々に房嗣《ふさつぐ》が宇治《うじ》に避難したのち、すぐに息子政家《まさいえ》も宇治に避難をした。応仁二年（一四六八）に政家は家領である近江国信楽《しがらき》に移り、数か月後に房嗣も同所に移住した。その他の摂関家《せっかんけ》の人々も、開戦当初は洛中やその近郊に一時的に居を移すなどして難を避けていたが、応仁二年八月の東軍による大攻勢（第二章参照）はそれをも困難にした。摂関家のうち、洛中洛外《らくちゅうらくがい》にいた一条兼良・政房《まさふさ》、九条政忠《くじょうまさただ》、鷹司房平《たかつかさふさひら》・政平《まさひら》などは、大攻勢以後に続々と奈良に避難してきた。特に一条家は戦火や盗難により重代の家記や蔵書を多く失っており、もはや自らの身を危険にさらしてまで京都に滞在し続ける意義を失っていたとみられる。

摂関家ではないが、外記《げき》を務める中原氏《なかはらし》のなかで西大路流《にしおおじりゅう》の当主であった中原師有《もろあり》も文庫を焼失した。先例が蓄積されていたであろう文庫の焼失は、西大路流の断絶をもたらしたと考えられている。その一方で、応仁二年三月に細川勝元が、応仁二年九月に山名宗全がそれぞれ壬生晴富《みぶはれとみ》の宿所と敷地内の文庫を対象として兵士の乱暴狼藉《ろうぜき》を禁じた制札《せいさつ》を下していることは注目される。なかでも宗全の名義で下されたものには、官務の文庫には貴重な書籍が納め置かれているので特に警固《けいご》するようにと書かれている（「壬生官長者宿所制札并文庫修営文書《みぶかんのちょうじゃしゅくしょせいさつならびにぶんこしゅうえいもんじょ》」）。こうした文言は制札を申請する側が草案《そうあん》を認《したた》めていたとみられるが、宗全が文庫の喪失が知識や伝統の喪失となることをよく理解していたうえで署判していたとすれば、興味深い。

多くの摂関家の人々が奈良を避難先として選択したのは、兄弟や子どもが興福寺に入寺していたためである。摂関家子弟の興福寺入寺が始まったのは平安末期で、入寺した彼らは「貴種《きしゅ》」と称された。寺内の院家《いんげ》には公家出身者（「良家《りょうけ》」）が入寺するようになるが、「貴種」が入寺した一乗院《いちじょういん》と大乗院は他の院家と区別して「門跡《もんぜき》」と呼ばれた。彼らは仏門に入った身ではあるがいくつもの建物と庭で構成される屋敷に住まい、多くの荘園《しょうえん》を有してもいた。南北朝期を境《さかい》として一乗院・大乗院両門跡の大和国内での権威は下降するが、京都で戦乱に巻き込まれた公家衆とは比較にならないほどの権力と財産をいまだ有していた。それをアテにして、摂関家の人々は奈良に下向したのである。

摂関家の人々だけではない。公家衆は何かのツテを頼って生き延びようと必死であった。応仁二年十二月には権中納言《ごんのちゅうなごん》勧修寺経茂《つねしげ》が興福寺を頼って京都から近江坂本を経由して下向してきたが、その姿は「上下《かみしも》風情」でまるで「乞食の如し」であったという（『大乗院寺社雑事記』）。興福寺の方では集会を開催し、春日祭《かすがのまつり》までという限定付きで衣食は興福寺全体として面倒をみて、住は興福寺権別当《ごんのべっとう》であった西南院光淳《せいなんいんこうじゅん》が提供することに決定した（しかもその春日祭後も経茂は奈良で興福寺の保護を受け続け、その代償として毎年両度の春日祭での上卿《しょうけい》を引き受けた。上卿になれば興福寺から謝礼が支給されたため、経茂にとっても悪い話ではなかったのであろう）。まさに命からがらの躰である。

その他の公家衆も奈良に下向した者が多かったが、北陸や近畿諸国にある家領荘園に下向する者や、越前朝倉氏や伊勢北畠氏などのもとに寄寓する公家衆も少なくなかった。だが、京都からの避難を余儀なくされたとはいえ近隣諸国に滞在できれば良い方で、家の存続を断念した洞院公数《とういんきんかず》は代々の記録や蔵書を売却して出家した（『尊卑分脈《そんぴぶんみゃく》』）。また、前権大納言《ごんのだいなごん》で従一位《じゅいちい》の位階を有する町資広《まちすけひろ》は伯耆国で亡くなった。大納言辞官は文安《ぶんあん》元年（一四四四）のことであり、亡くなった年齢も八十歳であるので（『諸家伝《しょかでん》』）、当時としてはかなりの長寿を全うしたといえるが、それでも終焉の地が京都から遠く離れた伯耆国であったことは衝撃的である。しかし、一条政房のように下向先の摂津国福原荘《ふくはらのしょう》で東軍方の兵士によって誤って殺害された例もあるので（第三章参照）、天寿を全うできただけよかったのかもしれない。

奈良での一条兼良

なお一条兼良に対しては、伊勢国の東軍北畠教具《のりとも》が贈物をしていることが確認できるほか、文明二年(一四七〇)二月に美濃国の西軍斎藤妙椿《さいとうみょうちん》からも支援を受けていることが確認できる。しかも妙椿のものは、五百疋《ひき》(五貫文。現在の貨幣価値でおよそ五十万円)分の「御膳・魚物」を毎月進上するという多額のもので、それを聞いた尋尊も「希代のことなり」と驚愕している。これは兼良と妙椿が何年も前から知り合いであったことによるという(『大乗院寺社雑事記』)。兼良は東軍・西軍関係なく人脈を形成しており、そうしたこともあってか、戦乱とはさも関係がないかのように行動することもあった。

文明二年八月に兼良は、伊勢国と美濃国を訪れると言い出した。前月に関白を辞任しており、自由な立場になったことも関係しているのであろう。しかしこれを聞いた尋尊は「御成立、不審のことなり」(うまくいかないだろう)と述べている(『大乗院寺社雑事記』)。いまだ東西両軍が京都のみならず各地で合戦を繰り広げている最中であり、それは伊勢国や美濃国も例外ではなかった。尋尊の懸念はもっともであろう。しかし兼良は翌九月に奈良を出発し、長谷寺《はせでら》を経て伊勢北畠氏の本拠地である多気《たげ》に到着した。北畠氏当主教具は兼良一行を歓待し、山海の珍物を並べた宴会も催された。しかし美濃国内の情勢が不穏であることを受けて、そこから奈良へ引き返した(『大乗院寺社雑事記』)。翌月には教具も北伊勢に出陣しているので、教具からの勧めもあったのであろう。それにしても兼良は暢気《のんき》というか、周囲の状況への理解が不足している面が否めない。後述するように、尋尊は兼良一家の扶養に奔走させられることになるが、この一件からも自由奔放な親を持ってしまった尋尊の苦労が思い遣られる（なお、兼良の美濃国訪問は文明五年に果たされる。その時の様子は『ふち河の記』に詳しい）。

兼良は奈良疎開《そかい》中に数多くの著作を遺しているが、『源氏物語《げんじものがたり》』の注釈書である『花鳥余情《かちょうよせい》』もこのときに成立したものである。帰京後は公家衆や日野富子など武家の人々に対しても『源氏物語』の講義を行っている（『親長卿記』・『大乗院寺社雑事記』）。なお、兼良の没後も『源氏物語』に対する人々の関心は収まらず、一種のブームが起きている。これは、戦乱を経て平安文化への憧憬が高まったからではないかと考えられている。

兼良は『源氏物語』に和歌の神髄を見出したが（『花鳥余情』）、当時の和歌や連歌は、文化的営為の枠を越えて、コミュニケーションツールであった。そのため、当時の人々にとって公武の区別関係なく社会交際上習得しておくべきものであり、そのなかでも兼良は古典や和歌の内容を知識として教授する立場にいた。

その教授を受けた人物の一人が連歌師《れんがし》宗祇《そうぎ》である。当時の歌壇の代表者の一人であった宗祇は、関東を遊覧したのち、文明元年七月に奈良を訪れ、奈良に滞在中であった一条兼良と連歌会を催した（『大乗院寺社雑事記』）。その後京都に戻った宗祇は公武双方と交流を持ち、文明九年七月には「室町殿（足利義政）・同御台（日野富子）・禁裏（後土御門天皇）」の歌合の「御点判詞」を兼良からもらうために奈良へ下向している（『大乗院寺社雑事記』。ちなみに、尋尊が「京都」は「毎事その道なし」であり、「公武上下昼夜大酒」などと酷評し、日野富子の蓄財ぶりをあげつらった有名な記事は、この宗祇の下向を耳にしたことを契機として書かれたものである）。

京都に残った公家衆

乱中、東軍の本拠地ともいうべき室町殿には、天皇と院が同居し、多くの公家衆が日々祇候していた。その精勤ぶりを賞されて、数十年ぶりに家の旧領である「伊勢内宮関務」を回復できた広橋綱光《ひろはしつなみつ》のような者もいた（『綱光公記《つなみつこうき》』）。奈良に下向する者が多かった摂関家のなかでも、九条政基《まさもと》は内裏への奉公を基本としていた。一方、西軍方についた公家衆として葉室教忠《はむろのりただ》が知られているが、そのほかにも清水谷実久《しみずだにさねひさ》、阿野《あの》季遠《すえとお》、四辻実仲《よつつじさねなか》などがいる。彼らが西軍方となったのは日野勝光や富子に対抗する目的があったためとの指摘がある。彼らは西軍方の構《かまえ》の陣地に組み込まれた禁裏や仙洞《せんとう》（院御所）の留守を預かるという名目で滞在していたが、実際には西軍方から生活の援助を受けつつ、自らの妻子を禁裏や仙洞に住まわせて、まるで自らの住居のように使用していた（『大乗院寺社雑事記』）。

在京していた公家衆にとって日々の生活費の工面は大きな問題であり、そのためには強引な手段も取った。たとえば二条政嗣《にじょうまさつぐ》は、帰京後にであろうか、家領加賀国井家荘《いのいえのしょう》領家職半分と浅野《あさの》保《ほ》代官職を担保として一万疋を下河原《しもがわら》永門《えいもん》から借りた。しかしそれが返済されることなく、代官職についても取り上げられてしまったため、永門は文明八年（一四七六）に幕府に訴え出ている（『親元日記』）。また、大内記《だいないき》であった西坊城長胤《にしぼうじょうながたね》が更迭されたのは、近日中に予定されていた足利義尚の正三位《しょうさんみ》叙位の際に大内記が「得分」を得られることに目を付けた、唐橋在数《からはしありかず》の強い要望があったからであった（『親長卿記』）。しかし在数は叙位当日までに束帯《そくたい》を新調できず、儀式の開始を遅延させた挙げ句に借用した袍《ほう》で大内記として参仕する為体《ていたらく》であった。恥も外聞もない行動の結果、在数は三千疋相当の砂金一包を手にしている（『長興宿禰記』）。文明八年三月に、日野富子から内裏に参仕する内々衆と外様衆に対して一万疋が贈られたのは（『親長卿記』）、そうした公家衆の窮状を見かねてのことであったのであろう。富子は、本来廷臣たちの生活に配慮をすべき後土御門天皇や足利義政に代わって、公家衆たちを支援していたのである。

理想と現実

後土御門天皇の仮住まいの場所であった室町殿が文明八年（一四七六）十一月に焼失した。出火元は「裏辻小家」の土蔵《(倉)》（『実隆公記』）、「ソウ門ノワキサカヤ《(酒屋)》」（『言国卿記《ときくにきょうき》』）である馬場与四郎《ばばよしろう》宅であり（『古文書』）、出火原因は放火であったという（『長興宿禰記』）。後土御門は剣《けん》璽《じ》などとともに一度は小川御所に避難したものの手狭であったため、すぐに北御所に移った。北御所は日野富子の私邸であり、従三位《じゅさんみ》叙位に際して「苗子《みつこ》」と名付けられた北小路禅尼《きたこうじのぜんに》（富子母。『綱光公記』）の居住となっていた場所である。ここでも富子の朝廷に対する物理的な援助を確認できるが、突然のことで仮の内裏となる準備までは整わず、翌年の正月節会《せちえ》は陣座《じんのざ》の不備と公家衆の衣服が揃わないことを理由として不開催となった。翌文明十年は「天下静謐《せいひつ》」となったため節会を行う条件は整っていたものの、北御所は「狭小」のため開催は見送られ、平座《ひらざ》のみの実施となった（『親長卿記』）。

その平座も従来の形とはほど遠いものであった。たとえば、今回の平座開催にあたっては幕府から財政的支援があったが、それの獲得を目論んで弁官局《べんかんきょく》所属の六位史安倍盛俊《あべもりとし》が参仕することを望んだ。しかし近年弁官局所属の六位史は参仕せず、代わりに外記局所属で外記と兼帯する史がその役割を担っていた。盛俊の訴えにより六位外記史の取り分三百疋は盛俊と外記兼帯の史である中原康純《やすずみ》（康澄）との間で折半されることになったが、康純は納得せず、当日になって平座を欠席した。このため康純が兼任していた外記も不在となってしまったため、参仕していた盛俊が権少外記《ごんのしょうげき》に急遽《きゅうきょ》補任された。しかし突然のことでもあり、外記が用意すべき見参《げざん》（出席者リスト）を作成できず、ひとまず白紙のまま提出された。さらに、平座で用いる蔵人方吉書《くろうどがたきつしょ》も出納《すいとう》の不参により用意できず、こちらも白紙が用いられた（『親長卿記』）。これらの異例な出来事は、「天下静謐」になり、一部の公家衆たちは朝儀復興に熱心であったものの、下級官人たちは儀式に参仕する意欲に乏しかったことの現われであろう。

かといって上流・中流の公家衆たちも裕福であったわけではない。文明十二年正月に行われた室町殿参賀は参加者も少なく、乱前には牛車に乗っていた摂関家・清華家《せいがけ》の人々も、今回は板輿《いたごし》を使用していたという。主に中流の公家衆で編成された禁裏小番衆《こばんしゅう》でも、当番の際に衣冠を着した者は紫宸殿《ししんでん》の鬼間《おにのま》に侯ずることができたが、直垂《ひたたれ》で参上した者は殿上間《てんじょうのま》への出入りを許されず、下侍《しもさぶらい》で宿直を行った。これは、「乱後装束叶わざる衆」のために定められたことであった（『宣胤卿記』）。そのような規定が必要になるほど、多くの公家衆が困窮に喘いでいたのである。

後土御門天皇の努力と挫折

文明九年（一四七七）十一月、西軍が退去した後の土御門内裏《つちみかどのだいり》に留守のための公家衆を置いてほしいと足利義政から奏上がなされた（『兼顕卿記』）。しかしそれを後土御門天皇が拒否したのも、こうした公家衆の窮状を天皇自身が把握していたためであった。ところが天皇家自体も応仁・文明の乱以前から幕府財政に依存しており、乱後はその幕府からの支援も望めなくなった。そこで天皇は財源である禁裏料所の回復のため、幕府と折衝を重ねることになる。日常的な贈答のほか、文明八年三月には日野富子から一万疋が贈られるようなこともあったが（前述）、いずれも恒常的な収入とは言い難かった。文明十二年十二月に執り行われた後土御門の皇子勝仁《かつひと》親王の元服《げんぷく》に際しても費用が不足し、幕府に支出を依頼するも拒否されてしまった。後土御門は規模を縮小してでもあくまで禁裏料所からの収入を柱に据えて行おうとしたが、一部の廷臣たちは親王元服の加冠《かかん》役を義政に依頼し、義政に儀式の参加者の一人として費用を支出させることを計画した。結局、直接的な費用については「禁裏御沙汰」となり、義政からの進上は礼物のみにとどまったが、富子からは合計八十貫が進上された（『長興宿禰記』）。ここでも、義政とは対照的な富子の朝廷社会への気配りが感じられる。

こうした状況に、天皇も手をこまねいていたわけではない。毎月進上が定められている禁裏料所年貢の納入猶予の願い出が若狭《わかさ》守護武田国信からあった際にはこれを一蹴し、それが未進《みしん》となるとすぐに納入を督促した（『兼顕卿記』）。その他の禁裏料所についても、幕府を頼ってではあったが、督促に励んでいる。また、文明十五年に堺を出港した遣明船三隻のうち二号船は、朝廷が運営する船となった（『鹿苑日録』）。実際の運営は公家衆甘露寺家《かんろじけ》出身の取龍首座が行ったが（前述）、異国との交易を、しかも経済的な目的で朝廷が（名義上のこととはいえ）主体となって行ったことは、日明貿易のみならず朝廷の歴史のなかでも画期的な出来事といえる。

後土御門はそうした経済的な面だけではなく、文化面でも精力的に活動した。乱により勅撰《ちょくせん》和歌集の編纂が頓挫したことは以前に述べたが、それとは別に、「七代集」の編纂が始められている。文明八年七月、どこから編纂を始めればよいのか後土御門天皇から諮問された甘露寺親長《ちかなが》は、神祇《じんぎ》部から始めるのが良いであろうと答申し、勅許を得た。具体的には「神」・「社」・「花」・「名所」などの部類があり、同年十月には完成をしたらしい（『親長卿記』）。廷臣を集めて連歌や和漢聯句《れんく》を行う月次《つきなみ》御会が定例化されたのも、後土御門期といわれている。そうした月次御会には、幕府に近い日野家《ひのけ》や冷泉《れいぜい》家《け》ではなく勧修寺流の中・下級貴族が参加しており、天皇が彼らと紐帯《ちゅうたい》を結ぶ機会にもなったと考えられている。つまり後土御門は、特に文化面において、単なる復興ではなく、自らを中心とする新たな文化活動の創出をも目指していたといえるのである。

しかし後土御門の思い通りにいかないことも多く（そしてその原因の大半は義政が非協力的な態度を取っていたことにある）、文明十年にはたびたび譲位を口にしている。翌年には幕府が徴収した関銭《せきせん》や棟別銭《むなべちせん》によって内裏が再建されたが、右の勝仁親王元服の際にみられたように朝廷の財政は窮乏したままであり、毎年正月にある叙位といった恒例行事でさえ財源がないことを理由として中止に追い込まれた(『親長卿記』)。後土御門の苦労は今後も続くことになる。

3 寺社社会の苦悩

貧する京都と富める奈良

再び少し時間をさかのぼって、今度は応仁・文明の乱に翻弄される寺社社会の動向についてみておこう。

乱により京都で多くの寺社が焼亡したことは広く知られているところであるが、寺社自らが坊舎を解体してその資財を売却して金銭を獲得することもあったことはあまり知られていない。文明元年(一四六九)二月、禁じられていた「諸坊中幷在家等」の売却を、「乱中の計らい」として行うことが東寺《とうじ》僧徒たちの衆議により決定された(『見聞雑記《けんぶんざつき》』)。荘園からの収入が望めないなか、せっかく焼失を免れた坊舎であっても、切り売りするしか寺社が生き残る道は残されていなかったのである。

京都の寺社がそのように厳しい状況に置かれているなか、やはり興福寺の富裕ぶりは突出していた。京都で激しい合戦が繰り広げられていた応仁二年(一四六八)八月、興福寺大乗院尋尊は大和国中部にある長谷寺に出かけた。同寺の観音堂《かんのんどう》供養で導師《どうし》を務めるためである。尋尊はこのために、数十人で構成される行列を仕立てて出かけている。手間と費用のかかることであり、京都でその日の食料にも困っているであろう公家衆や民衆からすれば、信じられないことであったであろう。また、同年十月に東寺長者《とうじちょうじゃ》で弟の随心院厳宝《ずいしんいんげんぽう》から依頼を受けた尋尊は、東寺領大和国河原城荘《かわはらじょうのしょう》の未納分の年貢納入を国民豊岡氏《とよおかし》に督促した。これに対して豊岡氏は四、五日の間に納入すると返答した。実際に納入されたのは九日後で、しかも未納分の一部ではあったが、年貢の確保には成功している（『大乗院寺社雑事記』）。尋尊は日記のなかで衆徒《しゅと》や国民が増長していることをしばしば歎いているが、年貢滞納は当たり前で督促も無視されることが多かった当時の状況を考慮すれば、いまだ大乗院門跡としての権威は健在であったといえよう。

興福寺の（京都の様子と比べれば）余裕がうかがえる事例としてはほかにも、薪猿楽《たきぎ》（薪能《たきぎのう》）の興行がある。これは一週間にわたり興福寺南大門《なんだいもん》の前や春日《かすが》社社頭で金春座《こんぱるざ》や金剛座《こんごうざ》などのいわゆる大和四座《やまとしざ》の面々が能を奉納するものであるが、その合間に宴会が開かれた。尋尊はそのための費用として興福寺の四目代（会所・通・公文・修理）に対して合わせて六百疋の上納を命じた。また同じく準備のためとして、南都《なんと》七郷《しちごう》や奈良近隣から人夫の徴発もしている。そうして開催された宴会には京都から避難していた公家衆たちも招かれ、全員で二百人ほどの大宴会となった（『大乗院寺社雑事記』）。戦乱のただ中にありながらこのようなことができたのは、当時興福寺以外をおいてはほかになかったであろう。

そのような興福寺を頼って公家衆が京都から避難してきたことは、前節でふれたとおりである。しかし急に多くの公家衆を京都から受け入れることになった奈良側にとっては大変迷惑な話であった。父である一条兼良の一家を受け入れ

避難民の受け入れに苦慮する興福寺

た大乗院尋尊は、それまでの蓄えを切り崩して何とかやり繰りしていたものの限界となった。そのため文明元年（一四六九）十月には彼らを扶養するため、大和国内の大乗院領に対して米の供出を命じた。先例がないことでもあり、各荘園の百姓たちからは反対の声が多く上がったが、尋尊は聞く耳を持たず、給主《きゆうしゆ》（大乗院から御恩としてその荘園を給与されている僧侶）から異議が申し立てられた場合でも、今回限りの措置であるとして尋尊は押し切った（『大乗院寺社雑事記』）。

一方、前大乗院門跡である安位寺《あんみじ》経覚《きようがく》は興福寺に対して九条政忠への助成を求めたが、興福寺も財政は厳しく、多額の金銭の援助は難しかった。文明元年二月に東門院《とうもんいん》孝祐《こうゆう》が退任した後、別当（寺務《じむ》）が空席になった時期があったが、それは大和国内外の寺領《じりよう》が有名無実のものとなっているためであると書かれている（『大乗院寺社雑事記』）。別当は、寺領という財源を失って開催できなくなった法会を開催するために奔走（費用の工面）する必要があったが（『経覚私要鈔《きようがくしようしよう》』）、その負担に堪えられる者は寺内にいなかったのである。

このような状況下で、兼良によって一条家領摂津国福原荘領家職が興福寺に寄進されている事例は興味深い。「寄進」と称してはいるが、興福寺は同荘が守護請《しゆごうけ》されていた時期と同額の年貢進納の義

務を一条家に対して負い、しかもそれが滞れば一条家が同荘を取り戻せるという条件付きであった。一条家有利の寄進にもみえるが、これは興福寺側からの申し入れによるものであり、この寄進により興福寺はすでに同荘園内で獲得している兵庫南関《ひょうごみなみせき》とあわせて支配を拡大したことになるので、興福寺側にとっても利益が大きい寄進であった。一条家としても、守護請のときに起こりがちな年貢納入の遅延・不履行を心配することがなく、しかもこのとき寄進のお礼として興福寺から兼良に対して五千疋が贈られている。兼良は当座の資金と最低限の年貢を、興福寺は一時の出費と年貢納入義務と引き替えに福原荘の支配権をそれぞれ獲得したといえよう。

法会の退転、院家の廃絶

寺社は毎年数多くの法会を執行していたが、中世後期には戦乱や困窮により延期や中止を余儀なくされたものも少なくない。維摩会《ゆいまえ》は興福寺で行われる法会のなかでも特に重視された随一のものであるが、そのような維摩会でさえ、延期や中止に追い込まれている。

古代よりほぼ欠けることなく連綿と続けられてきた維摩会が年一回の開催を維持できなくなり始めたのは、暦応《りやくおう》三年（一三四〇）、すなわち南北朝時代のことである。当時、維摩会の開催費用を支出するための荘園であった大仏供荘《だいぶくのしょう》を戒重西阿《かいじゅうせいあ》が押領しており（『古今最要抄《ここんさいようしょう》』）、興福寺はその討伐を幕府に求めて強訴を起こしていた（暦応の強訴）。この結果西阿は幕府軍により討伐されるが、維摩会の開催はずれ込み、暦応三年・四年分は康永《こうえい》元年（一三四二）に実施された。それでもまだ一年分のズレが生じており、しかもそのズレは年々増大していった。南北朝合一が果たされた翌年（合一の年は維摩会不開催）である明徳《めいとく》四年（一三九三）に行われた維摩会は、康安《こうあん》元年分（一三六一）のものであった。応仁・文明の乱直前に行われた寛正五年（一四六四）の維摩会は応永《おうえい》十三年分（一四〇六）で、乱終結後にようやく開催された文明十六年（一四八四）の維摩会は、応永十七年分であった（『三会《さんね》定一記《じょういつき》』）。

文明元年の維摩会は、講師《こうじ》を命じられた光明院隆憲《こうみょういんりゅうけん》が「計会《けいかい》」（困窮）により辞退したため、大乗院尋尊に仕えていた尊誉《そんよ》が務めることになった（『大乗院寺社雑事記』）。尋尊は困惑したものの、興福寺別当であり元大乗院門跡で自身の師でもある安位寺経覚からの命令を、隆憲のように無碍《むげ》にはできなかった。尊誉のことはすべて面倒をみてきたという自負もあったのであろう。しかし、尊誉は良家（飛《ひ》驒《だ》姉小路氏《あねがこうじし》一族の小島《こじま》持言《もちとき》子）でありながら独立した院家の院主ではなく、困窮していることは周知の事実であった。そのため尋尊は講師を務めるために必要な費用三万疋のうち一万疋の貸付を聴衆《ちょうじゅ》に求め、さらに聴衆はそのことを学侶《がくりょ》に諮ったが、興福寺としても「御資無し」であったため貸付はなされなかった（『大乗院寺社雑事記』）。

結局この文明元年の維摩会は不開催となったが、学侶からの強い要請もあり（『経覚私要鈔』）、翌文明二年に再び尊誉を講師としてようやく開催に至った。しかしその際も、南曹弁《なんそうべん》（藤原氏出身で、参議《さんぎ》以外の弁官上首。維摩会勅使を兼ねる）に指名された万里小路春房《までのこうじはるふさ》が辞退し、次に指名された柳原量光《やなぎわらかずみつ》（当時は尚光《ひさみつ》）も南曹弁を引き受ける条件として京都からの下向費用の名目で二千疋の支給を興福寺側に要求するなど、決して順調に準備が進められたわけではなかった。しかも結局南曹弁の下向は実現せず、あの勧修寺経茂（前節参照）が弁官ではなく中納言ながら勅使に指名された（『大乗院寺社雑事記』・『経覚私要鈔』）。以後の乱中に開催された維摩会は文明五年と七年のみで、乱終結後はじめての開催が、先述の文明十六年であった。

法会は教学活動の一環であるだけでなく、法会のなかで諸役に任じられ、それを果たすことで出世をしていくという、僧侶の人事システムの一部でもあった。それゆえ法会が退転するということは「先途停滞」をもたらし（『経覚私要鈔』）、寺社社会の停滞に直結した。

法会だけではない。寺社を構成する院家も廃絶の危機にさらされていた。興福寺でも院家は院領からの収入途絶により窮乏していたが、京都でも醍醐寺理性院《だいごじりしょういん》が院家の継承者（公家衆出身者）を欠く事態に見舞われ、公家衆出身ではない者が法流や院家を臨時に預かる事態も起きていた。

また、第一章でみたように将軍の御成に対して礼物を献上することで実質的に幕府財政を支えていた禅宗寺院も窮乏しており、「寺家闕乏」を理由として義政の御成を拒否することもあった。義尚からの右大将拝賀《うだいしょうはいが》費用の借用依頼も「皆困窮」しているとして断った（『蔭凉軒日録』）。しかもそれが起きたのは、乱終結後何年も経った文明十八年であり、終戦となっても寺社社会の復興は容易ではなかった様子がうかがえる。

五　国一揆と明応の政変

1　各地で頻発する一揆

両畠山氏の対立

文明《ぶんめい》九年（一四七七）九月、西軍畠山義就《はたけやまよしひろ》は京都から本拠地である河内《かわち》へ下国した。大内氏《おおうちし》のように幕府から赦免されたわけでもなければ、東軍方との合戦に敗北したからでもない。その下国は被官たちを従えた悠然たるものであり、南山城《やましろ》から河内にかけての地域は彼らによって侵略されていくことになる。

そのような独立王国を築きつつあった義就を幕府は放置しておかず、下国直後に治罰《じばつ》の綸旨《りんじ》発給を申請し、義就討伐を命じる足利義政《あしかがよしまさ》の御内書《ごないしょ》が発給されたことはすでにふれた。しかしその討伐は実行に移されることはなかった。文明十年八月に興福寺《こうふくじ》・長谷寺《はせでら》・金峯山寺《きんぷせんじ》に対して義就討伐を命じる「御奉書」が興福寺にもたらされたが、それを漏れ聞いた義就は「上意かくのごとくあるべからず」としてその「御奉書」は「謀書《ぼうしょ》」ではないかと疑っている（『大乗院寺社雑事記《だいじょういんじしゃぞうじき》』）。そのように義就が考えたのは、義就と幕府が水面下で連絡を取り合っていたからであろう。同じ月に、山城《やましろ》守護に補任《ぶにん》されていた畠山政長《まさなが》が行おうとしていた寺社本所領《じしゃほんじょりょう》からの臨時徴収が、日野富子《ひのとみこ》の命令によって中止に追い込まれた（『大乗院寺社雑事記』・『兼顕卿記《かねあききょうき》』）。臨時徴収は「諸国御料所」を「大名・守護代以下」が押領《おうりょう》しているために計画されたものであり、政長の独断ではなく幕府の許可を得たうえでのものであった。しかし、その許可をした幕府から中止命令を受けたことにより、政長は面目を失う。このような「一事両様御成敗《いちじりょうようのごせいばい》」がなされたのは、義就からの申し入れを受けて義政が彼を赦免しようとしているからではないかとの憶測が流れた（『大乗院寺社雑事記』）。

また同じ年の十二月には、足利義尚《よしひさ》の妹である南御所《みなみのごしょ》の所領《しょりょう》である河内国十七ケ所について、自らの支配下にあるために年貢運上がなされていない現状を踏まえて、義就が代官として年貢進上を（おそらく義政に対して）申し出ており、さらに御所新造《しんぞう》の御礼まで献上している（『晴富宿禰記《はれとみすくねき》』）。義就は義政を中心とする幕府と完全に決別したと思っておらず、義政ら幕府側も積極的な討伐を望んでいたようにはみえない。義就以外の西軍方とはすでに和睦《わぼく》が成立しており、義就に対しても平和的な解決を望んでいたのであろう。

しかし、義就は明確な敵対勢力、すなわち畠山政長とその与党に対しては攻撃的で、文明十一年十一月には「親子分」であった伊勢《いせ》国の北畠政郷《きたばたけまささと》とともに大和《やまと》国内の政長方の一掃を図ってもいる（『大乗院寺社雑事記』）。政長も義就討伐には積極的、というよりも、それを中心となって推し進めていたのが政長であった。

文明十四年三月に起こされた義就討伐軍は、政長の肝煎《きもいり》で実現したものであった。細川政元《ほそかわまさもと》も協力したが、それは政元の所領が義就方に脅かされているからであり、それが義就方との話し合いにより解決した後は、勝手に軍を退却させている（『大乗院寺社雑事記』）。つまり政元は自らの利益のために軍を動かしただけであり、政元と政長の目的は全く異なっていたのである。

山城国一揆

政長は勝利のために寺社本所領の押領を繰り返し、そのたびに荘園領主から幕府に訴訟が提起された。しかも、義就方との合戦では敗北を重ねた。政長の守護としての実態はないに等しかった。

そうした状況を好転させるためであろうか、文明十六年（一四八四）八月頃から「公方」の河内国出陣が噂されており、同年九月には義政は東寺《とうじ》、義尚は石清水八幡宮《いわしみずはちまんぐう》まで出陣することが決定し、それに従うことを「大名・少《（小）》名」がみな了承したようである（『大乗院寺社雑事記』）。この義政・義尚の出陣は実現しなかったものの、出陣に関わる費用が支出され（同）、吉川経基《きつかわつねもと》は実際に命令を受けて一族を出陣させている（「吉川家文書」）。文明十五年八月に義政の執奏により義就治罰の綸旨が発給されており（『後法興院政家記《のちのほうこういんまさいえき》』）、今回の出陣計画はその綸旨を受けてのものであろう。義政は、義就を赦免することを考えた時期もあったが、ここにきて討伐に大きく舵を切ったのである。

同時期（文明十六年九月）に政長が山城国守護を罷免され、山城国は幕府（将軍家）御料国となり、その代官に伊勢《いせ》貞宗《さだむね》が補任された（『大乗院寺社雑事記』）。これは、山城国を幕府の財政基盤に組み入れるための措置とされ、特に当時進行していた義政の東山山荘建築との関係が指摘されている。しかしより直接的には、この河内国への出陣計画との関係を想定すべきであろう。すなわち、今回の出陣は義就討伐の主導者が政長から幕府（義政）に移ったことを意味するものであり、その討伐を進めるための財源とすべく山城国が御料国にされたと考えられる。

翌文明十七年七月、山城国の支配を義就から任されていた斎藤彦次郎《さいとうひこじろう》が政長方に寝返った（『大乗院寺社雑事記』）。彦次郎は義就が治めている地域を次々と攻略し、その功績によって義就方が押領していた寺社本所領のうち、宇治川《うじがわ》以南に所在するものが義政の裁許により彦次郎に預けられた（『後法興院政家記』）。

しかし両軍はその後も対峙を続けた。当時の人々は日照りにより困窮しており（『法隆寺文書《ほうりゅうじもんじょ》』）、京都では徳政《とくせい》の名を借りた暴動も発生していた。その暴動の首謀者は阿波《あわ》守護細川政之《まさゆき》被官の「三吉（好）」など大名の被官人であったという（『後法興院政家記』）。そしてこの暴動は土一揆《つちいっき》として周辺各国に拡大する気配をみせていた。このような社会不安の蔓延を背景として、軍勢による放火などにより実際に被害に遭っていた南山城（綴喜郡《つづきぐん》・相楽郡《さがらかぐん》・久世郡《くぜぐん》）の国人《こくじん》たちは、団結して両畠山軍に対して退去を要求した。同年十二月のことである。一揆側は武力攻撃をちらつかせながら両軍と折衝を重ね、まもなく両畠山軍の退却を実現させた。これにより国人たちの「自治」が成立する。彼らは年行事や月行事などの役職を定めて会合の場を持ち、現地へ下す文書も発給した。そしてその文書において彼らは自らの集団を「国」や「惣国」などと称した（『大乗院寺社雑事記』）。これが山城国一揆《やましろのくにいっき》と呼ばれているものであり、彼らによる「自治」は明応の政変後に崩壊するまで約八年間継続した。

彼らは、両畠山軍の南山城への再入部禁止のほか、寺社本所領を武士の支配から解放して荘園領主の直務《じきむ》とし、従来ある関所（本関）以外の新関は廃止するなどのことを話し合って定めた（『大乗院寺社雑事記』）。これらは一揆の中心となった国人の要求であるばかりでなく、南山城で農業や商売を営んで生活する人々（土民）の願いでもあった。こうした点は、次項でみる他国で発生した国人一揆とは大きく異なるところであり、山城国一揆が民衆運動の頂点ともされるゆえんでもある。

確かに、国人などが中心となって一揆を形成し、その一揆集団が従来の公権力たる畠山氏を追い出してしまったことは民衆の「勝利」といえる。しかし、その国人などのなかに細川氏被官が多かったことが指摘されている。これをもってただちに国一揆が政元によって引き起こされたとみることはできないが、政元による山城国支配への布石となったとの見方もある。また両畠山氏が退去したことについても、その要求が一揆から出されるより以前に「山城国に出陣している両畠山軍はいずれも困惑・困窮しているという。このままの状況が続けば、両軍ともに退却することになるであろう」と噂されており（『大乗院寺社雑事記』）、一揆からの要求は時期的に両畠山軍にとって好都合なものであったことには注意しなければならないであろう。

とはいえ、特別な背景や契機があるにせよ、守護の支配に属さない空間が南山城に八年間も存在した意義は大きい。このことについては、この地域が、摂津《せっつ》・大和・京の三地域が接する場所にあたり、摂津は細川政元と畠山政長、大和は畠山義就、京は伊勢貞宗と日野富子の影響力が強く、それらの緩衝地帯として存続が容認されていたとの指摘がある。すなわち存続の可否を外部勢力が握っているのであり、それら外部勢力が軍事衝突、あるいは協力に転じれば、彼ら一揆が治める緩衝地帯は失われることになる。

そして実際に、政元と義就の後継者である畠山基家《もといえ》、それに伊勢貞宗と日野富子の連携が明応の政変で成立したことにより、国一揆は解体させせられる。明応二年（一四九三）八月、山城守護伊勢貞陸《さだみち》（貞宗子）は南山城への入部を一揆に通告し、南山城とも河内畠山氏とも繋がりが深い興福寺衆徒《しゅと》古市《ふるいち》澄胤《ちょういん》が守護代として軍勢を率いて実際に入部してきた。一揆側は稲八妻《いなやづま》城に籠城して抗戦を試みたが失敗した。ここに国一揆は強制的に解体されることになった。

和泉国の文明一揆

この山城国一揆に限らず、応仁・文明の乱終結後は各地で一揆が展開した。出《いず》雲《も》国では文明十六年（一四八四）に守護代尼子《あまご》経久《つねひさ》が主導する国人一揆が成立した。これは従来、守護京極氏《きょうごくし》に対する尼子経久の叛乱と考えられてきたものである。しかし現在では、乱以前の守護を中心とする支配体制を回復しようとする上からの強制に対し、乱を経てすでに荘園などを事実上支配（押領）していた国人たちが反抗したものと捉えられている。乱により一度消滅するか弱体化するかしてしまった将軍権威や守護権威というものは、容易に回復しなかったのである。ここでは、和泉《いずみ》国と加賀《かが》国の一揆について、もう少し詳しく取り上げることにしたい。

和泉国では、文明五年と文明九年から十七年の二度にわたって国一揆が成立した。これらの国一揆を惣国一揆と捉えて一揆の主体を国人と百姓とする見方や、国一揆の存在自体を否定する見解もあった。しかし現在では、いずれの国一揆も存在し、さらに国人を主体とする国人一揆であったと考えられている。

まず文明五年の国一揆については、国一揆として国内に兵粮米を徴収していることが確認できる（「葛川明王院史料《かつらがわみょうおういんしりょう》」）。国一揆は守護権力の代行者ではなく守護から独立した存在であり、本拠地も守《しゅ》護所《ごしょ》である堺《さかい》から離れた府中《ふちゅう》に置いていた。

文明九年九月に京都から河内国に下国した畠山義就は、その後すぐに和泉国にも影響力を行使し始めた。国人たちはこれに対処するためと称して国中の寺社本所領に年貢を賦課《ふか》した。幕府は数度にわたって守護（上守護細川元有《もとあり》）や守護代にその賦課停止を命じている（「細川家文書《ほそかわけもんじょ》」など）。その一方で、在地には守護からも半済《はんぜい》が賦課されていた（「九条家文書《くじょうけもんじょ》」）。こうした状況に対してか、文明十四年から十五年にかけて百姓・地下人《じげにん》による徳政やそれを要求する徳政一揆が日根荘《ひねのしょう》や堺南荘《さかいみなみのしょう》で起きている。

文明五年段階の国一揆と文明九年のそれが、同一のものかどうかははっきりとしない。しかし文明九年のものは文明十七年頃まで存続し、その時期には国内への守護発給文書が激減していたことが指摘されている。文明五年のものは一時的な成立であった可能性があるが、文明九年のものは在地や国内の荘園領主から一定の支持を集めており、守護権力に成り代わりうるものであったといえよう。しかも幕府から段銭《たんせん》催促も命じられており、幕府もその存在を承認していたと考えられている。

ただし、たとえば段銭催促を命じられているのは国一揆の構成員とみられる田所大和守《たどころやまとのかみ》と惣官新左衛門尉《そうかんしんざえもんのじょう》であり（『香具波志神社文書《かぐはしじんじゃもんじょ》』）、国一揆そのものではないことには注意すべきであろう。幕府は国一揆の存在を黙認していたが、積極的に地域の支配者として公認していたわけではないとみられる。

国一揆は守護所が存在した堺を抑えていたが、文明十七年三月に上守護細川元有と下守護細川基経《もとつね》により奪還された（『蔗軒日録《しゃけんにちろく》』）。以後は守護による国人討伐が進められ、国一揆から離脱する国人も相次いだ。国一揆による組織的な反抗は同年を最後に姿を消し、文明十七年が国一揆崩壊の年となった。

両守護による支配が回復したのも束の間、今度は隣国から根来寺《ねごろじ》が攻め込んできた。根来寺は畠山政長派であったため、両守護は河内の畠山義就を頼って落ち延びた。ここで問題となるのは義就の立場で、応仁・文明の乱以来、いまだ義就は幕府から赦免されていない。つまり、幕府の敵対勢力に幕府の勢力が助けを求めたのである。これは一時的な協力関係にとどまったが、応仁・文明の乱以前には想像できないような支援・対立関係が生まれようとしていた。

加賀国の文明一揆と長享一揆

長享一揆《ちょうきょういっき》についてみる前に、文明一揆にふれておこう。これは、第三章でも述べたように、富樫《とがし》家の政親《まさちか》（東軍）と幸千代《ゆきちよ》（西軍）の兄弟が、それぞれ本願寺門徒《ほんがんじもんと》と高田専修寺《たかだせんじゅじ》門徒を味方に付けて国を二分して争ったとされる対立である。しかし文明六年（一四七四）のものかと推定されている蓮如《れんにょ》の「御文《おふみ》」（浄得寺所蔵《じょうとくじ》）には、ある場所で高田派門徒が本願寺派門徒と対立し、「守護方」（＝富樫幸千代）を多額の賄賂により味方に付けたことに対して、本願寺派門徒が「山内方《やまのうち》」（＝富樫政親）と手を組んで蜂起をし、守護を没落させたことが述べられている。つまり、守護家内部での対立が前提として存在したにせよ、それを対立する宗門の門徒同士が利用して相手を滅ぼしたのである。門徒側が起点となり、国を二分する争いが生じたことは注目される。

14―蓮如画像（西法寺所蔵）

しかし本願寺門徒が指導者として仰いだ本願寺蓮如は、今回の対立については門徒の参戦を認めたものの、そうした門徒たちの行動に頭を悩ませていた。当時の本願寺門徒は「一向宗《いっこうしゅう》」とも呼ばれ、そのように自称する者もいたが、彼らにとっては信心こそが大事であり、そのためには守護に反抗することも厭《いと》わなかった。一方、蓮如の考え方はそうした門徒たちの思想とまったく異なり、従来の支配体制のなかで親鸞《しんらん》の教義を遵守することを目指し、一向宗の活動や思想には批判的であった。さらに蓮如は、公家衆広橋兼郷《ひろはしかねさと》の猶子《ゆうし》であり、息子たちを日野勝光《かつみつ》の猶子に、娘を幕府女房にしていたと伝えられている。また蓮如自身も、幕府政所執事《まんどころしつじ》を務める伊勢氏一族（下総守《しもうさのかみ》家）から二人も妻を迎えていた。つまり蓮如は、権力に反抗する側ではなく、むしろ公家社会や武家社会に強い繋がりを有する人物であり、既存の体制の破壊はまったく考えていなかったのである。

そのような蓮如の考えとは真逆の方向に事態は進んでいく。政親・本願寺派が勝利を収めた翌年、今度は政親方と本願寺方それぞれの一部勢力が小競り合いを始めた。この対立は、蓮如の側近として活動し、門徒からの上申を蓮如に取り次ぐ立場にあった下間蓮宗《しもつまれんそう》が門徒たちを焚き付けたこともあり激化した。このことを知った蓮如は本拠としていた吉崎御坊《よしざきごぼう》を退去した。

その理由については、前年の富樫幸千代勢との戦いには仏法を護持するという大義が存在したものの、今回の政親との対立にはそれがないと蓮如が考えたためとの指摘もある。しかしそれは、自らの思想に反して過激な行動を取る門徒から距離を置くことを意図しての行動であったのではなかろうか。あるいは、今回の退去が順如《じゅんにょ》（蓮如子）の主導であったとも伝えられていることを踏まえれば、蓮如自身は一向宗も含めた加賀国の本願寺門徒はいまなお教え導く対象であり、ギリギリまでその努力をしていたが、周囲からの勧めによりついに退去するに至ったのかもしれない。なお、このとき門徒勢（一揆勢）は敗れるが、その一揆の中心人物であった洲崎慶覚《すのさききょうかく》が、長享一揆でも中心人物の一人となる。

文明六年以降、国内には本願寺門徒によって複数の一揆が結成された。それは文明七年の一揆勢敗北以後も続き、それぞれ「江沼郡《えぬまぐん》」「能美郡《のみぐん》」「石川郡《いしかわぐん》」「河北郡《かほくぐん》」の名を冠して呼ばれ、本来であれば守護が行うべき遵行《じゅんぎょう》も彼らによって行われた事例を確認できる。こうした状況は他者から嘲笑の対象となり、加賀国は「無主」であるとか「亡国」になったといわれている（「仏光寺《ぶっこうじ》文書《もんじょ》」）。そうした時期に、富樫幸千代を半国守護《はんごくしゅご》に補任する話も取り沙汰されている（『親長卿記《ちかながきょうき》』）。京都で応仁・文明の乱が終結したのちも、乱中に形成された対立関係の解消は難しかった。

政親は文明十八年までは守護として在国していたようである。彼は同年に上洛し、翌長享元年（一四八七）九月に開始された足利義尚による六角氏《ろっかくし》征伐に従軍することになった。これは、政親が将軍権威にすがって、一揆勢と対峙しようとしたためと考えられている。しかし一揆勢は、国内で勢力を拡大させ、従軍のための政親からの過重な負荷を契機として、一国をまとめ上げて政親と対立する存在となる。政親は急遽《きゅうきょ》下国して鎮圧に当たろうとしたが、一揆勢は泰高《やすたか》（政親大叔父）を推戴《すいたい》して対抗し、翌二年六月についに政親を討ち取ってしまう。このときの戦いには能登《のと》や越中《えっちゅう》の一揆勢も加わっていたという（『後法興院政家記』）。

政親が戦死したことを耳にした将軍足利義尚は、加担した門徒の破門を蓮如に迫ったとされる。しかし泰高は長享三年に幕府へ出仕している（『北野社家日記《きたのしゃけにっき》』）。このとき幕府から正式に守護に補任されたとみられているが、現地を掌握していたのは、一揆勢の中心であった石川郡一揆を率いていた洲崎慶覚と河合藤左衛門尉《かわいとうざえもんのじょう》であった。明応の政変後、泰高は義材《よしき》側に、慶覚は足利義澄《よしずみ》側にそれぞれ味方したが、義材の第一次将軍復帰戦（後述）が失敗に終わった後に両者は和睦したようであり、幕府も泰高をあらためて守護に補任したと考えられている。

2　継続される応仁・文明の乱の対立構図

義尚の焦り

再び話の舞台を京都に戻そう。

九代将軍足利義尚には大きな悩みがあった。それは、父足利義政の存在である。前章でみたように、義政は引退すると言いながらその都度復帰をするということを繰り返していた。しかし義尚には自ら政務を執りたいという強い願望があり、それが『樵談治要《しょうだんちよう》』を一条兼良《いちじょうかねよし》に執筆させることに繋がったことも以前みたとおりである。そこで義尚が取った手段が、義政のいる京都から離れて、自らを中心とする政治体制を築くというものであった。

その義尚の餌食となったのは、近江《おうみ》六角氏である。直接の契機は、守護六角高頼《たかより》が奉公衆の所領を押領しているとの訴えが奉公衆から義尚に対して出されたことにある（『蔭凉軒日録《いんりょうけんにちろく》』）。しかし将軍の代始めにあたり、徳政（寺社本所領の保護・訴訟への迅速な対応）の実施と大規模な合戦を起こして武威《ぶい》を示すことが慣例化しており、義尚の行動もそれに倣ったものであるとの指摘もある。つまり、徹底的な討伐を目的としたものではなく、儀式的なものであったというのである。確かに、応仁・文明の乱中・乱後のいずれも、義尚が総大将となって行われた大規模戦闘はこれ以前に確認できない。実際にこの討伐は、六角高頼による寺社本所領押領を理由として開始が宣言されており（『長興宿禰記』）、その開始後には義尚によって知行安堵《あんど》の御判御教書《ごはんのみぎょうしょ》や奉行人奉書《ぶぎょうにんほうしょ》が次々と発給されている。まさに「代始め」の儀式的色彩が濃い合戦であった。

ただしそうしたセレモニー要素だけではなく、乱によって離散したり所領を失ってしまったりした奉公衆を再結集させ、自らの権力基盤を整備するという、現実的な目的があったことも忘れてはならない。そのため義尚は、「寺社本所領回復」をスローガンとして近江国に攻め込むも、その過程で奪還・獲得した寺社本所領を兵粮料所として近習《きんじゅう》や奉公衆に与えてしまっている。しかも六角氏討伐の成功も祈願している。義尚は、討伐成功により人望を集めようとしていたのかもしれない。

しかし、奉行人を統括する立場にあった公人奉行《くにんぶぎょう》は義尚には従わず、義政のもとにとどまっていた。そうして義政のもとにとどまった奉行人はもちろん、義尚とともに出陣した奉行人も、東山殿に出仕して義政の決裁を仰いでおり、幕府権力を自らのもとに結集させようとした義尚の目論見は外れた。ただし、伊勢貞宗や奉行人たちを、あえて義政のもとにとどまらせて義尚を中心とする政権から排除したという見方もある。つまり義尚は、制約の多い京都から離れて義政とは別個の政治権力を確立させようとしていたというのである。

義尚は、奉公衆のなかから寵愛する三人（大館尚氏《おおだちひさうじ》・二階堂政行《にかいどうまさゆき》・結城政広《ゆうきまさひろ》）を評定衆に補任し、奉行人と将軍との間に介在させ、訴訟の取り次ぎを行わせた。さらに、勝訴・敗訴の判断にまで関わらせた。本来これは将軍たる義尚が掌握しているべきものであり、当時の記録のなかには、彼ら三人が義尚の意向を伺わず勝手に裁許していたと非難するものもある（『大乗院寺社雑事記』）。ただしこれについては、義尚に判断を仰ぐ時間を省き、政務処理を迅速に行うためであったとの見方もある）。そうした近臣たちの行き過ぎた行動はあったものの、面従腹背的な奉行人たちより自らの手足となって動いてくれる近臣たちの方が、義尚にとっては信が置けたのであろう。

義尚の近江親征

話が前後してしまったが、義尚は長享元年（一四八七）七月に六角氏征伐を決定した。その決定以前にも義尚によって征伐が決定されたことがあったものの、伊勢貞宗の干渉により実現しなかったことがあった。そのために義尚は、貞宗を呼び出してこの件への関与を禁じたうえで、征伐を強行した（『大乗院寺社雑事記』）。

同年九月に伊勢貞陸（貞宗子）を先陣として、義尚は出陣する。「長享元年九月十二日常徳院殿様江州御動座当時在陣衆着到」からは、五番衆《ごばんしゅう》で構成される奉公衆のほか、三条《さんじょう》実望《さねもち》などの「公家」、三《さん》宝院《ぼういん》政紹《せいしょう》など「法中」、勘解由小路《かでのこうじ》在通《あきみち》などの「御博士」、上池院《じょういん》宗精《そうせい》などの「御医師」、斯波義寛《よしとお》などの「三職《さんしき》」、山名《やまな》俊豊《としとよ》などの「諸大名」、細川政賢《まさかた》などの「御供衆《おともしゅう》」、吉良《きら》義信《よしのぶ》などの「御一家」、細川元有などの「外様衆」、二階堂政行などの「評定衆」、斎藤元茂《もとしげ》などの「右筆奉行衆《ゆうひつ》」、越阿《えつあ》などの「同朋衆《どうぼうしゅう》」、小林新左衛門尉などの「御末衆《おすえしゅう》」、それに「御所侍《ごしょざむらい》」直海《のうみ》彦次郎《ひこじろう》らが義尚に付き従ったことがわかる。まるで幕府をそのまま移動させたかのようなこの陣容から、今回の近江親征が単に討伐を目的としたものではなく、義尚政権の義政政権からの独立・分離を目的としたものであったことがうかがえる。また今回の親征は、寺社本所領の回復という、決して大名たちに利益をもたらさないことを目的としていたが、大名たちが将軍の命令を受けて参陣することにいまだ価値を見出していたことがわかる（むろん、将軍の出陣に従って忠誠心をみせることで、六角氏の次の討伐対象となることを避けたいという思惑も存在したであろう。あるいはこちらの気持ちの方が強いか）。

この征伐のもう一つの目的である寺社本所領の回復については、それを名目として守護勢力への圧迫も目論んでおり、それが義尚と大名（守護）との溝を深めたというのが通説的な見方である。しかし六角氏の次に標的となると噂された美濃《みの》国・河内国・大和国・伊勢国はいずれも、旧西軍方やその西軍方と繋がりが深い者が治める国であったことに注意すべきであろう。

まず美濃国は、旧西軍の土岐《とき》成頼《しげより》が守護を務める国であった。六角氏征伐開始前から義尚との関係は冷え切っていたらしく、美濃国内には成頼以外に対して義尚からの出陣命令が下されている（『蔭凉軒日録』）。次に河内国は畠山義就の支配下にあり、乱後も畠山政長・尚順《ひさのぶ》と抗争を続けていた。大和国にはその義就の与党である越智《おち》家栄《いえひで》や古市澄胤がおり、伊勢国では義就と「親子分」（『大乗院寺社雑事記』）と書かれたこともある北畠逸方《いつぽう》（政郷）が、当主具方《ともかた》（のちの材親《きちか》）を後見していた。つまり義尚は、寺社本所領を押領しているとして大名たち皆を敵に回そうとしていたわけではなく、畠山義就を中心とする旧西軍方の一掃を目指していたのである。

しかし義尚は、次第に限られた近臣の意見にしか耳を貸さなくなっていった。討伐対象の六角高頼の行方がつかめず、六角氏征伐が遅々として進まないという状況も義尚を追い詰めてもいたのかもしれない。幕府軍の侵攻が始まると、高頼は甲賀郡《こうがぐん》に逃げ込んでいた。その高頼の逃亡を手助けしていたのは、細川政元であった（『長興宿禰記《ながおきすくねき》』）。奉公衆の利益を重視する義尚に対し、政元は大名の利益を重視して行動していたと考えられている。文明十七年（一四八五）に奉公衆と奉行人が対立した際も、政元は密かに奉行人布施英基《ふせひでもと》を支援してこれを逃亡させていた（前述）。大名の利益も考慮のうえであろうが、そもそも政元は義尚の奉公衆重視の姿勢に批判的であったのであろう。

義尚は鈎《まがり》の安養寺《あんようじ》を居所と定めて高頼の捜索に当たっていた。心配をした母富子が義尚に意見したが、義尚はそれを聞き入れなかったようである（『大乗院寺社雑事記』）。親征は事態が何ら好転しないまま長期化し、長享三年（延徳《えんとく》元年、一四八九）三月にとうとう義尚は鈎で陣没してしまった。死因は過度の飲酒のための「内損《ないそん》」（内蔵の病気）によるものとされている（『親長卿記』）。義尚の没後、権力を振るっていた近臣たちのうち、奉公衆五番衆番頭という地位を保持していた大館尚氏以外は失脚し、義尚を中心とする政権は瓦解するに至った。

義材の焦り

足利義尚の死去後、美濃国に逃れていた足利義視《よしみ》とその子義材が上洛を図った。彼らの上洛を細川政元は阻止しようとしたが、失敗した。当時の日記のなかには、義尚が近江国在陣中「御退屈」になったので、義材を代官として在陣させて自らは京都に帰るつもりであったと記すものもある（『宣胤卿記《のぶたねきょうき》』）。日野富子は義材を義尚の後継者として認めていた。しかし政元は、

15—足利義材像（等持院所蔵）

堀越公方《ほりごえくぼう》足利政知《まさとも》の子である香厳院清晃《きょうげんいんせいこう》（のちの義遐《よしとお》・義《よし》高《たか》・義澄《よしずみ》）を義尚の後継者に望んでいた（『大乗院寺社雑事記』）。

　こうしたなかで足利義政は、後土御門天皇《ごつちみかどてんのう》に「天下之政道」の執行《しっこう》を執奏し、天皇は足利義持《よしもち》を先例として許可した（『蔭凉軒日録』）。しかし義尚の葬儀に参列できないほど当時の義政の体調は悪く、翌延徳二年（一四九〇）一月七日に死去した。なお、義政の菩提《ぼだい》所は、当初相国寺大智院《しょうこくじだいちいん》と定められたが、菩提所になることにともない大智院が慈《じ》照院《しょういん》に改称することについて大智院側から反対があり、結局義視の遺骨（義政没のちょうど一年後に死去）が安置されていた相国寺大徳院《だいとくいん》が慈照院に改称して義政の菩提所となることで決着した。つまり、没後一年ものあいだ義政の遺骨は宙に浮いた状態になっていたわけである。室町殿として君臨した人物の死後の扱いとしてはあまりにも悲しいといえよう。

　さて、義政が没したことにより、将軍家にはもはや選択肢がなく、義材を当主とすることが決まり、そのことが日野富子から後土御門天皇に上奏された（『お湯殿の上の日記』）。ところが、義材が次期将軍に確定したことで、その父義視が後見役として政務に関わることになり、これが富子との不和を生み出してしまう。富子は義視を敵視するようになり、それに対して義視は富子の所領を奪い、またそれに対して富子が自らの居所であった小川御所《こかわのごしょ》を香厳院清晃に与えようとするという具合である。これには細川政元も同意していたが、それを聞きつけた義視は、香厳院清晃の手に渡る前に小川御所を破却してしまう（『後法興院政家記』）。富子・政元と義視・義材の対立軸が誕生しつつあった。

延徳二年六月二十一日に将軍宣下《しょうぐんせんげ》がなされる予定であったが、当日になって政元が「腫物所労《はれもののしょろう》」を申し立てたため延引となった。しかしそれは表向きの理由であって、その証拠に政元があちこち遊覧に出かけていることが当時の日記には書きとめられている。細川邸が儀式の場に指定されたことが不満であったとも書きとめられているが（『大乗院寺社雑事記』）、要は政元は義材への将軍宣下自体に不満を持っていたのであろう。将軍宣下は七月五日にあらためて執り行われたが、政元は判始《はんはじめ》のときに管領に課せられた役割を果たさず（『政覚大僧正記《せいがくだいそうじょうき》』）、しかも翌日には管領を在任わずか二日目で辞めてしまう。義材と政元の対立は、延徳三年に義視が死去して義材が後ろ盾をなくしたことにより、政元の優位に展開することになる。

義材の近江親征

延徳三年（一四九一）二月、細川政元は九条政基《くじょうまさもと》の子を養子として迎えた（『後法興院政家記』）。のちの澄之《すみゆき》である。この子の母は堀越公方足利政知《まさとも》の妻と姉妹関係にあるので、香厳院清晃の従兄弟にあたる。そのような人物を養子として迎えることにより、清晃擁立の下準備を行ったとされている（ただし『後法興院政家記』には、今回の養子契約は九条家側が望んだことであったと書かれている）。その直後に政元は巡礼と称して関東に下向するが、これは山内上杉氏《やまのうちうえすぎし》との連携を模索するためであったと考えられている。

こうした動きを足利義材は警戒した。義材は足利義尚と同様に六角氏征伐を開始するが、それには代始めの徳政の意味合いとともに、合戦を行って戦果を挙げることで人望を集める目的があったと推測される。延徳三年四月の時点で、義材の出陣先が近江国か河内国のどちらかであると噂されている（『大乗院寺社雑事記』）。同年六月には公家衆に対して所領の一覧を提出させ、それらの所領回復をスローガンとして近江征伐が開始される。

同年八月の義材出陣には、奉公衆のほか、畠山尚順・斯波義寛などの管領家や、赤松政則《あかまつまさのり》・山名俊豊などの大名、武田元信《たけだもとのぶ》などの御供衆、仁木政長《につきまさなが》などの外様衆、吉良義信などの御一家といった、義尚の親征とほぼ同様のメンバーが従った（『大乗院寺社雑事記』）。前回同様、大名たちはさまざまな思惑を抱きながらの参陣であったとみられるが、セレモニーとしては充分過ぎる陣容であったといえよう。

義材の陣所は三井寺《みいでら》に置かれた。六角軍の主力であった山内政綱《やまうちまさつな》を誘殺することに成功し、延徳四年（明応元年、一四九二）三月には主力を失った六角軍に大勝した。しかし前回と同様に当主高頼を捕縛することには失敗した。また当初のスローガンとは異なり、義材は近江国内の寺社本所領を御料所としたうえで、奉公衆に支配させようとした（『後法興院政家記』）。義材の真の目的は、奉公衆に所領を与えることで、主従関係を強化することにあったと考えられる。

義材は一応の戦果を挙げたと考えたのか、明応元年十二月に帰京した（『大乗院寺社雑事記』）。しかし人望を集めるには至らず、細川政元の制止を振り切っての出陣であったため、政元との関係も悪化した（『大乗院寺社雑事記』）。義材は、畠山政長の申請を受けて（『親長卿記』）近江在陣中から河内の畠山基家（義就子）討伐を決めており（『大乗院寺社雑事記』）、翌明応二年二月に出陣した。河内畠山氏内部では、延徳二年十二月の義就死没後、それまで家政を担っていた奉行人豊岡慶綱《とよおかよしつな》や花田《はなだ》家清《いえきよ》が没落し、守護代家である遊佐《ゆさ》氏や誉田《こんだ》氏が復権を図るなど、体制に動揺が走っていた。また延徳四年五月には、河内畠山氏のお膝元である河内国内で土一揆が起きていた。政長の申請は、こうした河内畠山氏領国の混乱につけ込んだものであると考えられている。一方、義材にとっても、これは政長を細川政元の対抗勢力とするための良い機会であった。義材と政長の思惑が一致した形となり、六角氏討伐から休む間もなく河内畠山氏討伐が実行に移されることになるのである。

細川政元と伊勢貞宗による新将軍擁立

義材は、斯波義寛や細川義春《よしはる》（讃州家）、武田《たけだ》元信《もとのぶ》・赤松政則《あかまつまさのり》など大軍を引き連れて石清水八幡宮近くの善法寺《ぜんぽうじ》（同宮将軍家御師《おし》）に滞在した後（『後法興院政家記』）、畠山政長の陣所である河内国正覚寺《しょうがくじ》に到着して、畠山基家方と対峙した（『蔭凉軒日録』）。しかし根本は畠山氏内部の争いであり、大名たちはいうまでもなく、奉公衆の意気も上がらなかったと考えられている。しかも細川政元は今回の河内出陣についても反対してお

16―足利義澄像（等持院所蔵）

り、それを義材に申し入れたところ、義材の不興を買い、あまつさえ次の討伐対象となってしまった。そこで政元は「御世を改め申す」と決心し、「諸大名」も同心したとされる（『大乗院寺社雑事記』。ただしこの「諸大名」がどこまでの勢力を〈あるいは誰を〉指すのかについては議論がある）。

しかしながら合戦自体は義材側の有利に進むなか、基家方として大和国を制圧していた越智《おち》氏と古市氏のもとに、伊勢貞宗から香厳院清晃擁立計画がもたらされた。これを聞いた越智氏と古市氏は「喜悦是非なし」という状況であったという（『大乗院寺社雑事記』）。義材は、細川政元だけではなく伊勢貞宗も敵に回していたのである。当時の貞宗は政所執事の職を辞していたが（『室町幕府《むろまちばくふ》諸奉行《しょぶぎょう》次第《しだい》』）、幕府内での権力は健在であった。

さらに、その貞宗とともに日野富子が政元の行動を容認して全面的に援助したことが、政変で義材と彼に従う者たちを離間させることに繋がったと考えられている。義政・義尚が没した後の日野富子は足利将軍家の事実上の家長であり、義材を後見すべき立場にあった。その富子は、義材が自身の権

17—細川政元画像（竜安寺所蔵）

力強化のために近江国のみならず河内国にまで諸大名を動員し、そのことによって細川政元をはじめとする大名たちと溝を深めている状況をみて、義材に見切りを付けたと考えられている（政変自体が、政元ではなく日野富子によって主導されたものであったとする見方もある）。

政元も、尼となっていた自らの姉をむりやり還俗《げんぞく》させ、明応二年（一四九三）三月に赤松政則のもとに嫁がせて、赤松氏を自陣営に取り込むことに成功していた（ただし、事前に政則へ政変に関して相談はなく、政変後に最終的に政則が政元側に付くことを決めたのも、播磨・備前《びぜん》・美作《みまさか》三か国に存在する不知行地の回復と、一時期守護を務めたことがある加賀国の守護職の保障を政元から取り付けたからであった〈『蔭涼軒日録』〉）。政元により、義材と政長を共通の敵とする包囲網が、次第に形成されつつあった。

同年四月二十二日、河内出陣に従軍せず在京していた細川政元は、満を持して清晃を将軍家の継嗣に擁立した。このことを耳にした後土御門天皇は、かねてから念願していた譲位《じょうい》の良い機会であると考え、甘露寺《かんろじ》親長《ちかなが》ら廷臣に相談をした。しかし親長は、「武家の方でどのような変化があろうともそれに合わせて行動するようなことはあってはなりません。（譲位したいという）お気持ちについては、機会を改めて幕府に伝えるべきです」と主張して、天皇に譲位を諦めさせた（『親長卿記』）。清晃は同二十八日に還俗して義遐と名乗り、朝廷から従五位下《じゅごいのげ》に叙された。こうした京都の情勢を受けて、河内で畠山基家と対陣中であった大名や奉行人たちは、続々と帰京、あるいは基家方に寝返った（『蔭凉軒日録』）。義材の許に残ったのは、畠山政長とその一族、義材の父である義視の代から仕えていた一族、将軍直臣団のなかでも下位に位置付けられる人々であったと指摘されている。美濃国で成長の後に上洛して将軍になった義材には、父義視の時代から仕えている種村《たねむら》氏のほかは支持基盤らしきものが見当たらず、種村氏も幕府内で大きな力を有してはいなかった。公家衆の葉室光忠《はむろみつただ》が義材の側近となるが、光忠の横暴な振る舞いは大名たちの反感を招いた（細川政元以外の大名たちは、この光忠の排除を目論んで政変に参加したのであって、義材の廃立までは望んでいなかったとの噂も流れていた〈『大乗院寺社雑事記』〉）。近江親征を契機とした人心掌握も失敗に終わり、義材の周囲には、畠山政長のほかには義材のために戦おうとする人物はわずかしかいなかったのである。

なおこの間、伊勢貞宗も在京しており、祈禱《きとう》命令が出されたことを伝える書状を発給している（「大薮海氏所蔵文書」）。おそらく、将軍不在のなかで祈禱を命じる奉行人奉書が出されており、その副状《そえじょう》として貞宗は書状を認《したた》めたのであろう。

細川政元方やそれに協力する赤松氏の被官上原元秀《うえはらもとひで》は、義材と政長が籠もる正覚寺を攻めた。義材に味方する者は少なく、閏《うるう》四月二十五日に義材は投降、政長は自害した（『晴富宿禰記』）。政長の息子である尚順は守護分国であった紀伊《きい》国へ没落した。清晃擁立から約一か月の間に繰り広げられた内戦は、明応の政変と呼ばれている。嘉吉《かきつ》の変のように一大名が個人の利益を優先して起こしたものではなく、細川政元が伊勢貞宗や日野富子ら多くの賛同者を得て周到な準備のうえに実行した、クーデターであった。

再び争乱の世へ——エピローグ

義材の投降後まもなく行われた伊勢神宮《いせじんぐう》の将軍家御師《おし》の補任は、細川政元《ほそかわまさもと》が「判形《はんぎょう》を以て」行った（『晴富宿禰記《はれとみすくねき》』）。御師《おんし》の補任は将軍が署判する御判御教書《ごはんのみぎょうしょ》でなされるのが通例であったが（「藤波文書《ふじなみもんじょ》」）、将軍不在のなか、おそらく室町幕府御教書のように管《かん》領《れい》が将軍の命令を奉《うけたまわ》る形式のものが発給され、補任がなされたのであろう。

義材の敗者復活戦

細川氏《ほそかわし》被官の屋敷（龍安寺とも）に幽閉されていた義材《よしき》は、日野富子《ひのとみこ》によって毒殺されかけるなどして身の危険を感じ、密かに脱出した（『親長卿記《ちかながきょうき》』）。畠山政長《はたけやままさなが》の守護分国であった越中《えっちゅう》国放生津《ほうじょうづ》に逃れた義材は、そこから各地に細川政元《まさもと》討伐を呼びかける御内書《ごないしょ》を送った。これに応じたのが、能登《のと》守護《しゅご》畠山義統《はたけやまよしむね》や加賀《かが》守護富樫泰高《とがしやすたか》、越前《えちぜん》の朝倉貞景《あさくらさだかげ》など北陸の勢力であった。このように、義材がわずかな期間に味方の勢力を確保することに成功していることから、明応《めいおう》の政変に際してみられた大名間の協力関係は、実はごく一部に留まっていたのではないかとの見方もある（先述）。のちにみるように義材が再起を果たすことができたのも、そうした反政変派（反細川政元派と言い換えてもよいかもしれない）

の支援が継続的になされたためであろう。

さらにこの御内書は、越中からは遠い九州に対しても出されており、肥後《ひご》相良氏《さがらし》に対しては、豊後《ぶんご》の大友義右《おおともよしすけ》を通じてその御内書が届けられた。相良氏当主為続《ためつぐ》は翌明応《めいおう》三年（一四九四）二月に義材に対して命令を承諾する旨を報じたが、実際に協力するには至らなかった。このため義材は為続へ再度加勢を求めたが、為続は大友氏と協力して上洛すると述べるにとどまった（「相良家文書」）。

越中国から離れた地方からの協力はなかなか得られなかったが、北陸経由で上洛《じょうらく》の道を確保できた義材は越前国に居所を移し、明応八年十一月には近江《おうみ》国坂本《さかもと》まで進軍する。しかしここで細川政元の軍勢に敗れ、比叡山《ひえいざん》に逃れた。その後、かねてより協力を取り付けていた周防《すおう》国の大内義興《おおうちよしおき》のもとに逃れ、大内氏の武力を頼りとして再起を図ることになる。

翌年三月に海路を経て周防国に入国した義材は、さっそく以前のように各地の守護たちに御内書を送って自らに味方することを求めた。このときの御内書には、以前と異なり大内義興の名が記されており（「相良家文書」）、義材を擁する義興と義澄《よしずみ》を擁する細川政元という構図が鮮明になったともいえる。

政元は義興を打倒すべくその周辺勢力に出陣を命じ、豊後大友氏や安芸《あき》毛利氏《もうりし》など安芸・石見《いわみ》の国人たちがそれに従った。しかしその後政元と義澄との間に対立が生じ、政元が政務放棄に及ぶなどしたため、義興に対する包囲網は発動されることなくその役目を終えた。

政元は、奇行が多かった人物として知られている。たとえば、修験道《しゅげんどう》に熱心になり、天狗《てんぐ》となるべく修行したであるとか、魔法を使えるようになるべく女性との交わりを拒否していたなどである。本当だろうかと疑いたくもなるが、実子がいなかったことは確かであり、延徳《えんとく》三年（一四九一）二月に養子とした澄之《すみゆき》に引き続き、文亀三年（一五〇三）五月には讃州家《さんしゅうけ》出身の澄元《すみもと》を養子とした。細川氏は政元の跡目《あとめ》をめぐって分裂し、永正《えいしょう》四年（一五〇七）六月に政元は暗殺されてしまう（『不問物語《とわずものがたり》』）。

そしてこの混乱に乗じて義材は再起を図り、永正五年に義興を従えて上洛、再度征夷大将軍《せいいたいしょうぐん》に補任《ぶにん》された（『公卿《くぎょう》補任《ぶにん》』）。同一人物の二度にわたる征夷大将軍補任は、室町幕府の歴史上はじめてのことであった。

室町幕府の行方

畠山基家は明応の政変により政長から河内《かわち》国を守り切ることに成功したが、有力被官である遊佐氏《ゆさし》と誉田氏《こんだし》との争いを止めることができず、この争いに乗じた畠山尚順の河内侵攻まで許してしまった。結局誉田氏が敗退し、その一部は尚順方へ寝返ることになる。両畠山氏の争いはこの後も継続した。

将軍に復帰した義材は、細川政元暗殺後の細川家内部の混乱を収めた細川高国《たかくに》と、上洛を支援してくれた大内義興を両輪として政務を行った。一方の敗れた義澄は、再戦を挑もうとするがその前に病死する。しかしのちに義材は義興の帰国により高国と対立することが多くなり、高国が同族の澄元に敗れた際、義材が澄元の味方をしたことを契機として両者の仲は決裂する。義材は永正十八年（一五二一）三月に京都を脱出して淡路国《あわじ》、のちに阿波国《あわ》に逃れた。代わって高国によって足利氏《あしかがし》の家督《かとく》に据えられたのは、あの義澄の遺児であった（第十二代将軍義晴《よしはる》）。ところが義澄にはもう一人遺児がいた。彼は京都を逃れた義材の養子となっており、義維《よしつな》と称して阿波国から上洛の機会をうかがった。以後も将軍家は分裂して抗争を続けることになる。

応仁・文明の乱の終結後、幕府は息を吹き返しかけたが、明応の政変によりとどめを刺され、もはや往時の勢いを取り戻すことはなかったのである。

あとがき

最初に執筆のお話をいただいたとき、大変光栄に思うと同時に「なぜ私のような若造に依頼が？」と思った（一般的には若手といい難い年齢であるが、この世界ではまだまだひよっこである）。そして何より、本シリーズのような通史本の執筆者の一人となることに大変不安を覚えた。なぜならば、通史本の執筆者には当該期の政治・経済・文化のすべての分野に通暁していることが求められ、さらにそれぞれの分野で蓄積された研究成果を古典的なものから最新のものまで精読して自身のなかで正しく理解し、それをわかりやすい形に変換して提示する能力が必要とされると考えていたからである。そのような能力が私に備わっていないことは、本人が一番自覚している。

しかし、編者・執筆者を交えて会合を重ねるなかで、これまでの枠にとらわれない（比較的）若手の視点からの執筆が望まれており、その一人として自分は幸いにも選ばれたのであろうと思うようになった。また、本シリーズが中央だけではなく地方の視点も重視することをコンセプトとしている点は大きく共感するところであり、次第に執筆に前向きになっていった。

通史本などにある応仁・文明の乱の記述を読んで私がいつも物足りなさを感じていたのは、中央の情勢ばかり注目されることと、朝倉孝景が西軍から東軍に寝返った文明三年（一四七一）以降の記述が非常に薄くなることであった。本書ではそれを克服すべく、地方については国単位で目を向け、文明三年以降の情勢についてもできるだけ書き記そうと考えた。

しかし、これが予想以上に大変な作業であった。手始めに各県の歴史の概説書から当たっていったが、数十年前に出版されたもので現在の研究水準を踏まえると再検討が必要な記述があるものや、そもそも応仁・文明の乱に関する記述が極めて少ない概説書が、決して少なくなかったからである。論文などの研究成果についても、県によってその蓄積にかなり差があることを実感した。

そこで本書執筆に際しては、中央・地方を問わず、できるだけ概説書や論文の記述の元となった史料の原文に当たるようにし、史料解釈の再検討も行った。そのために、通説とは違う見解を示した箇所も少なくない。そうしたことはまず論文発表により議論を重ねたうえで通史本の文章にすべきであるとも考えたが、それを行っていると本書の刊行は数年先延ばしになってしまう（この点、編集者の方々には大変なご心配とご苦労をおかけした）。史料や先行研究を丹念に検討して充分に議論された完成形を読者の皆様に提供できなかったことは大変心残りであるが、現段階の研究成果とそれに対する自分の考えを一応述べることはできたと思う。

なお、本書の大半は勤務先（お茶の水女子大学）での授業内容が基となっている。授業をした後に学生からコメントや質問を提出してもらっており、それに対しては必ず返信をしているのであるが、そこでの遣り取りのなかで気が付いたことも本書には多く反映されている。そうした意味で学生たちは「共著者」である。毎週飽きもせず真剣に私の授業を聞いてくれ、ときにはさまざまなアドバイスまでくれた学生たちには、この場を借りてお礼を述べたい。

また、自治体史にも大変お世話になった。そのうちのいくつかについては参考文献として掲げたものの、割愛せざるを得なかったものも多い。自治体史の入手は誰でも可能ではあるものの、ネット通販ほど手軽ではない。自治体のサイト上で無料公開されていたり、ＡＤＥＡＣ（https://trc-adeac.trc.co.jp/　最終閲覧日二〇二一年一月二十日）で公開されている自治体史もあるが、刊行されている自治体史数と比較すればその数はまだまだ少ない。せっかく多大な時間と労力をかけて刊行されたにもかかわらず日の目を見ない自治体史が数多くあるのは、残念でならない。

むろん、数々の著書や論文にもお世話になった。このように、本書はさまざまな人たちの直接的・間接的なご支援により成り立ったものである。著者の能力不足によりそのご支援のすべてを活かすことができなかったが、ひとまず形にしてご支援に報いるとともに、読者の皆様のご批判・ご叱正を乞いたいと思う。

二〇二一年一月二十一日　三十九歳の誕生日に

大　藪　海

参考文献

青山英夫「「明応の政変」に関する覚書」(『上智史學』二八、一九八三年)
阿蘇品保夫『(改訂新版)菊池一族』(新人物往来社、二〇〇七年)
天野忠幸「応仁の乱と尼崎」(『地域史研究〈尼崎市立地域研究史料館紀要〉』一一七、二〇一七年)
天野忠幸「応仁の乱における尼崎の戦いと大内氏」(『地域史研究〈尼崎市立地域研究史料館紀要〉』一一八、二〇一八年)
荒木和憲『中世対馬宗氏領国と朝鮮』(山川出版社、二〇〇七年)
荒木和憲『対馬宗氏の中世史』(吉川弘文館、二〇一七年)
家永遵嗣「明応二年の政変と伊勢宗瑞(北条早雲)の人脈」(『成城大学短期大学部紀要』二七、一九九六年)
家永遵嗣「将軍権力と大名との関係を見る視点」(『歴史評論』五七二、一九九七年)
家永遵嗣「「三魔」」(『日本歴史』六一六、一九九九年)
家永遵嗣「北陸地方における戦国状況の形成」(『加能史料研究』一六、二〇〇四年)
家永遵嗣「足利義材の北陸滞在の影響」(加能史料編纂委員会編『加賀・能登　歴史の扉』石川史書刊行会、二〇〇七年)
家永遵嗣「足利義視と文正元年の政変」(『学習院大学文学部研究年報』六一、二〇一四年)

池田こういち『肥後相良一族』(新人物往来社、二〇〇五年)
石田晴男『応仁・文明の乱』(吉川弘文館、二〇〇八年)
石田文一「富樫氏の存続と滅亡」(野々市町史編纂委員会編『野々市町史　通史編』石川県野々市町、二〇〇六年)
石野弥栄『中世河野氏権力の形成と展開』(戎光祥出版、二〇一五年)
石野弥栄「細川京兆家の守護支配について」(『栃木史学』七、一九九三年)
石原比伊呂「室町後期における二条家の停滞」(『聖心女子大学論叢』一三〇、二〇一八年)
伊藤幸司「室町幕府の日明貿易と禅宗勢力」(同『中世日本の外交と禅宗』吉川弘文館、二〇〇二年)
伊藤大貴「応仁・文明の乱と山名氏」(『日本史研究』六六〇、二〇一七年)
伊東正子「戦国時代における公家衆の「在国」」(『日本歴史』五一七、一九九一年)
稲葉継陽「室町・戦国期の菊池氏権力」(熊本県立美術館編『(日本遺産認定記念) 菊池川二千年の歴史　菊池一族の戦いと信仰』菊池川二千年の歴史展実行委員会、二〇一九年)
井上幸治「解説」(同編『外記補任』続群書類従完成会、二〇〇四年)
今泉淑夫『亀泉集証』(吉川弘文館、二〇一二年)
今谷　明『守護領国支配機構の研究』(法政大学出版局、一九八六年)
馬田綾子「洛中の土地支配と地口銭」(『史林』六〇—四、一九七七年)
榎原雅治『室町幕府と地方の社会』(岩波書店、二〇一六年)
榎原雅治「一揆の時代」(同編『一揆の時代』吉川弘文館、二〇〇三年)
榎原雅治「室町殿の徳政について」(『国立歴史民俗博物館研究報告』一三〇、二〇〇六年)

榎原雅治・清水克行編『室町幕府将軍列伝』（戎光祥出版、二〇一七年）
大庭康時・佐伯弘次・坪根伸也編『武士の拠点　鎌倉・室町時代』（高志書院、二〇二〇年）
大薮　海『室町幕府と地域権力』（吉川弘文館、二〇一三年）
大薮　海「大乗院尋尊と東林院尊誉」（『年報三田中世史研究』二〇、二〇一三年）
大薮　海「南北朝期の興福寺強訴と戒重西阿」（『大美和』一三四、二〇一八年）
大薮　海「明応の政変における伊勢貞宗の動向」（『日本歴史』八四六、二〇一八年）
大薮　海「応仁の乱」（高橋典幸編『中世史講義【戦乱篇】』筑摩書房、二〇二〇年）
大利恵子「室町末期幡多荘の実態と特質の検討」（同『摂関家領土佐国幡多荘再考』清文堂出版、二〇一九年）
岡田謙一「統源院殿春臺常繁小考」（『ヒストリア』一六七、一九九九年）
岡村吉彦「伯耆山名氏の権力と国人」（市川裕士編『山陰山名氏』戎光祥出版、二〇一八年）
岡村吉彦「戦国期因幡国における守護支配の展開と構造」（同前）
小川剛生「足利義尚の私家集蒐集」（同『中世和歌史の研究　撰歌と歌人社会』塙書房、二〇一七年）
小川　信「淡路・讃岐両国の守護所と守護・守護代・国人」（『国立歴史民俗博物館研究報告』八、一九八五年）
奥野高廣『戦国時代の宮廷生活』（続群書類従完成会、二〇〇四年）
落合謙暁「土佐家伝来の伝足利義政像について」（『日本歴史』七七二、二〇一二年）
蔭木英雄『蔭凉軒日録』（そしえて、一九八七年）
片岡秀樹「文明・明応期の但馬の争乱について」（市川裕士編『山陰山名氏』戎光祥出版、二〇一八年）

金子　拓「室町時代における贈与交換」（同『中世武家政権と政治秩序』吉川弘文館、一九九八年）
河合正治『安芸毛利一族』（吉川弘文館、二〇一四年）
川岡　勉『室町幕府と守護権力』（吉川弘文館、二〇〇二年）
川岡　勉『山名宗全』（吉川弘文館、二〇〇九年）
川岡　勉『山城国一揆と戦国社会』（吉川弘文館、二〇一二年）
川岡　勉「尼子氏による出雲国成敗権の掌握」（『松江市史研究』五、二〇一四年）
川岡　勉「中世後期備後における守護支配と国衆」（『愛媛大学教育学部紀要』六五、二〇一八年）
川岡　勉「山名氏の但馬支配と室町幕府」（市川裕士編『山陰山名氏』戎光祥出版、二〇一八年）
川岡勉・西尾和美『伊予河野氏と中世瀬戸内世界』（愛媛新聞社、二〇〇四年）
川上　貢『日本中世住宅の研究〔新訂〕』（中央公論美術出版、二〇〇二年）
川島英子『まんじゅう屋繁盛記　塩瀬の六五〇年』（岩波書店、二〇〇六年）
川添昭二「九州探題の衰滅過程」（『九州文化史研究所紀要』二三、一九七八年）
河村昭一『安芸武田氏』（戎光祥出版、二〇一〇年）
河村昭一「一色氏の分国・分郡における守護・「郡主」在職期間」（同『南北朝・室町期一色氏の権力構造』戎光祥出版、二〇一六年）
神田千里『一向一揆と戦国社会』（吉川弘文館、一九九八年）
神田千里『蓮如』（山川出版社、二〇一二年）
木岡敬雄「慈照寺銀閣の修理工事に伴う新知見について」（桃崎有一郎・山田邦和編『室町政権の首府構想と京都』文理閣、二〇一六年）

木越祐馨「長享の一揆と石川郡」（野々市町史編纂委員会編『野々市町史　通史編』石川県野々市町、二〇〇六年）
岸田裕之「守護山名氏の備後国支配の展開と知行制」（同『大名領国の構成的展開』吉川弘文館、一九八三年）
木下　聡「斯波氏の動向と系譜」（同編『管領斯波氏』戎光祥出版、二〇一五年）
木下　聡編『足利義政発給文書（2）　足利義煕（義尚）発給文書』（戦国史研究会、二〇一六年）
木下昌規「応仁・文明の乱期における室町幕府と日野勝光」（同『戦国期足利将軍家の権力構造』岩田書院、二〇一四年）
金龍　静『蓮如』（吉川弘文館、一九九七年）
國原美佐子「唐船奉行の成立」（『東京女子大学紀要論集』四四―二、一九九四年）
久留島典子「応仁文明の乱と益田氏」（『東京大学史料編纂所研究紀要』一七、二〇〇七年）
黒嶋　敏「九州探題考」（同『中世の権力と列島』高志書院、二〇一二年）
桑山浩然「徳政令と室町幕府財政」（同『室町幕府の政治と経済』吉川弘文館、二〇〇六年）
小池辰典「明応の政変における諸大名の動向」（『白山史学』五一、二〇一五年）
小泉義博『本願寺蓮如の研究　上』（法藏館、二〇一六年）
呉座勇一『応仁の乱』（中央公論新社、二〇一六年）
小林基伸「有馬郡守護について」（『大手前大学人文科学部論集』二、二〇〇一年）
小森崇弘『戦国期禁裏と公家社会の文化史』（小森崇弘君著書刊行委員会、二〇一〇年）
齋木一馬『古記録の研究下　齋木一馬著作集2』（吉川弘文館、一九八九年）

佐伯弘次「九州の守護大名」（大庭康時他編『武士の拠点　鎌倉・室町時代』高志書院、二〇二〇年）
酒井紀美「戦場の中の東寺境内」（同『応仁の乱と在地社会』同成社、二〇一一年）
酒井信彦「戦国時代における朝廷の文化活動」（『儀礼研究』三七、二〇〇六年）
桜井英治『室町人の精神』（講談社、二〇〇九年）
桜井英治『贈与の歴史学』（中央公論新社、二〇一一年）
桜井英治「折紙銭と十五世紀の贈与経済」（同『交換・権力・文化　ひとつの日本中世社会論』みすず書房、二〇一七年）
設楽　薫「足利義材の没落と将軍直臣団」（『日本史研究』三〇一、一九八七年）
設楽　薫「足利義尚政権考」（『史学雑誌』九八―二、一九八九年）
島根県古代文化センター編『戦国大名尼子氏の伝えた古文書』（一九九九年）
清水克行「まぼろしの鎌倉公方」（『駿台史学』一五七、二〇一六年）
守護所シンポジウム＠岐阜研究会　世話人編『第12回東海考古学フォーラム岐阜大会　守護所・戦国城下町を考える』第1分冊　シンポジウム資料集、第2分冊　守護所・戦国城下町集成、二〇〇四年）
新谷和之「紀伊国における守護拠点の形成と展開」（小谷利明・弓倉弘年編『南近畿の戦国時代』戎光祥出版、二〇一七年）
新谷和之「六角氏における権力内秩序の形成と展開」（同『戦国期六角氏権力と地域社会』思文閣出版、二〇一八年）
末柄　豊「細川政元と修験道　司箭院興仙を中心に」（『遙かなる中世』一二、一九九二年）
末柄　豊「洞院公数の出家」（田島公編『禁裏・公家文庫研究　第一輯』思文閣出版、二〇〇三年）

末柄　豊「室町文化とその担い手たち」（榎原雅治編『一揆の時代』吉川弘文館、二〇〇三年）
末柄　豊「『不問物語』をめぐって」（『年報三田中世史研究』一五、二〇〇八年）
末柄　豊「東山御文庫に残された足利義政女房奉書について」（田島公研究代表『目録学の構築と古典学の再生』東京大学史料編纂所研究成果報告二〇〇八―一、二〇〇九年）
末柄　豊「応仁・文明の乱」（『岩波講座日本歴史　第8巻中世3』岩波書店、二〇一四年）
末柄　豊「足利義政初政期の幕府文書にみる「御判紙」」（湯山賢一編『古文書料紙論叢』勉誠出版、二〇一七年）
菅原正子「中世の御旗」（同『中世の武家と公家の「家」』吉川弘文館、二〇〇七年）
鈴木良一『大乗院寺社雑事記』（そしえて、一九八三年）
須田牧子「大内氏の外交と室町政権」（川岡勉・古賀信幸編『西国の文化と外交』清文堂出版、二〇一一年）
須田牧子「大内教幸考」（同『中世日朝関係と大内氏』東京大学出版会、二〇一一年）
瀬戸　薫「富樫氏の守護復帰と内訌」（野々市町史編纂委員会編『野々市町史　通史編』石川県野々市町、二〇〇六年）
髙木淑子「六角氏と伊庭氏」（東近江市史 能登川の歴史編集委員会編『東近江市史　能登川の歴史　第2巻　中世・近世編』滋賀県東近江市、二〇一三年）
高橋　修「日野（裏松）重子に関する一考察」（『国史学』一三七、一九八九年）
高橋公明「外交儀礼よりみた室町時代の日朝関係」（『史学雑誌』九一―八、一九八二年）
高橋秀樹「「家」社会の確立とジェンダー」（大口勇次郎他編『新体系日本史9　ジェンダー史』山川出版

社、二〇一四年）
高橋康夫「応仁の乱と都市空間の変容」（『京都中世都市史研究』思文閣出版、一九八三年）
高森邦男「室町幕府守護制度考」（『富山史壇』九五、一九八七年）
髙山有紀『中世興福寺維摩会の研究』（勉誠社、一九九七年）
田中淳子「室町幕府御料所の構造とその展開」（大山恭平教授退官記念会編『日本国家の史的特質　古代・中世』思文閣出版、一九九七年）
田中淳子「山城国における「室町幕府―守護体制」の変容」（『日本史研究』四六六、二〇〇一年）
田中健夫編『訳注日本史料　善隣国宝記　新訂続善隣国宝記』（集英社、一九九五年）
田端泰子『足利義政と日野富子』（山川出版社、二〇一一年）
田端泰子『室町将軍の御台所』（吉川弘文館、二〇一八年）
徳永裕之「備中守護家細川氏の守護代と内奉行」（『専修史学』三八、二〇〇五年）
鳥居和之「嘉吉の乱後の管領政治」（『年報中世史研究』五、一九八〇年）
鳥居和之「応仁・文明の乱後の室町幕府」（久留島典子・榎原雅治編『室町の社会』東京堂出版、二〇〇六年）
中島圭一「日銭屋考」（『遙かなる中世』九、一九八八年）
永島福太郎『一条兼良』（吉川弘文館、一九五九年）
永島福太郎『応仁の乱』（至文堂、一九六八年）
中村直勝『東山殿義政私伝』（河原書店、一九七〇年）
新名一仁『日向国山東河南の攻防』（鉱脈社、二〇一四年）

新名一仁『室町期島津氏領国の政治構造』（戎光祥出版、二〇一五年）
野下俊樹「応仁・文明の乱における大内政弘の政治的役割」（『九州史学』一八五、二〇二〇年）
野田泰三「東山殿足利義政の政治的位置付けをめぐって」（桃崎有一郎・山田邦和編『室町政権の首府構想と京都』文理閣、二〇一六年）
橋本　雄『中華幻想―唐物と外交の室町時代史―』（勉誠出版、二〇一一年）
橋本　雄「東アジア世界の変動と日本」（『岩波講座日本歴史　第8巻中世3』岩波書店、二〇一四年）
橋本　雄「遣明船の歴史」（村井章介編集代表『日明関係史研究入門』勉誠出版、二〇一五年）
長谷川博史「戦国期出雲国における大名領国の形成過程」（同『戦国大名尼子氏の研究』吉川弘文館、二〇〇〇年）
羽田　聡「室町幕府女房の基礎的考察」（『京都国立博物館学叢』二六、二〇〇四年）
馬部隆弘「京都永観堂禅林寺文書補遺」（『大阪大谷大学歴史文化研究』二〇、二〇二〇年）
早島大祐『足軽の誕生』（朝日新聞出版、二〇一二年）
早島大祐「足利義政親政期の財政再建」（同『首都の経済と室町幕府』吉川弘文館、二〇〇六年）
原　慶三「応仁・文明の乱と尼子氏」（『松江市史研究』二、二〇一一年）
廣田浩治「中世後期の畿内・国・境目・地域社会」（川岡勉編『中世の西国と東国』戎光祥出版、二〇一四年）
廣田浩治「文明の和泉国一揆と国人・惣国」（小谷利明・弓倉弘年編『南近畿の戦国時代』戎光祥出版、二〇一七年）
藤井　崇『大内義興』（戎光祥出版、二〇一四年）

藤井雅子「中世醍醐寺における他寺僧の受容」(『日本女子大学紀要　文学部』六六、二〇一七年)
二木謙一「故実家多賀高忠」(同『中世武家儀礼の研究』吉川弘文館、一九八五年)
古野　貢『中世後期細川氏の権力構造』(吉川弘文館、二〇〇八年)
古野　貢「地域支配における室町幕府」(天野忠幸他編『戦国・織豊期の西国社会』日本史史料研究会企画部、二〇一二年)
北部九州中近世城郭研究会編『中世領主の本拠と城館』(二〇一八年)
堀本一繁「明応の政変と少弐氏」(『福岡市博物館研究紀要』一〇、二〇〇〇年)
松永和浩『室町期公武関係と南北朝内乱』(吉川弘文館、二〇一三年)
松山　宏「室町時代の越中国の守護と守護所」(『国立歴史民俗博物館研究報告』八、一九八五年)
丸山裕之『図説室町幕府』(戎光祥出版、二〇一八年)
水野恭一郎「嘉吉の乱と井原御所」(『鷹陵史学』一八、一九九二年)
水野智之『室町時代公武関係の研究』(吉川弘文館、二〇〇五年)
水野智之「応仁・文明の乱と尾張・三河」(愛知県史編さん委員会編『愛知県史　通史編2　中世1』愛知県、二〇一八年)
宮上茂隆「東山殿の建築とその配置」(桃崎有一郎・山田邦和編『室町政権の首府構想と京都』文理閣、二〇一六年)
村井章介編集代表『日明関係史研究入門』(勉誠出版、二〇一五年)
村井祐樹『六角定頼』(ミネルヴァ書房、二〇一九年)
村石正行「室町幕府奉公衆の「一味同心」」(『長野県立歴史館研究紀要』二六、二〇二〇年)

百瀬今朝雄「応仁・文明の乱」(『岩波講座日本歴史　第7巻中世3』岩波書店、一九七六年)
百瀬正恒「東山殿・慈照寺(銀閣寺)の建物配置と庭園」(桃崎有一郎・山田邦和編『室町政権の首府構想と京都』文理閣、二〇一六年)
森　茂暁『闇の歴史、後南朝』(角川書店、二〇一三年)
森　茂暁『室町幕府崩壊』(KADOKAWA、二〇一七年)
森　茂暁『南朝全史』(講談社、二〇二〇年)
森　茂暁「赤松満政小考」(『福岡大学人文論叢』四二—三、二〇一〇年)
森田恭二「和泉守護細川氏の系譜をめぐる諸問題」(『帝塚山学院大学人間文化学部研究年報』二、二〇〇〇年)
森田恭二「『金言和歌集』成立の歴史的背景」(『帝塚山学院大学日本文学研究』四〇、二〇〇九年)
安田次郎『走る悪党、峰起する土民』(小学館、二〇〇八年)
柳田快明『中世の阿蘇社と阿蘇氏』(戎光祥出版、二〇一九年)
山内　譲『中世瀬戸内海地域史の研究』(法政大学出版局、一九九八年)
山下知之「阿波国守護細川氏の動向と守護権力」(天野忠幸編『阿波三好氏』岩田書院、二〇一二年)
山田邦明『戦国の活力』(小学館、二〇〇八年)
山田邦明『室町の平和』(吉川弘文館、二〇〇九年)
山田貴司「西国の地域権力と室町幕府」(川岡勉編『中世の西国と東国　権力から探る地域的特性』戎光祥出版、二〇一四年)
山田貴司「九州の国人領主」(大庭康時他編『武士の拠点　鎌倉・室町時代』高志書院、二〇二〇年)

山田貴司「中世後期における相良氏の都鄙関係」（稲葉継陽・小川弘和編『中世相良氏の展開と地域社会』戎光祥出版、二〇二〇年）
山田康弘『足利義稙』（戎光祥出版、二〇一六年）
山田康弘編『戦国期足利将軍研究の最前線』（山川出版社、二〇二〇年）
山田康弘「明応の政変直後の幕府内体制」（同『戦国期室町幕府と将軍』吉川弘文館、二〇〇〇年）
弓倉弘年『中世後期畿内近国守護の研究』（清文堂出版、二〇〇六年）
弓倉弘年「河内王国の問題点」（小谷利明・弓倉弘年編『南近畿の戦国時代』戎光祥出版、二〇一七年）
和田秀作「大内武治及びその関係史料」（『山口県文書館研究紀要』三〇、二〇〇三年）
和田英道「足利義視『都落記』について」（『跡見学園女子大学紀要』一三、一九八〇年）
渡邊大門『中世後期山名氏の研究』（日本史史料研究会、二〇〇九年）
渡邊大門『赤松氏五代』（ミネルヴァ書房、二〇一二年）
渡邊大門「赤松氏再興と加賀国半国守護補任について」（同『中世後期の赤松氏』日本史史料研究会、二〇一一年）

系図

足利将軍家・日野氏系図

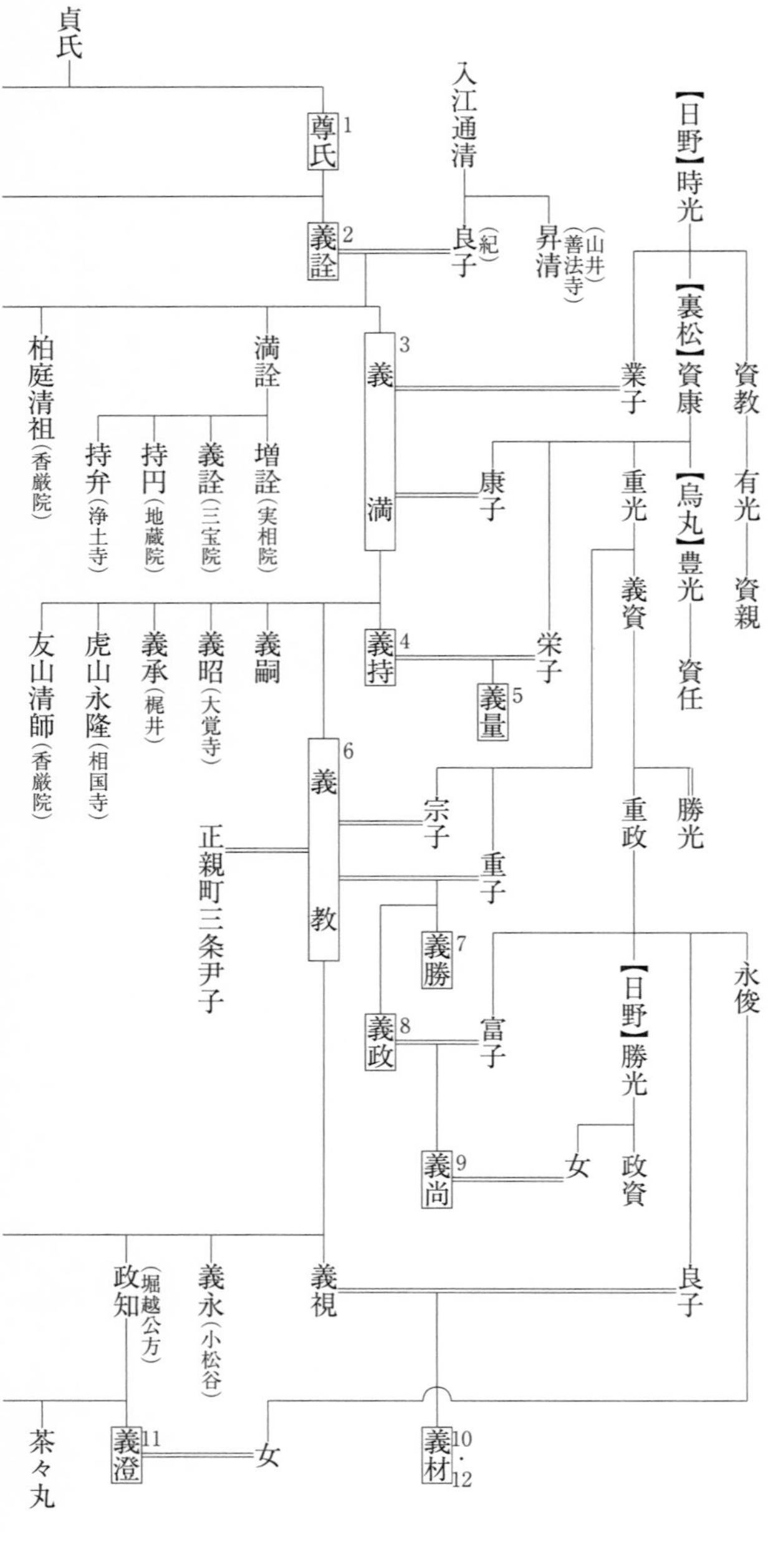

- 直義 = 直冬 ― 冬氏
  - 義尊
  - 義将
- 直冬
- 基氏〔鎌倉公方〕 ― 氏満
  - 満兼
    - 持氏
      - 義久
      - 安王
      - 春王
      - 成氏（古河公方） ― 政氏
    - 持仲
  - 満隆
  - 満貞（稲村御所）
  - 満直（篠川御所）
- 延用宗器（南禅寺）
- 義観（聖護院）
- 義尋（浄土寺）
- 義堯（梶井）
- 潤童子

1、2、3…は将軍の代数
歴代将軍は□で囲んだ

斯波氏系図

- 高経
  - 義将 ― 義教（義重）
    - 義淳 ― 義豊
    - 義郷 ― 義健
      - = 義廉
      - = 義敏 ― 義良（義寛）
    - 持有
  - 義種 ― 満種 ― 持種
    - 義敏
    - 義孝

渋川義鏡 ― 義廉

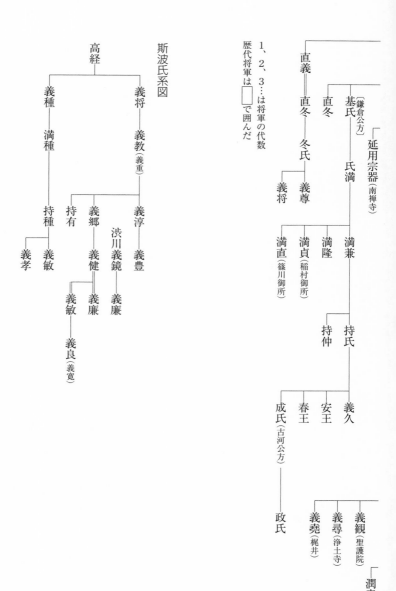

畠山氏系図

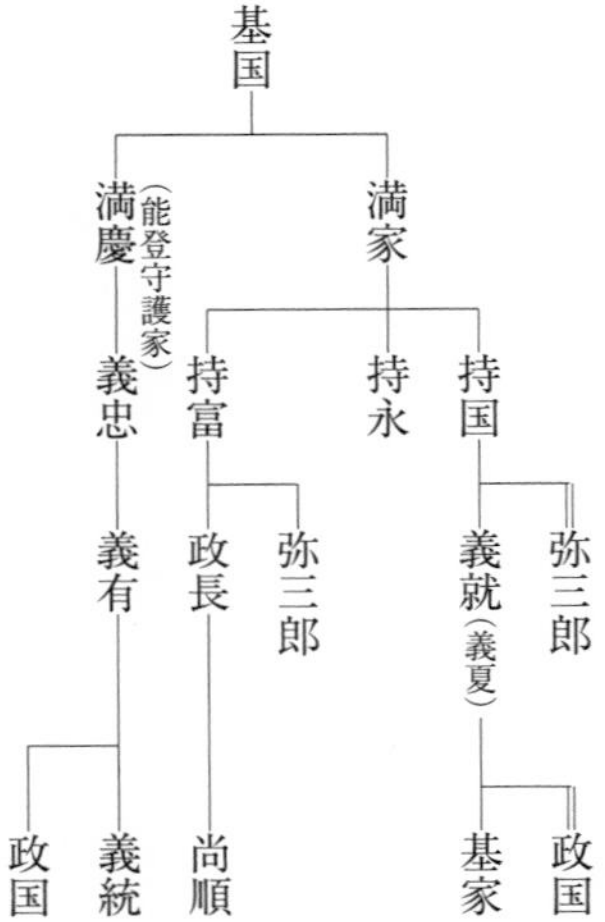
基国
満家
満慶（能登守護家）
持国
持永
持富
義忠
弥三郎
義就（義夏）
政長
弥三郎
義有
政国
基家
尚順
義統
政国

細川氏系図

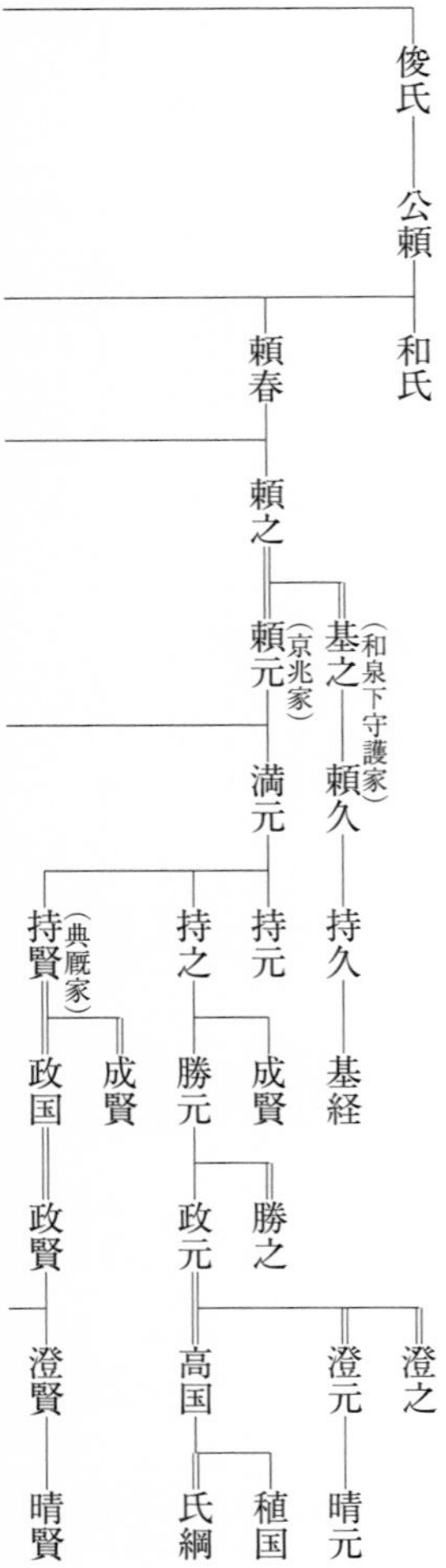
俊氏
公頼
和氏
頼春
頼之
基之（和泉下守護家）
頼元（京兆家）
頼久
満元
持久
持元
持之
持賢（典厩家）
基経
成賢
勝元
成賢
政国
勝之
政元
政賢
澄之
澄元
高国
澄賢
晴元
稙国
氏綱
晴賢

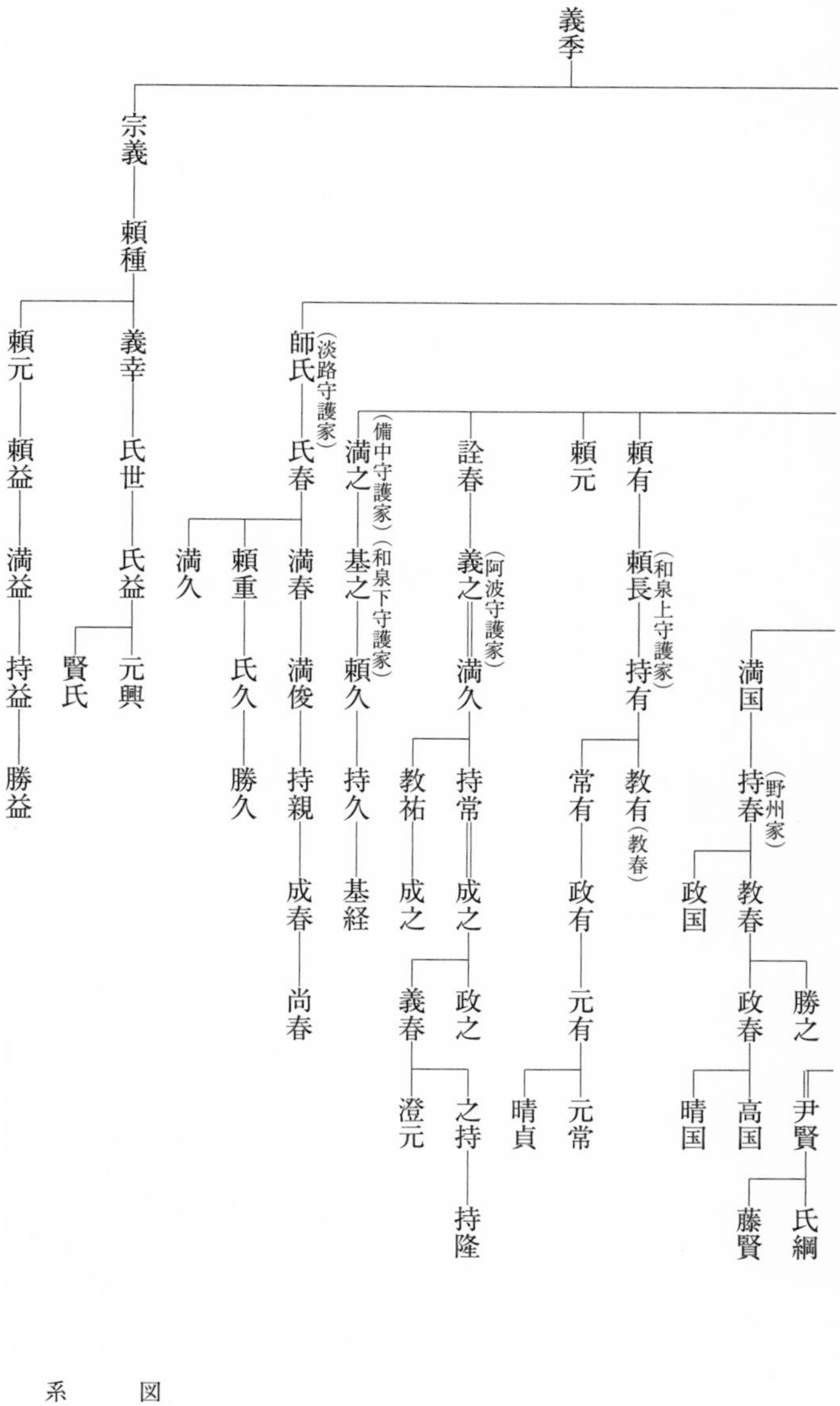
義季
宗義
頼種
義幸
頼元
頼益
満益
持益
勝益
氏世
氏益
元興
賢氏
師氏（淡路守護家）
氏春
満春
満俊
持親
成春
尚春
頼重
氏久
勝久
満久
満之（備中守護家）
基之（和泉下守護家）
頼久
持久
基経
詮春
義之（阿波守護家）
満久
持常
成之
政之
之持
持隆
教祐
成之
義春
澄元
頼元
頼有
頼長（和泉上守護家）
持有
教有（教春）
常有
政有
元有
元常
晴貞
満国
持春（野州家）
教春
勝之
政春
高国
晴国
尹賢
氏綱
藤賢
政国

山名氏系図

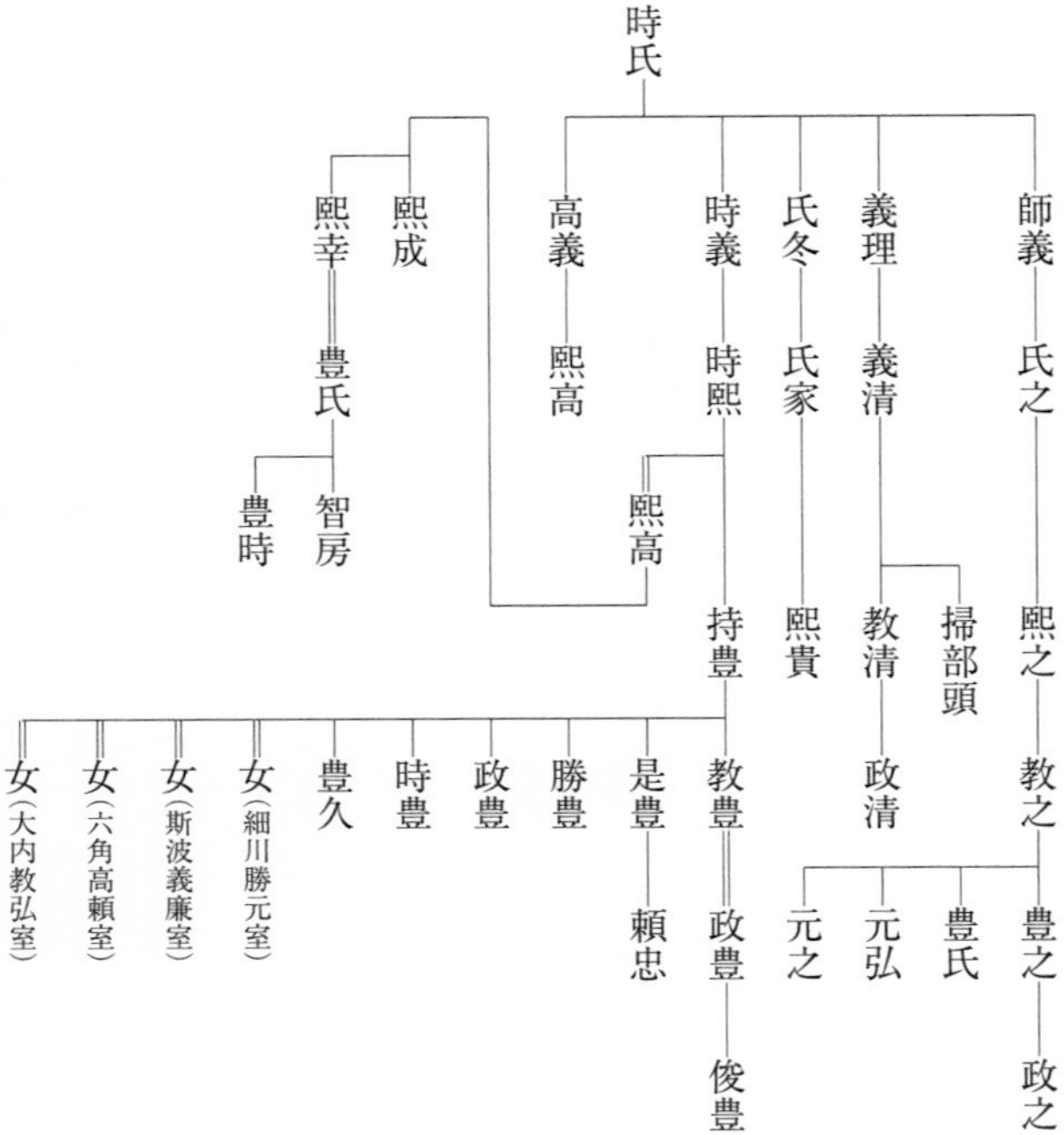
時氏
師義
氏之
熙之
教之
豊之
政之
豊氏
元弘
元之
義理
義清
掃部頭
教清
政清
氏冬
氏家
熙貴
時義
時熙
熙高
持豊
教豊
政豊
俊豊
是豊
頼忠
勝豊
政豊
時豊
豊久
女（細川勝元室）
女（斯波義廉室）
女（六角高頼室）
女（大内教弘室）
高義
熙高
熙成
熙幸
豊氏
智房
豊時

一色氏系図

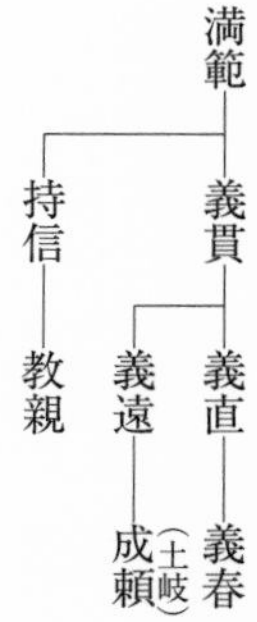
満範
義貫
義直
義春
義遠
成頼
（土岐）
持信
教親

赤松氏系図

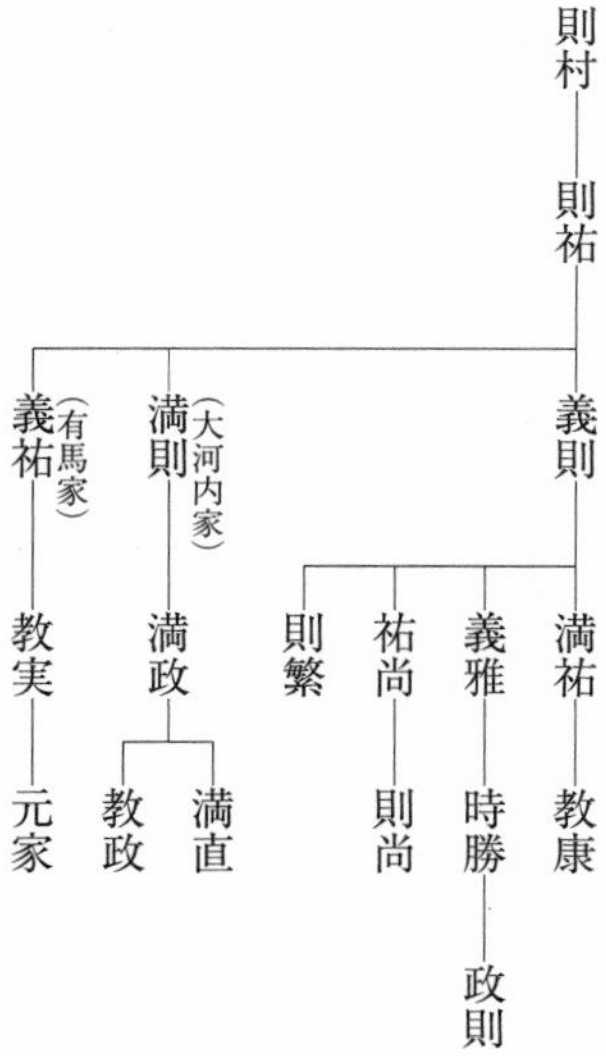
則村
則祐
義則
満祐
教康
義雅
時勝
政則
祐尚
則尚
則繁
満則
（大河内家）
満政
満直
教政
義祐
（有馬家）
教実
元家

富樫氏系図

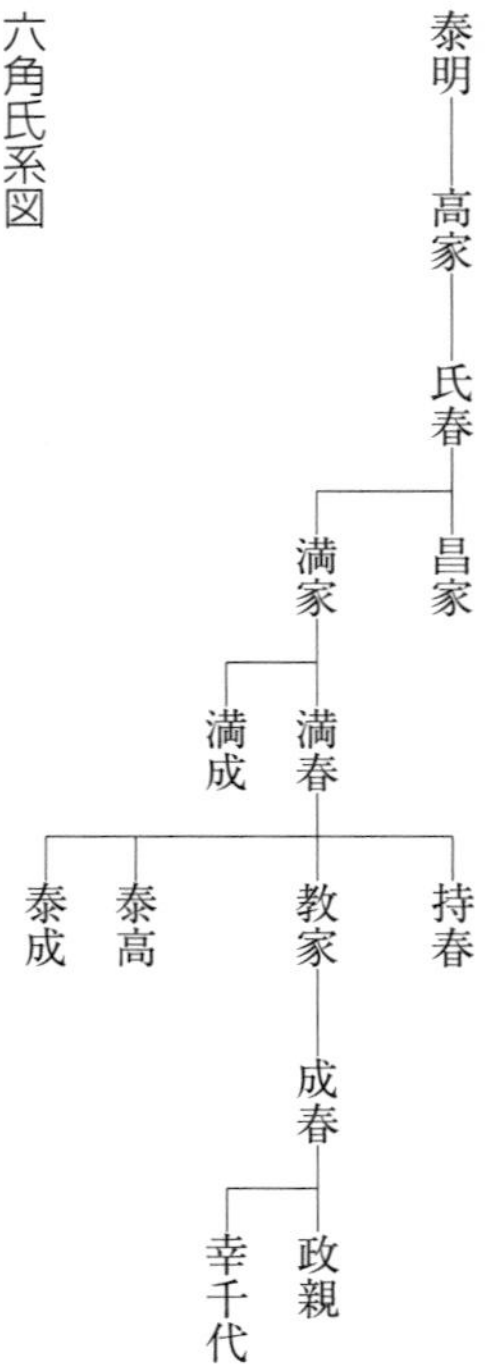

六角氏系図

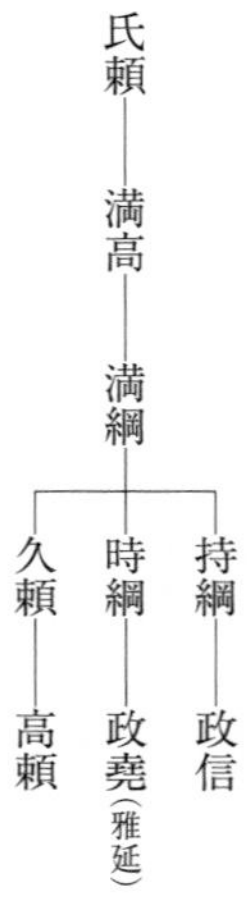

京極氏系図

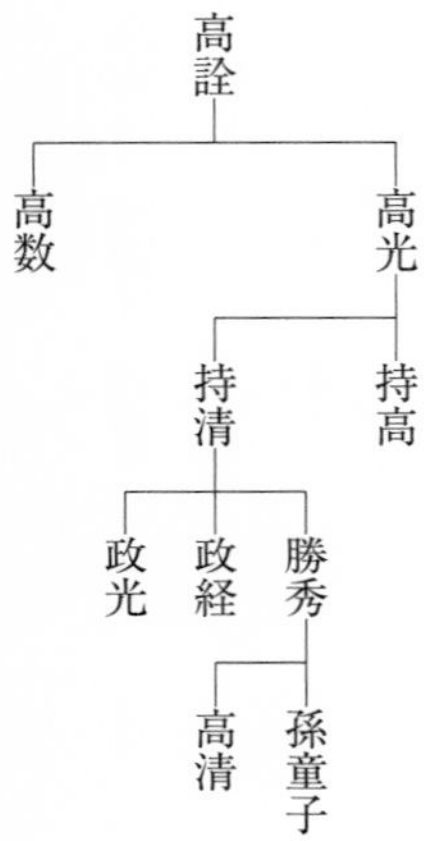

略年表

年号	西暦	事項
正長 元	一四二八	正月、石清水八幡宮での籤引きにより足利義教が足利家の当主に決定。
永享 六	一四三四	二月、足利義勝誕生。六月、裏松義資暗殺される。
永享 十二	一四四〇	五月、武田信栄が一色義貫討伐の恩賞により若狭守護職を得る。
嘉吉 元	一四四一	五月、関東で結城合戦終結。六月、足利義教が赤松満祐に殺害される（嘉吉の変）。義勝継嗣。九月、徳政一揆が発生し、室町幕府は初の徳政令を発布。満祐討伐。閏九月、山名氏が播磨・備前・美作国の守護職を得る。この年、畠山持永が家督を継ぐも、のちに持国が復権。
嘉吉 二	一四四二	六月、畠山持国が管領に就任。この年、富樫成春が加賀守護となる。
嘉吉 三	一四四三	七月、足利義勝が死去。義政継嗣。九月、南朝皇胤を奉じる反乱軍が禁裏を襲撃（禁闕の変）。
文安 二	一四四五	正月、六角氏の家督争い。三月、細川勝元が管領に就任。四月、六角久頼が近江守護となる。
文安 三	一四四六	この年、加賀国で守護をめぐる合戦。富樫教家・成春が泰高を破る。
文安 四	一四四七	二月、細川勝元と山名宗全女の婚姻が成立。この年、勝元が興福寺別当・関白人事を差配。
文安 五	一四四八	この年、赤松則尚が叔父則繁の反乱軍を裏切り幕府に帰参。
宝徳 元	一四四九	四月、足利義政が将軍に就任。閏十月、義政が関白人事の武家執奏を行う。
宝徳 二	一四五〇	六月、畠山義就が家督を継ぐ。この年、足利義政・今参局が差配した尾張守護代人事に、斯波氏と被官甲斐常治らが反対。
宝徳 三	一四五一	九月、尾張守護代問題で日野重子が出奔。この年、足利義政が日明貿易を開始。

年号	西暦	事項
享徳　元	一四五二	九月、斯波義敏が家督を継ぐ。
享徳　三	一四五四	八月、畠山弥三郎を支持する被官が義就邸を攻撃。義就は伊賀国へ没落。九月、徳政一揆が発生。十月、幕府が分一徳政令を発布。十一月、山名宗全討伐命令が出され、宗全は但馬国で隠居。十二月、鎌倉公方足利成氏が関東管領上杉憲忠を殺害（享徳の乱の開始）。
康正　元	一四五五	正月、今参局・有馬元家・烏丸資任の政治介入に関する落書が立つ。五月、足利義政の命により山名教豊が赤松則尚を討つ。この年、畠山義就が弥三郎派の掃討を開始。
康正　二	一四五六	七月、内裏再建。
長禄　元	一四五七	十一月、甲斐常治派が斯波義敏派被官を討つ。十二月、足利政知が新鎌倉公方として派遣される。
長禄　二	一四五八	二月、斯波義敏と甲斐常治が和睦。三月、足利義政の命により賀茂在盛が『吉日考秘伝』を著す。八月、山名宗全が赦免される。十月、赤松政則（次郎法師）が加賀半国守護職を得る。この年、足利義政が相国寺蔭凉軒を復活させる。
長禄　三	一四五九	七月頃、畠山弥三郎が死去し、政長が跡を継ぐ。十一月、足利義政が新造の室町殿へ移住。この年、斯波義敏と甲斐常治の合戦（長禄合戦）。義敏は周防国へ逃亡。
寛正　元	一四六〇	九月、足利義政が畠山政長に家督を継がせ、義就討伐軍を派遣。義就は河内嶽山城で抵抗。
寛正　二	一四六一	八月、斯波義廉が家督を継ぐ。
寛正　四	一四六三	十一月、畠山義就・斯波義敏らが赦免される。この年、富樫泰高が家督と加賀守護職を継ぐ。
寛正　五	一四六四	四月、日向国で守護島津氏と国人伊東氏が和睦。九月、畠山政長が管領に就任。十二月、足利義政の弟義尋が還俗し、義視と名乗る。
寛正　六	一四六五	七月、大友親繁が筑後守護となる。九月、土佐守護代新開之実が伊予国で河野氏と交戦し討死。

文正　元	一四六六	七月、足利義政が斯波義敏を家督と認め、八月、守護職を与える。八月、畠山義就が吉野から出陣するが、和議が成立し河内国へ引き上げる。九月、伊勢貞親の讒言が斥けられ、貞親・義敏らは失脚（文正の政変）。一時、義視と大名の連合政権が成立。十二月、義就が千本釈迦堂へ進軍。この年、紀伊国で畠山政国が政長方の討伐を開始。この年、遣明船が博多を出港。
応仁　元	一四六七	正月二日、足利義政が畠山義就に越中・河内・紀伊の守護職を与える。八日、斯波義廉が管領に就任。十八日、政長方が挙兵し、義就が反撃（御霊合戦）。五月十日、細川方である赤松政則方が播磨国へ、斯波義敏方が越前国へ出兵。伊勢国で守護一色義直と世保政康が対峙。二十六日、京都で戦闘開始。義政が義就に離京を要請。二十八日、義政が細川勝元と山名宗全に事態の解決を要請。六月三日、将軍家の幡を勝元へ下賜。八日、義視が鎧始を行う。西軍方の六角・土岐・富樫らが義政に降伏を申し入れる。同月、西軍方山名氏の軍勢が丹波国を攻撃。同月、肥前国で今川胤秋が千葉教胤を攻撃。八月二十三日、大内政弘が入京。後花園上皇と後土御門天皇が室町殿へ避難。義視が伊勢国へ逃亡。同月、政弘が尼崎を焼き打ち。九月、西軍方が室町殿を攻め、内裏と仙洞御所を占拠。十月三日、宗全に対する治罰院宣が出される。同月、室町殿に源氏の旗が降る。同月、近江国で守護代伊庭貞隆が国人小倉氏らと合戦。この年、筑前守護少弐教頼と対馬守護宗盛直が博多を占領。
応仁　二	一四六八	一月、畠山政長方が紀伊国守護所を奪取。三月、東軍方の足軽が五条大宮付近に放火。同月、近江国で京極勝秀が六角氏の観音寺城を攻撃。同月、丹波守護代内藤貞正らの侵攻を但馬守護代太田垣氏が撃退。六月、出雲国の国人松田備前守を守護代尼子清貞が撃退。七月、勝元が管領に就任。同月、北畠教具が世保政康討伐のため北伊勢へ侵攻。八月、東軍方が相国寺跡を占拠する西軍へ大規模攻撃。同月、東軍方の安芸国国人小早川氏・吉川氏が備後国に侵攻し、国人山内豊成が迎撃。九月、義視が帰京。同月、美濃国で斎藤妙椿が東氏の篠脇城を攻め落とす。同月、内藤貞正が丹後国へ侵攻し、一色氏が敗北。十月、斎藤妙椿が東軍方の

年号	西暦	事項
		長江氏を破り、近江国から侵攻してきた富島氏も撃退。同月、山名是豊が石見守護となる。十月と閏十月、播磨国で赤松政秀が宗全の兵を撃退。閏十月、伊勢貞親が公式に政務復帰。朝倉孝景が越前国へ下向。十一月、赤松政則が有馬元家を暗殺。同月、義視が逃亡し、西軍方に迎えられる。同月、近江国で六角政堯が高頼方の守山城を攻撃。十二月、義視に対して治罰院宣、院宣を施行する義政の御判御教書が出される。この年、筑前国で少弐教頼と宗盛直が大友氏・大内氏の攻撃により敗死。
文明　元	一四六九	二月、備後国で東軍方山名是豊が安芸国国人小早川熙平とともに西軍方山内豊成に勝利。四月、武田信賢が丹後守護となる。同月、若狭守護武田信賢被官の逸見氏・粟屋氏らが丹後国へ侵攻。五月、和歌の贈答により斎藤妙椿が東常縁に所領を返還。同月、京極生観が近江守護職を得る。同月、豊後守護大友親繁が豊前国を制圧、豊前守護となる。六月、丹波国に侵攻した西軍方を細川勝元被官が撃退。同月、肥前国で千葉教胤と大村家親が合戦。七月、少弐頼忠が宗貞国の支援を受けて大宰府を攻略。大友親繁が筑前国の国人秋月氏を攻撃。同月、奈良で宗祇と一条兼良が連歌会を開催。八月、丹後国の一色信長が丹波国に侵攻し、細川氏一族の天竺賢実を討つ。十月までに赤松政則が播磨・備前・美作守護となる。十月、摂津国で山名是豊が大内政弘から兵庫を奪取。このとき、摂津国で一条政房が足利義視と間違われて殺害される。十一月、南朝皇胤を称する者が熊野で挙兵。この年、山名豊之が赤松政則に対抗するため伯耆国へ下向。
文明　二	一四七〇	正月、美作国鶯淵山の戦いで赤松氏が山名方に勝利。二月、大内道頓が安芸国へ出兵。六月、紀伊国で畠山義就方の大和衆や伊賀衆が政長方の根来寺に敗北。八月、伊賀守護仁木政長が東軍方として大和国へ出陣。同月、大和国の国民越智家栄率いる西軍方が河内国の畠山政長方の若江城・誉田城を攻めるも敗北。十月、畠山政国が朝倉氏により殺害される。この年、

		西軍方が南朝皇胤を迎えようと計画する。この年、出雲国で尼子清貞が石見国から侵攻した軍勢を撃退。この年、前年に費用不足で中止された興福寺維摩会を開催。
文明　三	一四七一	正月までに北畠教具が伊勢守護職を得る。三月、但馬国で垣屋越前入道宗忠が東軍方山名頼忠を迎撃。四月、備後国で山名是豊が西軍方国人と合戦。四月、伊勢貞親・万里小路春房、遁世・出奔。五月、朝倉孝景が足利義政より、「国拝領御判」を獲得。六月、朝倉孝景・氏景が東軍方につくことを表明。八月、京都とその周辺で疫病が流行。閏八月、京極政経が出雲・隠岐・飛驒守護職を得る。九月、伯耆国で山名豊之が謀反により暗殺される。この年、尼子清貞が伯耆国から侵攻した軍勢を撃退。
文明　四	一四七二	二月、山名宗全が東軍との和睦について西軍諸大名の意見を尋ねる。同月、足利義政が赤松政則に退去を要請するも政則は反抗。三月、細川勝之が出家、勝元の後継者は政元に決定。八月、山名宗全が家督を政豊に譲る。同月、朝倉孝景・氏景が越前国府中を攻略。この年、壱岐国を支配する志佐氏が波多氏の攻撃により壱岐を退去。
文明　五	一四七三	三月、山名宗全が死去。五月、細川勝元が死去。九月、京極政経が近江守護職を得る。同月、小早川弘景を主力とする西軍方が安芸国高山城を攻撃。十一月、足利義政が河野通直を伊予守護に補任し、大内氏討伐を命令。十二月、足利義尚が将軍に就任。この年、伊勢国で北畠政郷が美濃斎藤勢を撃退。この年、和泉国で国一揆が成立。
文明　六	一四七四	四月、山名政豊と細川政元の間で単独講和。五月、一色義春が幕府に出仕し、その後丹後守護となる。六月、朝倉孝景と越前守護代甲斐氏が和睦。同月、山名政豊が降伏。同月頃、山名政之が伯耆守護となる。十月、加賀国の富樫政親・本願寺門徒と幸千代・高田専修寺門徒の対立が政親勝利で決着（文明の一揆）。
文明　七	一四七五	二月、甲斐敏光が降伏。四月、西軍方により安芸国高山城が落城。六月、備後国で山名是豊が甲山城を攻めるも敗退。この年、西軍方の一色氏・大内氏、足利義視が降伏。この年、加賀国で富樫政親方と本願寺方の勢力が対立し、本願寺方が敗北。

年号	西暦	事項
文明　八	一四七六	二月、遠江国で斯波義廉が駿河守護今川義忠を討つ。三月、日野富子が公家衆に一万疋を贈る。四月、遣明船が堺を出港。六月、日野勝光死去。九月、三河国で一色義直方が守護代東条国氏を討つ。十一月、室町殿が焼失。足利義政は小川御所、義尚は伊勢貞宗邸へ移る。この年、薩摩・大隅国で島津氏一門や肥後相良氏と島津武久が対立。
文明　九	一四七七	三月、一色義直が赦免される。六月、大友政親が豊後守護職を得る。九月、畠山義就が河内国へ下向。足利義視は土岐成頼とともに美濃国へ落ち延びる。同月、義就が河内国若江城・誉田城・嶽山城を奪還。十月、紀伊国で湯河氏が畠山政長方に協力して義就方と合戦。同月、大内政弘が周防・長門・豊前・筑前守護職等を得る。十一月、帰国。十二月、政長が管領に就任。この年、和泉国で国一揆が再び成立。
文明　十	一四七八	二月、三河守護細川成之と一色義直の対立が細川氏の勝利で決着。四月、畠山政長が山城守護となる。六月、土岐成頼・斎藤妙椿が押領した寺社本所領を返還する請文を提出。七月、足利義政が義視・成頼を赦免。八月、義視・成頼らが返礼の使者を進上。九月、筑前国で少弐頼忠が大内政弘に敗北。
文明　十一	一四七九	閏九月、越前国で斯波義良と朝倉孝景が合戦。同月、山名政豊が但馬国へ下向し、因幡国の反乱鎮圧に臨む。十月、赤松政則が播磨国へ下向。十一月、足利義尚が判始・評定始・御前沙汰始を行う。同月、畠山義就が北畠政郷とともに大和国内の政長方を掃討。
文明　十二	一四八〇	十二月、勝仁親王の元服に際し日野富子が八十貫を進上。
文明　十三	一四八一	八月、伯耆国で山名政之が叔父元之らの反乱を鎮圧。九月、越前国で朝倉氏景が斯波義良に勝利。この年、尾張国での織田敏広と敏定の対立が、敏定の勝利に終わる。
文明　十四	一四八二	三月、畠山政長の申請により義就討伐軍出陣。この年から翌年、和泉国で徳政一揆が発生。
文明　十五	一四八三	三月、斯波義良が尾張国へ移る。同月、遣明船が堺を出港。六月、足利義政が東山山荘へ移

		徒。この年、山名政豊軍が播磨国へ侵攻し、赤松政則が敗走。
文明 十六	一四八四	九月、山城国が御料国となる。この年、出雲国で守護代尼子経久が主導する国人一揆が成立。
文明 十七	一四八五	三月、和泉国で守護細川元有・基経が国一揆から堺を奪還。三月から四月、幕府奉公衆と奉行人との間で訴訟。五月、奉公衆が奉行人飯尾元連・布施英基邸を包囲。六月、足利義政が出家。七月、山城国で斎藤彦次郎が畠山政長方へ寝返り、義就の支配地域を攻略。十二月、奉公衆が布施英基を殺害。同月、山城国の国人が両畠山軍を退却させ、山城国一揆が成立。 この年、和泉の国一揆が崩壊。
長享 元	一四八七	九月、足利義尚の近江親征。六角高頼は逃亡。
長享 二	一四八八	六月、加賀国で富樫泰高を奉じる本願寺門徒により政親が自害させられる（長享の一揆）。
延徳 元	一四八九	三月、足利義尚が近江国の陣中で死去。この年、富樫泰高が上洛し、加賀守護となる。
延徳 二	一四九〇	正月、足利義政が死去。七月、義材が将軍に就任。十二月、畠山義就が死去。
延徳 三	一四九一	正月、足利義視が死去。八月、義材の近江親征。
明応 元	一四九二	三月、足利義材が六角軍に勝利するも高頼は逃亡。五月、河内国で土一揆が発生。十二月、義材が近江国より帰京。
明応 二	一四九三	二月、義材が畠山基家討伐のために河内国へ出陣。四月、細川政元が足利義澄を将軍継嗣に擁立。政元方の攻撃により、閏四月、義材は投降、畠山政長は自害（明応の政変）。八月、山城国の一揆勢が守護代古市澄胤の軍勢に敗れ、国一揆は解体。
明応 八	一四九九	十一月、近江国で足利義材と細川政元の軍勢が合戦、義材が敗北。
明応 九	一五〇〇	三月、足利義材が大内義興を頼り周防国へ入る。
永正 四	一五〇七	六月、細川政元が暗殺される。
永正 五	一五〇八	六月、足利義材が大内義興とともに上洛し、七月、将軍に再任。

著者略歴
一九八二年、千葉県に生まれる
二〇〇九年、慶應義塾大学大学院文学研究科後期博士課程単位取得退学
現　在、お茶の水女子大学基幹研究院人文科学系准教授、博士（史学）
主要著書
『室町幕府と地域権力』（吉川弘文館、二〇一三年）

列島の戦国史

列島の戦国史2
応仁・文明の乱と明応の政変
二〇二一年（令和三）三月十日　第一刷発行
著　者　大《おお》薮《やぶ》　海《うみ》
発行者　吉　川　道　郎
発行所　株式会社　吉川弘文館
郵便番号一一三―〇〇三三
東京都文京区本郷七丁目二番八号
電話〇三―三八一三―九一五一〈代表〉
振替口座〇〇一〇〇―五―二四四
http://www.yoshikawa-k.co.jp/
印刷＝株式会社　三秀舎
製本＝誠製本株式会社
装幀＝河村　誠

ISBN978-4-642-06849-9

列島の戦国史

1 享徳の乱と戦国時代　久保健一郎著
2 応仁・文明の乱と明応の政変　大薮 海著
3 大内氏の興亡と西日本社会　長谷川博史著
4 室町幕府分裂と畿内近国の胎動　天野忠幸著
5 東日本の動乱と戦国大名の発展　丸島和洋著
6 毛利領国の拡大と尼子・大友氏　池 享著
7 東日本の統合と織豊政権　竹井英文著
8 織田政権の登場と戦国社会　平井上総著
9 天下人の誕生と戦国の終焉　光成準治著

本体各2500円（税別）

吉川弘文館